三峡大学学科建设经费资助项目

"新乡土中国志"系列丛书

三峡大学民族学院田野调查实践成果

【新乡土中国志】

# 醉美古寨：
## 湖北五峰栗子坪村的
## 社会与文化

李 超 编著

厦门大学出版社

XIAMEN UNIVERSITY PRESS

国家一级出版社

全国百佳图书出版单位

**图书在版编目（CIP）数据**

醉美古寨：湖北五峰栗子坪村的社会与文化 / 李超
编著. -- 厦门：厦门大学出版社，2023.11
（新乡土中国志）
ISBN 978-7-5615-8989-2

Ⅰ．①醉… Ⅱ．①李… Ⅲ．①乡村-概况-五峰土家
族自治县 Ⅳ．①K926.35

中国版本图书馆CIP数据核字(2023)第096773号

出 版 人　郑文礼
责任编辑　薛鹏志　林　灿
美术编辑　蒋卓群
技术编辑　朱　楷

出版发行　厦门大学出版社
社　　址　厦门市软件园二期望海路 39 号
邮政编码　361008
总　　机　0592-2181111　0592-2181406(传真)
营销中心　0592-2184458　0592-2181365
网　　址　http://www.xmupress.com
邮　　箱　xmup@xmupress.com
印　　刷　厦门市明亮彩印有限公司

开本　720 mm×1 000 mm　1/16
印张　19.75
插页　2
字数　340 千字
版次　2023 年 11 月第 1 版
印次　2023 年 11 月第 1 次印刷
定价　80.00 元

本书如有印装质量问题请直接寄承印厂调换

厦门大学出版社
微信二维码

厦门大学出版社
微博二维码

# 总　序

　　中国民族学界向来关注乡土社会的叙事。20世纪前半叶,吴文藻、费孝通、林耀华等前辈行走中国广大农村,用朴素且有力的文字记录了我国传统乡土社会的面貌。1948年,费孝通先生更是以"乡土中国"为名,挥墨写下十四篇章专门阐述中国农村的"本色"。中华人民共和国成立后,几经社会变革,中国农村社会发生了巨大变化。改革开放后,党中央持续推动我国农村发展,先后提出"新农村建设"、"美丽乡村建设"、"精准扶贫"及"乡村振兴"等极具时代意义的规划与战略。中国四方之农村随之卷入快速的流动与变革中,其社会结构、习俗文化等发生了深刻变迁,熟人社会被"半熟人社会"甚至被"陌生人社会"重新表述,传统的农村结构被解构。最终,传统的乡土中国演变成了"新乡土中国"。

　　新时代,习近平总书记倡导要把论文写在祖国的大地上,写在中华民族伟大复兴的征程中。田野调查是民族学研究生培养的成年礼,三峡大学民族学院积极响应总书记的号召,发挥专业优势,带领研究生走进祖国各地农村,开展深入的田野调查,以民族志方法切入新时代乡土中国的社会土壤与文化肌理,最终以"新乡土中国志"的形式呈现新时代巨变中我国农村社会的图景,深描日常事象与社会体系之间复杂而动态的关联。因此,以"新乡土中国志"记录乡村百年变迁,讲好中国乡村故事,既具有时代意义,也具有较高的学术价值。

　　"新乡土中国志"资料翔实,描绘的是当下的"地方",是中国一隅,提供的是"地方性知识",因而它首先是认识和理解新时代背景下不同地域的中国农村社会的学术作品。它既关注千古村落的浮沉、宗族社会的起落,也关注新农村和城中村的发展;既观察汉族村的社会变革,也关照民族村落的蜕变;既重视对内地乡土的描述,也不忽略对边疆村落的考察。"新乡土中国志"是对吴文藻、费孝通、林耀华等前辈传统乡土志的继承与发展，试图结合历时性和共时性描述，观察、理解并客观呈现当代中国农村的生态环境、经济生活、风俗习惯、文化教育、脱贫致富、乡村振兴、社会治理等内容。"新乡土中国志"关注地方，但又超越地方，其由微观到宏观、由个体及族群、由点到面所呈现的新时代中国农村的历史现实图景，更是蓬勃发展的中国经验。

"新乡土中国志"既是专业学术著作，也是大众化读物，融研究与普及、历史与现实于一体。它以朴素的描述，图文并茂，内容深入浅出，充分展现了新乡土中国的文化景观与独特魅力。对调查地来说，"新乡土中国志"是当地一笔宝贵的精神财富，既能让当地村民全方位了解村史村情、乡风民俗，也能够充分挖掘新乡贤的价值，带动地方传承优秀传统文化，繁荣乡土文化，促进乡村振兴。于读者而言，"新乡土中国志"可在文字和图像中感受新时代中国乡土社会翻天覆地的变化，是领略"他者"社会真实图景的读物。

丛书的编辑采取编委会审稿制，主编负责定稿。丛书编辑委员会主要由三峡大学民族学院研究人员组成，还包括中央民族大学、厦门大学、四川大学、南京大学、中山大学、云南大学、中南民族大学、湖北大学的部分专家和学者。我们殷切地希望本套丛书能够得到全国学术界的支持和批评。

是为序。

何伟军

2022 年 3 月

# 目　录

# 第一章

# 区域概况

　　湖北五峰土家族自治县采花乡栗子坪村位于采花乡东南部,地处独岭山脉北麓,东临五峰镇,南与湾潭交界,平均海拔1300米。古寨栗子坪——因盛产栗树而得名,为宜昌市五峰县现存少有的保存完整的土家村落。

　　国家民委最新发布《关于命名第二批中国少数民族特色村寨的通知》,全国共有717个村寨被作为第二批"中国少数民族特色村寨"予以命名挂牌,宜昌市五峰县采花乡栗子坪村上榜。

## 第一节　村落历史

　　栗子坪村始建于明清时期,历史上曾有多次改名,且村落小地名较多,反映了村落发展的历史记忆。

### 一、建置沿革

　　栗子坪历史上基本处于五峰土家族自治县管辖区域内。秦时,属黔中地,荆楚蛮夷之地,汉属佷山(今长阳),隶武陵郡,后汉隶南郡。三国先属蜀,后属吴、晋、宋、齐,隶宜都郡。梁属江州,西魏属拓州。北周属亭州,隶资田郡。隋初属睦州,隶南部。唐初先后复属江州和睦州,继属东松州。旋属南郡,后属峡州夷彝郡。五代属南平峡州,宋属荆湖北路峡州。元属荆湖北道峡州路,元末土司错处其间,长茅关(今长茂司)之南、菩提隘(长乐平荒口)之西隶属容美峒宣抚司,归四川管辖。明属长阳地,隶彝陵州。天启后,百年关以西属土司,隶容美。清初仍隶彝陵州,后隶荆州府。雍正十三年(1735年)改土归流后,土司地域合而设县,栗子坪归属于长乐县。1914年,

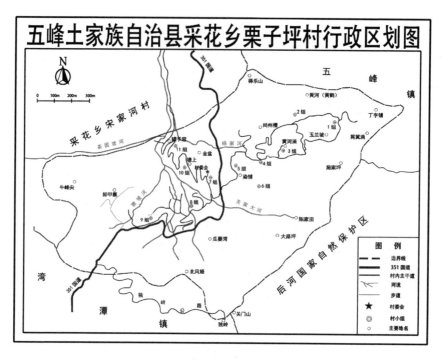

图 1-1　栗子坪村行政区划图

为避与闽省长乐县同名，长乐县改名为五峰县①。

　　1927 年至 1933 年土地革命时期，五峰县建立五峰县苏维埃政权。1930 年 7 月，各村建立基层支部，栗子坪村在支部的领导下建立了苏维埃政府。1943 年撤区废联保建乡之前，栗子坪村隶属于五峰县尤溪保管辖。撤区废联保建乡后，栗子坪村属民权乡管辖。1949 年 11 月 15 日全县解放后设立五个区。1950 年从五个区变更为 7 个区，栗子坪村属第七区白溢坪。之后，栗子坪以坎口尖以上和以下为界线，设峰山村和樵山村。1956 年建立峰山高级农业生产合作社、樵山高级农业生产合作社。1957 年，樵山和峰山两个高级农业生产合作社，合并取名为峰山村，次年峰山村改名为峰山大队。1961 年公社体制下放，改公社为区，管理区改为公社，栗子坪村仍称峰山大队。1975 年撤区并社，峰山大队为白溢公社下的红渔坪所属。1984 年初撤社建区，峰山大队属水泺司区宋家河乡。1987 年撤区并乡，栗

　　①　长乐县志校补编纂委员会编：《长乐县志》，宜昌：三峡电子音像出版社，2014 年，第 88～89 页。

子坪村划归红渔坪乡。1995 年 1 月县机构改革,经上级行政部门批准,峰山大队正式更名为栗子坪村,栗子坪村划归采花乡①。

栗子坪村名,相传取自村中的一棵大板栗树。该板栗树有两百多年的树龄,每年都会结板栗,并且村里还有很多大大小小的板栗树,故取名为栗子坪。据说,栗子坪村曾使用过"梨子坪"的名称,这与村里梨子树较多有关。与板栗树相比,梨子树的历史及数量分布不如板栗树深厚,板栗树在村里的地位比较高,所以这一名称没有延续下来。

栗子坪村、樵山村、峰山村、峰山大队、梨子坪村,这些是从历史上沿用至今的栗子坪村村名。根据采访村里的老人得知,还有村里村民沿用时间较短,只有在村内互传的村名叫"立祠坪",这与村内的婚姻、家族等有着一定联系②。

## 二、村落地名

村落小地名是最细化最微小的地名,一块田、一条河,因实际需要都被赋予了名字,在当地村民口耳相传流传至今。小地名是一个村落一个地方有根的文化载体,承载着重要的历史信息。

马蹄岩,位于栗子坪村北部,形状酷似"马蹄"而得名。马蹄岩是栗子坪村景点之一,从 5 组眺望马蹄岩,可以欣赏其雄姿。

卸甲寨,位于栗子坪村西部,该地原名凉伞寨,其形状像一把伞的半边而得名。后因官军为轻装赶路,把所有的盔甲丢弃在此,得名卸甲寨。该地名在《长乐县志》中有相关记载。

黄河(鹤)淌,位于栗子坪村东部。黄河淌因形似九曲黄河而得名,此地原名小黄河,后因发现小黄河与大黄河一样有着九曲,所以改为了黄河淌。该地名在《长乐县志》中有相关记载。

栗子坪村与地形有关的小地名还有很多,例如庙淌、金盆等。在这些地名中有山、水、盆地,充分说明了栗子坪特殊的地形地貌。

染铺,位于栗子坪村东部,清同治年间在该地开过染坊而得名,是栗子坪村内历史较为悠久的地名之一。从清朝同治年间开始,该染铺一直经营

---

① 湖北省地方志编纂委员会办公室编:《栗子坪村志》,武汉:武汉大学出版社,2018年,第 12 页。

② 访谈对象:FSK,男,57 岁;访谈人:买吾兰。2021 年 8 月 2 日,栗子坪村 8 组 41 号。

到 1910 年前后。

堰坪，位于栗子坪村西南部，该地名结合了水利设施和地形特征而得名。通常"堰"指的是较低的挡水构筑物，作用是提高上游水位，便利灌溉和航运。在栗子坪村，堰坪这里主要是指排水设施。

罐子窑，位于栗子坪村北部，是栗子坪村海拔最低点。该地在明朝末期建过窑厂，以烧陶瓷罐子而得名。这里不仅建设过窑厂，在 20 世纪，该地还建设过火炉，用来提炼矿物质。罐子窑是栗子坪村的"工业中心"。

栗子坪村除了上述地名较为典型以外，还有许多村落小地名，也承载着栗子坪的历史，如何家岭、赵家湾、玉兰坡、窑厂、染坊等。

栗子坪村的这些村落小地名，不仅体现其地形特点与功能，而且反映了村落的历史文化底蕴。习近平总书记说过："新农村建设要留得住乡愁，看得见青山绿水。"这些小小地名是乡愁的根，包含了栗子坪村以及五峰土家族自治县的历史记忆。村落小地名能够流传至今，是栗子坪村村民对历史文化传承的体现。

结合栗子坪村的发展脉络，从最初与自然环境抗争，到适应并利用自然环境，可以发现栗子坪村村民在这里与自然相融合、改造自然的过程。在旧时，栗子坪村村民依靠古骡马栈道进行运输，发挥了乡土中国独特的魅力。随着交通条件的升级改造，栗子坪村在该区域发挥的作用越来越大。

# 第二节　生态环境

栗子坪村有丰富的森林、矿石、水资源。由于村内层峦叠嶂，沟壑纵横，形成了特殊的地理环境，栗子坪村也成了独具特色的生态旅游景点。

## 一、自然资源

栗子坪村内地层为沉积岩，其中碳酸岩分布极广，是典型的喀斯特地貌特征。东西最大横距约 10 公里，南北最大纵距约 4 公里，村域平均宽度约 7 公里。栗子坪村平均海拔 1300 米，最高处与最低处海拔相差 1000 多米，地跨东径 $110°15'\sim111°25'$，北纬 $29°56'\sim30°25'$，呈环抱形。351 国道穿村而过，属五峰土家族自治县 351 国道百里生态走廊建设范围。采花乡国土面积 291.35 平方公里，栗子坪村国土面积 10.86 平方公里，占采花乡国土面积的 3.7%,常用耕地 102.6 公顷,林地 972.2 公顷,森林覆盖率为 89%①。这些先天条件使得栗子坪村拥有丰富的植物、矿产、水等自然资源。

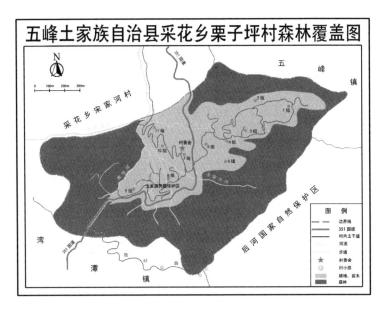

图 1-2　森林覆盖图

栗子坪村植物种类繁多,是湖北省省级兰科保护区,全村范围为封山育林区。这些自然生态环境,使栗子坪拥有开展生态旅游、高山蔬菜、药材种植的天然优势。凭借得天独厚的自然环境,2019 年 12 月栗子坪村入选国家森林乡村。群山环抱的栗子坪村,林木葱郁,森林资源十分丰富。全村草地、森林总面积 14583 亩,可用木材林面积 4976 亩,中松杉针叶林 300 亩,阔叶林 3376 余亩,竹林 300 余亩②。在海拔较高的黄河四个小组及北风垭一带主要生长阔叶林,在海拔较低下半部分主要生长着针叶林、针阔混交林。林间各种珍稀树种十分丰富,主要有珙桐、红豆杉、红花玉兰、白花玉兰、小叶黄杨木、白皮马椒光、红皮马椒光、小塔木、樟木、水青树等,大宗树种主要有松树、杉树、漆树、花栎木、泡桐、椴木、九樟树、岩扎子、化果树等。除珍稀树种之外,栗子坪村 1 组还种植不同种类的药材,有独活、贝母、天

---

① 湖北省地方志编纂委员会办公室编:《栗子坪村志》,武汉:武汉大学出版社,2018年,第 10 页。

② 内部资料,五峰土家族自治县林业局。

麻、黄柏、杜仲、辛夷花等。

栗子坪村矿产资源丰富,品质优良,主要矿产有煤、铁、磷等。栗子坪村界湾至红漂湾一线,埋藏着丰富的煤矿资源,属吴家坪煤系,质优煤厚,主产为无烟白煤。早在清光绪年间,村民就已经开凿了采煤的洞口。中华人民共和国成立前后开始采挖少量表层煤炭供家庭自用,年产煤量几千吨,基本满足周边村民的生活燃料所需。1984年对峰山煤矿进行开发,一直经营至2012年年底。由于紧跟国家煤炭工业政策变化,峰山煤矿也迎来了新的发展生机。党的十八大后,栗子坪村坚持以"绿水青山就是金山银山"的生态发展理念,所有矿业生产全部停止,并建立封山育林区,保护生态绿植,逐渐成为五峰土家族自治县的重要自然生态宝库,也是宜昌市范围内最佳避暑胜地之一。

1958年,王勋培任炼铁厂厂长,村内共建四座炼铁高炉。厂内工人主要以青壮年为主,炼铁队伍实行三班倒,日夜"扯炉"炼铁。栗子坪村11组还有当年炼硫磺火炉遗址,在王勋尧老人家中,至今还保留了当年提炼的硫黄样本。据王勋尧老人回忆,当年炼硫磺、挖铁矿开采的时间不长。主要是因为环境污染严重、产量低、技术不成熟,最后因为交通运输限制,所以逐渐停办。矿厂的开采地基本上分布在5组和6组,因为时间比较久远,5组和6组是村民居住的主要集中地,所以现在很难找到开采的遗迹。栗子坪村曾经开办过沙石矿,开采出来的石矿主要是村内农户自用,开采量相对较少,后来因政策变化停止开采。当时开采出来的或者尚未用完的大石头现在已经基本磨碎,主要用作空心砖石料,用于村内房屋建设。

栗子坪村水资源丰富,村内先后建立起3座水电站,总装机容量达到1150千瓦。分别是1994年,何克廷私人投资修建的纸厂河水电站,装机60千瓦,2005年增容140千瓦,计200千瓦,年发电量在30万~38万度之间。2005年,周大军私人投资并引洞河里的水修建栗子坪水电站,装机350千瓦,年发电量在50万度。2006年,何克廷参股与他人合伙引栗子坪和红漂湾河里的水,在罐子窑上段修建卸甲寨水电站,装机630千瓦。[1] 这些水电站,前期基本上由私人出资建造,后期陆续并入全县统一电网中。2017年7月15日,受特大洪水影响,纸厂河、栗子坪和卸甲寨3座水电站,均受到不

---

[1]　湖北省地方志编纂委员会办公室编:《栗子坪村志》,武汉:武汉大学出版社,2018年,第1~5页。

同程度的损坏。目前,能正常使用的是在 11 组的栗子坪水电站,由国家电网进行定期维护。

## 二、地理环境

栗子坪村东、南、西三面向内集聚,并向西北倾斜,重峦叠嶂,隐没于山林之中,东靠得乐山,南毗关门,西邻金顶、牛峰尖。

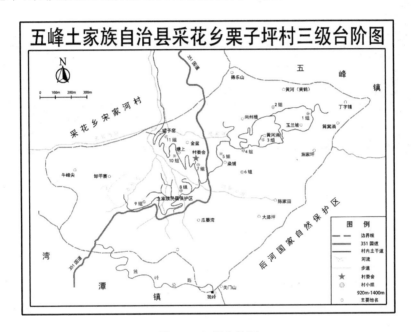

**图 1-3　三级台阶图**

栗子坪是典型的山大人稀之地,山山相连,峰峰相扣,从西到东北,呈环形状,把黄河、栗子坪团团环抱其中。栗子坪整体地势平缓,呈台阶状,最南部独岭最高海拔 2252.2 米,最低的北部罐子窑海拔 800 米,与周围山峰形成海拔 1000 余米的落差,酷似硕大长木勺。栗子坪村整个地势向西北倾斜,呈三级台阶,第一级:塘上、罐子窑是栗子坪村的 10 组、11 组所在地,平均海拔 920 米。第二级:瓜蒌湾、染铺、北风垭是栗子坪村的 5 组至 9 组所在地,平均海拔 1200 米。第三级:黄河、尚州槽、玉兰坡是栗子坪村的 1 组至 4 组所在地,平均海拔 1400 米。

从金顶眺望至 1 组方向,栗子坪村尽收眼底。从 1 组向金顶眺望,仿佛有与金顶"平起平坐"的视感。三面高,一面低,这种特殊地势给栗子坪村居民饮用取水带来方便，不需要特殊的设备，基本从关家大河、聂家河、周家河上游处引水至家门口。帽子山、得乐山、独岭、马棚岭、金顶遥遥相望，境内多条水系流经，山环水抱，堪称风水宝地。

图1-4　远眺金顶

### 三、气候特征

栗子坪村处于亚热带季风气候区域，四季分明，冬冷夏热，雨热同季，暴雨较多。垂直气候，海拔最高处和最低处差异明显。素有"一山有四季，十里不同天"之说。盛夏木屋内凉爽、屋外炎热，到了傍晚，气温逐渐降低，气温和湿度进入舒适状态。

村境内有6条小河，年无霜期186天，年平均降雨量在2300毫米，年降雨日170天，年平均日照1264小时，日照率28.1%[①]。气候多变，有旱、风、冰雹、霜冻、低温等多种自然灾害。

春季（3—5月），气候多变，冷暖交替。由于地处鄂西南山区，冷暖气南来北往，冲击较猛。加上栗子坪村地形特殊，气旋和锋面活动频繁，导致温度变化剧烈。

夏季（6—8月），气候日变化大，雨量集中，雨热同季，灾害天气多，极端最高气温达37℃。全天午时酷热，其余时间气候宜人。夏季栗子坪村暴雨易导致洪涝、山体滑坡等灾害。受副热带高压影响，雨量减少，也会有罕见

---

① 湖北省地方志编纂委员会办公室编：《栗子坪村志》，武汉：武汉大学出版社，2018年，第29页。

的干旱出现。如 1959 年 7 月,栗子坪村遭受大旱灾,历时两个多月,致使粮食减产,农民生活极端困难。

秋季(9—11 月),气温下降,雨量减少,秋雨日多,阴天增多。受北方冷空气南下的影响,冷暖交替,并且有持续一周以上的阴雨天气。

冬季(12—2 月),冬初日渐寒冷,少雨,可能出现冻害。栗子坪村海拔最高处温度可以低至 2℃ 以下,若遇极端天气,甚至 −8℃ 以下。为安全起见,大雪时高山一般都实施封山、封路,待清扫后恢复通行。

# 第三节　区位交通

栗子坪村古有骡马栈道,今有 351 国道穿境而过。国道的修建与通车方便了栗子坪村与外界的联系,缩短了栗子坪村与湾潭、城关、渔洋关和宜昌市区之间的距离,促进了栗子坪经济、文化的发展。

## 一、区域位置

栗子坪村位于宜昌市五峰土家族自治县的西部,东临五峰镇,南与湾潭镇、后河国家自然保护区相邻,西与湾潭镇毗邻,北连采花乡宋家河村 1 组、五峰镇。隶属于五峰土家族自治县采花乡行政范围,栗子坪村是采花乡最小的村,处于采花乡西南最边缘。栗子坪村得天独厚的区位,为运输各方面带来了很大的优势。

栗子坪村处于连接五峰镇与湾潭镇之间的重要关口,前往湾潭的车辆会途经栗子坪村。栗子坪村瓜蒌湾处于北风垭隧道出口,从湾潭至五峰的大货车,因连续下坡,车辆过热,需要加水,目前有大货车加水、休息区,还有多个农家乐在 351 国道旁,为自驾游客提供了停车休憩的地方。

从五峰镇至湾潭镇方向,途经栗子坪村。首先映入眼帘的是马鞍岭、马蹄岩、杨家三级河瀑布。在这里,还能看到新建成的栗子坪生态酒店,良好的设施和环境会吸引长途驾车疲劳的游客去休憩。生态酒店的选址和区位有很大的优势,全村的各个方向基本上都可以看到栗子坪生态酒店。栗子坪村在鄂西南地区的区位优势,给栗子坪带来了发展机遇。

## 二、交通条件

栗子坪村有一条长达 15 公里的古栈道,据说是汉朝时期为满足军需,派官兵筑修的，距今已有近两千年的历史。古栈道经杨花子岩进入栗子坪村境内，上行五里到丁字铺，再上行到施家坪，经洼风口、王家坪、上北风垭，过大天坑（又名万人坑），横过大屋河、上葱园，经剪刀口，过五筒碑、瓦屋场、三板桥，到鹤峰、宣恩、恩施，直达四川。中华人民共和国成立前，栗子坪村交通闭塞，驮运和肩运是村里陆运的两种主要运输方式，从村里遗留的古骡马栈道，就能窥见当时人们的艰难生活。中华人民共和国成立后，栗子坪村交通状况逐渐得到改善。1957年，由县政府组建公路建设指挥部，组织县内各区乡民工，开通了五峰县与外界的通道，栗子坪村与外界的公路通道也在计划之列。自此，全县通车工程开始。

1974年，栗子坪村大队的劳动力自发组织测量施工，用"愚公移山"般的精神，利用钢钎、大锤炸石开山，挖土运石，历经三年时间，修通了宋家河村至界湾煤矿的公路（宋峰公路），全长6公里。1980年，通过大会战的形式，修了宋家河至峰山（即栗子坪）的公路，全长8.3公里。1987年，峰山煤矿出资修界湾煤矿公路2公里。2006年，动工修建黄河阴、阳坡环形公路，次年全部修通，全长7公里。2012年，栗子坪村修建第一条水泥路2公里，硬化8组33户的连户公路2.7公里。2014年，硬化宋、丰公路3.6公里、张（张华屋门口）、黄（黄河）公路2.4公里。2015年，硬化从黄河大塃至红花玉兰花区公路3公里，同时加宽从351国道分岔到村委会的公路1公里（加宽至6米）。2016年，硬化1、6、7、10、11村民小组连户公路3200米，硬化从蝙蝠洞至鞍子岭的公路900米。启动8组连户加宽硬化工程，共加宽路面2203米。全部硬化至4.5米宽的路面1158米，硬化至3米宽的路面170米[①]。2021年，除1组、2组、9组部分入户道路没有硬化以外，其他主干道基本实现硬化。2021年7月，栗子坪村口至村委会、8组生态酒店的道路，全部改为柏油路。村内交通基本实现每家每户门前有硬化道路，使村民的外出更加方便。

栗子坪村与城关、湾潭等地的公路通道不断完善，2007年10月，位于栗子坪村南部的北风垭隧道开工建设，它是连接湾潭、鹤峰的重要隧道之一，于2010年建成通车。栗子坪村325省道新建工程于2012年12月底全线通车，325省道成为栗子坪村唯一穿境而过的道路。2016年，325省道升

---

等为 351 国道。351 国道的确立,给栗子坪村带来了极大的效益。截至 2016 年底,全村 100% 的小组通公路,95% 的农户通公路,80% 的连户公路硬化,100% 的主干道路硬化[①]。村子与外界的联系更加紧密,村内的农产品、药材可以很快运出去,外面的商品也开始流入栗子坪村。

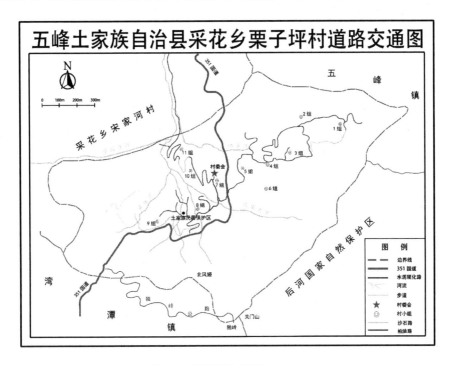

图 1-5　栗子坪交通图

栗子坪村的特殊地理位置,使它成为该地区重要的经济文化要道,是各种经济产品集散之地。因而栗子坪在鄂西南地区文化交流、经济发展中的作用逐渐显现。古骡马栈道曾将栗子坪村的东部、西部、南部连接贯通,但现在大都已经冲毁,其遗存是栗子坪村文化交流、经济发展的重要历史见证。在没有宽广的交通路线之前,村子对外联系基本依靠古骡马栈道。351 国道的修建,使得栗子坪村可以与外界保持密切联系,在交往、交流、交融中形成了独有的文化氛围。351 国道所形成的经济走廊,促进栗子坪村商业、旅游业、农业的发展,成为鄂西南地区文化交流、经济发展的重要通道。

---

①　湖北省地方志编纂委员会办公室编:《栗子坪村志》,武汉:武汉大学出版社,2018 年,第 46 页。

# 第二章

# 生计经济

生计经济是一个社会开发利用它的生存环境以获得供养自己的生活资料。在交通条件落后的年代，人们依靠土地种植粮食，自给自足以保障家庭的基本温饱，家庭的开支也是由土地种植的作物来支撑。中华人民共和国成立后，实行计划经济，所有生活物资都统购统销，每个乡镇都有专门的供销合作社负责物资的采购和派发，生活物资亦是需要到乡镇的供销社凭票购买。各地供销合作社负责将生活物资分发到村里，栗子坪村的生活物资主要是由宋家河供销社发放。20世纪70年代以前，村里尚未开通公路，一切物资皆须肩挑背扛，布匹、煤油等生活用品凭票证购买，再从宋家河背回家，有时甚至还得花钱请人背，由于交通不便，出行十分困难，生计经济方式也受到很大限制。除了部分生活物资需要到宋家河购买以外，粮食是自给自足，依靠土地获取维持温饱的基本生活需要。20世纪70年代后，栗子坪村开通了公路，生活物资可以用农用车驮运，生计保障水平逐渐提高，对外联系逐渐增多，生活开始发生了变化。随着交通条件的改善，村民对外交往日趋频繁，生计经济方式也不再仅仅局限于种植粮食作物以维持生活。除传统的粮食作物玉米、土豆以外，还发展了一些新的产业，如种植经济作物，兴起了养殖业、林业等。在不断建设和发展乡村过程中，栗子坪村获得"中国传统村落""美丽乡村"等称号，尤其是在党和国家乡村振兴战略、对口帮扶等政策之下，人们的生活状况得到了极大的改善。

## 第一节　粮食作物

栗子坪村的粮食作物主要以玉米、土豆为主，辅以小麦、黄豆、金豆等杂粮。以前种植的小麦，需要背到宋家河加工厂加工成面粉，1斤小麦大概能磨成8两面粉，若是想要换购面条还得额外加钱。相比小麦的加工成本，吃玉米和土豆的成本要少得多,工序也相对较少,因此玉米和土豆逐渐成为当地人日常生活的主食。1978年实行家庭联产承包制,将土地划分到农民手中,可自主耕种土地以获取粮食作物,人们的积极性得到提高,粮食产量也随之增加。20世纪80年代,引进地膜种植技术,在高海拔地区地膜种植技术能有效增加土地温度,加快作物生长,产量大幅度提升,基本解决人们的温饱问题,人们的生活水平日益提高。

## 一、玉 米

当地农户几乎都种植玉米,其种植大多与土豆套种。在12月份将土豆种下,来年土豆发芽生长,开春后套种玉米,在土豆生长过程需要大量养分的时候,玉米长出新芽。当玉米需要大量养分生长玉米粒时,此时的土豆已经成熟,可以收回家中食用。采用这种套种的方式,可以较大地增加土地的利用率。

以前玉米是村民们的主食,一日三餐皆不可少,后随着生活水平的提高,大米成为主食,玉米的种植面积减少,平均每家种植1~2亩田,相比以前玉米作为主食的地位有所下降。在玉米成熟季节,只有少部分用于自家食用,剩余的摘回家晒干脱粒,作为家禽、牲畜的饲料,如养鸡、养猪、养羊等,以减少饲料的购买。饲养家禽和牲畜仅靠自家种植的玉米饲养远远不够,每当玉米青黄不接之时,就需要从市场上购买玉米直到自家玉米能够作为饲料。在养猪多的农户,自家种的玉米仅够自家食用,饲料则完全依靠外购。玉米除了作为饲料以外,

图2-1 玉米与土豆套种

还能做一些农家菜肴。根据乡村振兴战略的长期发展规划,现在主要的发展方向是生态旅游,在酷暑时节,很多游客前来避暑,当地的农家乐会就地取材,制作菜肴,其中有些特色菜会用到玉米,需求量大时甚至会到市面上

购买优质的玉米面，经过烹饪成为具有土家特色的美食。

## 二、土 豆

土豆在栗子坪村种植面积相对较少，2020年种植面积为1529亩，总产量259吨。[①] 每家种植土豆与玉米套种，在1~2亩，亩产1000斤，产量高时每家都能收获2000~3000斤土豆。土豆收回家中后，农民会将土豆按个头大小分成大中小三个等级。大的土豆用于平常做菜切片、切丝食用，中等的土豆则用于做成黄金土豆菜肴，最小的土豆一般会用作猪饲料，也有用于制作土豆淀粉的。做好的土豆淀粉可自家食用、送亲戚朋友，也能作为商品出售，100斤土豆大约能出12~13斤淀粉。土豆除自家食用以外，还有少部分出售给周边的农户，或者前来避暑的游客，价格一般在每斤1.5~2元。村里开农家乐的商户会将土豆做成不同的菜肴供客人品尝，其中土豆做成的菜品有黄金土豆、土豆糕、土豆泥等，也会在不同的菜里添加土豆，如火锅和蒸菜，价格在每份18~200元。

土豆除了可以新鲜食用外，还能将它制作成干货，既可以自家食用，又能出售。即将土豆切片简单加工后晒干，还可以将较小的土豆加工后晒干成土豆果，作为商品流入市场，抑或是作为地方特产卖给游客。土豆片食用时油炸，土豆果主要是与火锅搭配食用。

以前玉米和土豆一直是当地人的主要粮食作物，随着人们生活水平的提高，可供人们选择的食物种类越来越多，玉米和土豆的食用率相对减少，但仍是人们餐桌上的常客。玉米面会掺在米饭中蒸熟，当地人称为"金包银"，又称"苞谷饭"。原来是因为米饭不够而掺一些杂粮充饥，现在有些人因忆苦思甜而品尝，有

图2-2 晾晒玉米

---

① 栗子坪村委会年报统计。

些人因"苞谷饭"粗细粮夹杂营养均衡而吃。人们也会将土豆做成不同种类的菜,可以吃新鲜的土豆、土豆淀粉、干土豆等,尝试着做越来越多的种类。不同花样的玉米和土豆做法,不仅丰富了人们餐桌,也给村民带来了不少的经济收益。在吸引更多的游客到村里避暑的同时,也让他们品尝了淀粉含量较高、风味独特的高山土豆。具有土家族特色的菜肴也为越来越多的人知晓和喜爱。

图 2-3　挖土豆

图 2-4　土豆果

## 第二节　经济作物

　　栗子坪村处于高海拔地区,村民们曾做过许多种植经济作物的尝试。在 20 世纪 80 年代以前,这里种植过水稻,由于产量不高,水田改为旱地,种植旱地作物,如玉米、土豆、烟草、中药材等。栗子坪村广泛尝试选择和培育适合高山种植的经济作物,并运用现代科技不断改良品种品质,逐渐形成了以种植中药材、猕猴桃和烟叶为主要特色的经济作物,在一定程度上增加了村民的经济收入。

### 一、烟　草

　　改革开放后,栗子坪村开始种植烟草。当时几乎每家都种植烟草,品种主要是白肋烟和马里兰,规模 650 多亩,并成立烟草种植基地。烟苗和种烟技术由烟草公司提供,种植户将成熟的烟叶收回家晒干后,由烟草公司回收,实行"农户＋公司"的种烟产业模式,村民的生活随之而改善,种植烟草的积极性也得到提高,在一定程度上带动了乡村经济的发展。2005年,栗子坪村设立"五峰烟叶生产基本烟田标识牌"。此后,烟草市场达到一定的饱和,烟叶价格有所下降,很多种植户将原来种植烟叶的耕地改成种粮食作物,种烟面积有所减少。①

种烟访谈有如:②

问:爷爷,你们从什么时候开始种烟叶的?

答:我们是从1979年就开始种烟,到2012年老伴晒烟时,从梯子上摔下来,手臂受伤后不再种烟。今年(2021年)又种了5亩田的烟草,大概有6000株,晒干后有1200多斤。

问:1200多斤,那大概能卖多少钱啊?

答:1亩田能有250斤干烟,5亩能有1250斤干烟,今年的均价每斤在13元。这些烟全都收回来拿去卖,能卖2万多块钱,都是自己的田,全都拿来种烟叶了。

问:当时怎么想到种烟叶呢?

答:刚开始种的烟远比现在多,当时三个儿子在读书,上有老,下有小,日子过得比较艰难。当时村里人人都种烟,我们也跟着种。在种烟二三十年时间里,最多收过3000～4000斤干烟,但是当时的烟价低,只是几角钱一斤。我的三个儿子都是我们种烟才能供他们读书的,现在大儿子在五峰县烟草公司,二儿子凭手艺谋生,三儿子在南京某部队当兵,那时候都是靠种烟才得钱给他们读的书。

问:烟叶什么时候种?什么时候收?怎么施肥的啊?

答:3月到4月份开始培育烟苗,以前都是去烟草站购买烟苗,现在可以自己培育了。到5月份的时候将烟苗移栽到地里,6月底7月初开始采摘第一批烟,直到9月底才收完。烟草在生长过程中,移栽初期在烟叶根部施农家肥,这种农家肥用地膜覆盖的,有了地膜以后这样地里不容易长草,减少管理的时间。到烟长大后,就开始针对叶面施

---

① 访谈对象:WXL,男,68岁;访谈人:罗康艳、张雪琪。2021年7月24日,栗子坪7组。访谈对象:WXJ,男,65岁;访谈人:罗康艳、张雪琪。2021年7月24日,栗子坪7组。
② 访谈对象:WXL,男,68岁;访谈人:罗康艳、张雪琪。2021年7月24日,栗子坪8组。

肥,有时也打一些驱除虫害的药,但需要避免临近采摘的时间喷洒。

问:是哪一种肥料?

答:叫"叶面肥",专门喷在烟叶叶面上的,增加烟叶的厚度,烟草开花和新长出来的嫩芽都要掐掉,让营养集中在叶面上。

问:采摘回来的烟叶就像现在这样挂着晾干吗?

答:收回来的烟叶要用绳子把烟叶的叶柄单片绑好,在自家的院子或楼上晾干,晒到金黄就可以收回存放。在地上铺一层薄膜,晒好的烟叶从绳子上取下来,将大小不同的烟叶分开,再一排排整齐地放在薄膜上,再用一个门板或大板子盖住压实。第一批从地里收回来的烟叶较小,后面的烟叶就比较大。采摘烟叶还是有讲究的,每株每次摘两张烟叶,前后能摘十几批,到最后采摘结束,烟叶的秸秆有120厘米高嘞。

问:听您弟弟说你们要搭钢架棚,什么时候搭呢?

答:今天下午来搭。今年(2021年)政府对种满5亩田的农户给予钢材晾烟棚的补贴,用钢材搭建晾烟棚。政府把钢材拉来,派两个人来安装,家里出两个人安装,有18米长,一个晾烟棚能够晒18绳,每绳能挂2斤烟叶。最开始晒干的方式就是随处晒,后来生活逐渐有所起色,搭起了青砖晾烟棚,开始有自家专门晒烟的地方,当时政府补了200元的砖钱,比之前条件好很多。我们这里几乎每家都有一个晾烟棚,现在政府补贴的这种新式晾烟棚,是钢材做的,这种钢架晾烟棚比青砖架构的晾晒时间要短些。

问:这种新的晾烟棚就只有你们一家有吗?

答:黄河上面还有一家今年也种烟,政府也补贴他家一个晾烟棚。

问:今年种了这么多烟,明年还继续种吗?

答:种,明年还种一些。

WXL、WXJ等都是种烟大户,他们从20世纪70年代末开始种烟草。到21世纪初期,由于市场需求减少,种植户主只得降低种植规模,烟叶也鲜作为商品出售。这些种植户具有三十多年的种烟经验,可以独立完成一整套种烟流程,包括4月开始育苗,5月移栽、除虫、施肥,6月底到9月底采摘、晒干、保存等。烟草是很好的经济作物,很多村民依靠种烟草改善了生活状况,甚至依靠种植烟草的收入供养子女上学。如村民WXL将三个儿子都培养成才,大儿子在五峰县烟草公司,二儿子凭手艺谋生,三儿子在南京某部队当兵,并在南京安家。HX通过种烟将两个女儿送进大学。

图 2-5 烟 草

图 2-6 烟 地

图 2-8 晾晒烟叶

图 2-7 烟 地

图 2-9 中国烟草标识

## 二、中药材

栗子坪村一直都种植中药材,但大规模种植是在 2014 年以后,主要种植的中药材品种有:独活、云木香、贝母、七叶一枝花、白芨、杜仲、牛膝等,取根茎入药的较多。由于海拔较高,药材有效成分的含量和药用价值较高,适合大规模发展中药材种植。有的是农户种植,有的则是成立合作社经营,不论规模大小,都能作为增加村民经济收入的一个渠道,是继烟叶之后的又一种经济作物。据村委会 2020 年年报的不完全统计,中药材的播种面积为792 亩,总产量 392 吨。[①] 中药材种植的详细情况见下表:

**表 2-1 中药材种植的详细情况表**

| 种类 | 种植面积/亩 | 投资成本/元 | 亩产/斤 | 单价/元 | 成熟时间/年 | 每亩成本/元 |
|---|---|---|---|---|---|---|
| 独活 | 350 | 525000 | 500(干) | 5~6 | 1 | 1500 |
| 牛膝 | 400 | 600000 | 500(干) | 12 | 1 | 1500 |
| 云木香 | 50 | 400000 | 1200 | 7 | 2 | 1000 |
| 贝母 | 80 | 1000000 | 100 | 40 | 1 | 2000 |
| 白芨 | 50 | 240000 | 300 | 20 | 3~4 | 3000 |
| 木瓜 | 20 | 50000 | 1000 | 6 | 4~5 | 1000 |
| 七叶一枝花 | 20 | 200000 | 500 | 200 | 4~5 | 1000 |
| 白三七 | 20 | 200000 | 300 | 400 | 7~8 | 1000 |

药材生长周期较长,有两年一熟、三年一熟或者四到五年一熟的。在苗圃移栽到地里时,要及时给药材追肥、除草,保证药材的生长环境,有些药材在移栽一年后要挖出来移栽到另一块地里,以减少虫害的啃食。在中药材成熟后收回家中进行简单的粗加工,即晒干和切片。近年来,栗子坪中药材种植面积不断增加,开始走向规模化生产,2018 年成立了群双中药材专业合作社。合作社有专门的仓储仓库,以及烘干和切片的机器,将药材切片后进行烘干等一些粗加工的步骤。仓库中烘干的机器,需要烧柴火,将热量通

---

① 访谈对象:WMQ,男,35 岁;访谈人:罗康艳、张雪琪。2021 年 7 月 10 日,栗子坪 8组。访谈对象:TP,男,46 岁;访谈人:罗康艳、张雪琪。2021 年 7 月 17 日,栗子坪 2 组。

过四个排风扇将热气输送到烘干房里,药材平铺在铁架子支撑的镂空合金盘子上进行烘干,药材一般烘干到轻轻一折就断的程度即可。以前农户将药材收回家后,需要手动将药材切片,耗费大量的人力和时间,切好后在自家院落里晒干,收成好坏都取决于天气。中药材专业合作社有粗加工的设备,改变了靠天吃饭的局面。

群双中药材专业合作社成立后,实行"农户＋合作社"的产业形式,中药材产业更加科学、合理,经济收入逐渐增加。合作社购买药材种子培育成苗圃,再分发给社员或卖给农户,由农户自行种植和养护药材,待2～3年成熟后,有专门的药材贩子上门收购,社员和农户可以自由选择把药材卖给药材贩子,还是卖给合作社。若是药材成熟时,药材贩子未及时上门,便可以直接卖给合作社,再由合作社统一出售。群双合作社自成立以来,利用优良的药材品质,逐渐在药材市场中占有一席之地。合作社主要通过中草药网站宣传自己的中药材,并以电商形式售卖,药材一般销往湖南长沙和安徽。长沙方面主要做药材加工,安徽除了药材加工以外,还做出口贸易,加工后的药材主要出口到韩国和日本。出口药材的要求比一般的药材品质高,安徽的药材

图 2-10　中药材专业合作社

图 2-11　独　活

公司把包装用具和包装要求,与合作社对接并明确出口标准,由药材公司发放专门的包装用具(包装袋、纸箱),药材先用袋子密封,再用纸箱装好,每装

50斤,合作社负责包装和上车,药材公司上门运输。

　　作为出口的商品,海关检查相当严格,合作社需要将产品寄到安徽做药检,主要检测是否有农药残留。由于高海拔地区病虫害较少,很少使用农药,产品检验报告显示合格,合作社成功与安徽的药材加工厂正式签订合同,销售途径得到保障,减少药材滞留的风险。关于药材的功效和用途,种植的农户也有所了解,如油漆涂料里会有独活的成分,出口商品中有些会提取独活的某些成分作为饮品食用。中药材以优良的品质,做起对外出口贸易,也在很多药材公司中赢得较好的口碑,为种植更多中药材开拓更广阔的市场。销售渠道确定以后,合作社和家户就可大规模种植中药材,以中药材助力乡村产业振兴。

　　村里除了中药材合作社,村里还有大部分农户零散种植药材,独活在农户中种植较广,其中村民TP种植的数量较多,包括在其他村在内,TP一共种植了400亩田,大概有300亩在栗子村里。种植范围从海拔900～1700米不等。因为多数人都种独活,TP对市场进行了调查评估,预判牛膝的价格会比往年高,因此,他种植的牛膝占比较大。2020年,TP在五峰镇与人合资成立乡村兴农作物种销专业合作社。该合作社的药材主要销往湾潭的药材加工厂,由于刚开始大规模种植药材,尚未确定产品数量,对于其他加工厂的收购药材的意向正在考虑当中,计划从周边培育市场,逐渐将合作社的药材推向更广大的药材收购市场。大规模种植药材不仅可以助力乡村经济的发展,也增加了不少的就业机会,村里的劳动力实现"家门口就业"。中药材合作社和大规模种植药材的农户做资金投入、产业规划和市场评估,种植、追肥、养护、采摘等都雇人完成,工资每天100元,尽管在家的农户都是年纪稍长的村民,当农闲时可以在村里做短工补贴家用。近几年种植中药材让在家务农的农户有了一定的经济来源,也提高了种植中药材的积极性。

## 三、猕猴桃

　　村里有一棵上千年的猕猴桃树,当地人称猕猴桃为"羊桃",山上和路旁都能看到猕猴桃藤缠绕树梢,大多是野生猕猴桃,[①]还没有引进改良和人工培育的品种,到猕猴桃成熟季节,村民们都到山上摘猕猴桃,野生的猕猴桃

---

　　①　访谈对象:FJ,男,47岁;访谈人:罗康艳、张雪琪。2021年7月9日,栗子坪村8组。

都是零散分布在山林间和路旁。在乡村振兴战略的推动下，一些有远见的村民在野生猕猴桃培育和种植上看到商机。村民FJ率先到其他地方猕猴桃种植基地学习猕猴桃种植技术，并请专家前来进行技术指导，引进一些受众较广的品种，根据品种特色和海拔高度，开始大面积的种植不同品种的猕猴桃，并成立猕猴桃种植专业合作社。在FJ的带领下，有不少农户也开始在房前屋后种植猕猴桃以供游客采摘，还有些农户经营农家乐，将当地的猕猴桃作为特产出售。

为了实现猕猴桃人工种植和规模化，FJ一边学习猕猴桃的种植技术，一边与村民和沟通。猕猴桃的规模化种植需要大量的耕地，FJ除自家土地用于种植猕猴桃外，还租用村民的土地。县政府对乡村特色产业给予一定的扶持，每种植一亩猕猴桃补助1万元，最初申请的种植面积是87亩，随着种植规模逐年扩大，到2020年，种植面积已经达100亩以上。在政府的帮扶和FJ等人的努力下，人工种植猕猴桃逐渐在村里推广。目前，主要出产红阳、翠香、秦美、徐香等品种。栗子坪村海拔层次分明，根据海拔高低种植相应品种的猕猴桃，出产的产量和品质都比较高，其中翠香最适宜当地1200米的海拔高度，且产量较高。2018年，省级支持五峰猕猴桃产业发展项目在栗子坪村开展，同年还成立了金闺猕猴桃专业合作社，合作社负责技术指导、资金投入和种管摘售，形成了一条比较专业的产业链。猕猴桃种植需要3年开始挂果，从2018年种植到2020年正式挂果，今年（2021）开始产出猕猴桃。

为了保证猕猴桃的储存质量，2018年，栗子坪村在上级政府的支持下，修建了一座占地400平方米的冷库。冷库共有三间仓，储存容积大概在1650立方米，总储存量达300吨。在政策扶持方面，国家给予一些资金支持，修建冷库储藏新鲜猕猴桃，配备了一些较为先进的设备，其中有些设备是全县首次在新鲜水果储藏方面的尝试。在管理和保存猕猴桃方面安装了先进的设备，第一是智能气调一体机，这是五峰县第一家投入使用，该设备的主要功能是将室内的氧气和二氧化碳排出来，补充氮气，防止水果氧化；第二是散热器，将室内的热气通过这个设备输送到室外，从而降低室内的温度，有利于低温保存水果；第三是压缩机，整座冷库的动力就是由压缩机提供，也是核心设备；第四是超声波加湿器，主要作用是保持室内水果有充足的水分，保持水果的新鲜程度；第五是臭氧果蔬灭菌机，即消毒设备，水果在进入冷库保存期间，需对其进行消毒，在进入冷库之后再由专门的设备长期进行消毒,以保证水果的品质。

一般从果园采摘下来的猕猴桃可以存放 8 个月,冷库的主要作用就是错开猕猴桃销售旺季,做反季节销售,提高售卖价格,赚取储存的利润。比如 5 月份的时候新西兰的猕猴桃进入中国市场,进口水果价格相对较贵,这个时候本地猕猴桃就能以相对低的价格在市场上展开竞争,同样的品质人们会选择价格亲民的水果,这时当地的猕猴桃就有价格优势,能够卖出比猕猴桃成熟季节更高的价格。猕猴桃产业,需要了解国内的市场需求,同时也不能忽视国际市场,不仅保障品质,也要注重效益。猕猴桃最早成熟的时间是在每年的 10 月,在全民欢度国庆时开园采摘猕猴桃。因成熟季节的不同,开园采摘会安排指定的园子供游客采摘,采摘结束后会对果园进行消毒。在猕猴桃成熟季节,会针对不同情况做一些价格上的调整,如市场上卖 8 元一斤,若是游客到指定的园子里采摘,选择最好、最大的果子,这样的价格会调整到 10 元一斤。在游客采摘结束后,合作社采取一些消毒与养护措施,需要花费更多、更高的成本。这种体验式的采摘猕猴桃,游客既可以挑选品质好的果子,还可以体验采摘过程的乐趣。

猕猴桃产业是当地新兴的特色产业之一,金闱猕猴桃专业合作社现有两处较大的猕猴桃园,一共 100 多亩地,现在村里社员大概有 64 户进入猕猴桃产业。村里有一些搬迁户,他们都是国家政策性搬迁到村里来居住,有集中的安置点,村里集体的土地种植的猕猴桃,30% 的收入分给他们作为经济来源,30% 是村委会集体的,剩下的 40% 归合作社,形成一种"三三四"的分红模式。这是国家实行精准扶贫政策下的一种扶持方式,让搬迁户能够在村里多一些经济来源,使得搬迁户能够安心在新的地方住下来。

对于猕猴桃种植产业,所有的果子不一定都是优质的,也会存在一些次品,需要将这些果子充分利用起来,生产以猕猴桃为原料的其他商品,如做猕猴桃果酒生产,FJ——金闱猕猴桃种植合作社的负责人,在某部队服役时与宜兴酒厂结缘,退役后的 16 年,一直在钻研酿酒技能,在种植猕猴桃的过程中,思索着做猕猴桃果酒。现在猕猴桃酒已经连续三年在青岛检测合格,已经能够作为商品出售。但由于猕猴桃合作社刚起步,效益和市场等因素还在探索阶段,加上猕猴桃产量和合作社能力有限,暂时不能将猕猴桃果酒产业做成一定的规模,猕猴桃产量稳定时会成为后续延伸产业。在猕猴桃成熟的季节,能够将一些新鲜的水果卖出,也会将一些水果储存起来,待高价卖出。一些品质较差的当延伸产业来做,利用冷库将次果冷藏起来,做果酒、果脯、果汁等深加工产业。

栗子坪山上遍布野生猕猴桃，凭借一棵千年猕猴桃树的基础，通过引进新的品种后，大规模种植和发展猕猴桃产业，着力打造"千年猕猴桃之乡"的品牌，为乡村振兴做出贡献。

表 2-2　2020 年栗子坪种植作物产量

| 种类 | 单产（kg） | 总产（吨） | 播种面积（亩） |
|---|---|---|---|
| 土豆 | 14 | 259 | 1529 |
| 玉米 | 18 | 636 | 2439 |
| 烟叶 | 32 | 14 | 80 |
| 中药材 | 39 | 392 | 792 |
| 猕猴桃 | | 80 | 200 |

从表 2-2 可以看出，传统的粮食作物依然占有很大比重，主要是满足人们的基本生活需求和饲养的家禽牲畜。在乡村振兴的浪潮中，村民勇于开拓，发展了很多新兴产业，尤其是中药材和猕猴桃的种植，将成为乡村振兴过程中的重要支撑。

图 2-12　猕猴桃专业合作社

图 2-13　猕猴桃园

图 2-14　猕猴桃园

## 四、花　卉

栗子坪村一直很重视生态环境的保护,在 2015—2016 年度,栗子坪被湖北省环境保护厅命名为"生态村庄"。被湖北省住房和城乡建设厅命名为"宜居村庄"后,自此,村里对生态环境的保护,提出了更为细致的措施,如在山林管理方面,设置了"护林员",为增加森林的覆盖率,除了对天然林的保护以外,还利用无人耕种的土地进行人工育林,种植苗木和花卉,一方面增加了植被覆盖率,另一方面也增加了村民的经济收入。

2014 年,在栗子坪村成立了奇鼎花卉苗木专业合作社,[①]法人代表是 WJH。现在有社员 10 多名,TP 是总监,种有 100 多亩的花卉植物,品种有红花玉兰、夜来香、珙桐、大黄杨、小黄杨、映山红、麻瓜木、马尾松 8 个品种。在合作社成立之初,曾种植玫瑰花,起初一年长势很好,取得了较好的收益,但由于种植玫瑰花种植需要花费较大

图 2-15　茶　园

---

① 访谈对象:TP,男,46 岁;访谈人:罗康艳、张雪琪。2021 年 7 月 17 日,栗子坪村 2 组。

的时间和精力，在养护和修剪方面需要花费比其他花卉植物要多，再加上技术和人员的欠缺，最终没有再种植玫瑰花。其他的花卉品种现在依然在种植和经营，一般买主上门看花卉的植株、品种，在商谈好品种和价格后，合作社将花卉从田里挖好，买主用车拉走即可。在花卉销售旺季时，会将花卉挖好摆放在路边，以供游客和路过的顾客购买。花卉出售途径除了一部分散客以外，还会有一些公司作为景观植物前来购买。花卉种植规模较小，利用荒废的土地进行种植花卉，增加

图 2-16　家庭农场

家庭收入，虽然不是家庭的主要经济来源，但起到了很好的补充作用。

在 2013 年前后，栗子坪村曾尝试种植蔬菜，主要有萝卜、白菜、辣椒、峨眉豆等，主要销售地是长沙、武汉、鹤峰等地。由于高山作物生长周期较长，市场价格波动较大，导致收益甚小，蔬菜种植的尝试仍然在不断尝试。种植大户 FJ 在看到新鲜蔬菜的销路受阻，尝试着将蔬菜烘干，售卖烘干的蔬菜，主要品种包括小南瓜、土豆、茄子、包菜、豆角、辣椒等多种蔬菜，有时村民有短期无法吃完的蔬菜，也可拿来烘干，在冬季蔬菜少的情况下可以吃些干的蔬菜。有些游客也会买些尝鲜，并会带回家，这在一定程度上拓宽了蔬菜的销路，同时，也丰富了蔬菜的食用方法。栗子坪村根据当地的气候特点，发展了适合本地的经济作物，增加了农民的收入。此外，村里还种植了小面积的茶树，由于海拔较高，春茶发芽时间比低海拔地区迟，往往错过春茶收购价格的高峰期，导致好的春茶滞留在茶树上无人采摘，降低了农民种植茶叶的积极性，有的村民甚至认为种茶占用耕地，将茶树砍掉再种上其他的作物。仅有少部分村民会在田地边界种上几分地的茶树。4—6 月份每月采摘一次，采摘的茶叶按 0.9 元每斤的价格出售，种得少的农户大概只有 100 块的收入，多的也只有 300 元。

# 第三节　养殖业

栗子坪村海拔较高,环境良好,又有通畅的交通运输条件,适合现代养殖业的发展。该村的养殖业很早就开始起步了,起初仅作为农业的辅助,每家每户养殖猪、鸡,仅满足农民日常生活所需,并未作为商品出售。鸡蛋增加了活鸡的经济附加值,而猪肉是餐桌上必不可少的食材,智慧的栗子坪村村民不断创新菜肴的做法,丰富了当地的饮食文化。同时养殖者也在不断学习先进的养殖技术,引进像蜜蜂和高山冷水鱼这样的新型养殖品种,且卓有成效,为增加收入带来新的门路。栗子坪村的养殖业随着政策及市场的调整而变化,规模逐渐扩大,成为增加家庭收入的重要组成部分。

## 一、养猪——创收致富路

栗子坪村为土家族自治地区,有着喜食猪肉的饮食习惯和杀年猪的习俗,因此家家户户都会零散养猪,对养猪产业较为熟悉。20 世纪 60 年代,生猪仅是家庭散养并未商品化,直至国家实行"购留各半"政策(即农户要把年猪的一半卖给国家),农户开始将部分猪肉变

图 2-17　猪　群

作商品。20 世纪 70 年代,生产队试办小型养殖场,但成效不佳,持续亏损。20 世纪 80 年代中期,生猪养殖由零星散户喂养向专业个体规模养殖发展,由粗放到科学养殖发展,结构由单一向多元调整,养殖业逐渐向市场化、专业化、规模化发展,进入全新快速发展时期。[①]

在乡村振兴的契机下,村干部看到了养猪业发展的大好前景,号召有条件的村民实行大规模养猪,实现村民致富。老党员 WXQ 同志响应村集体号召,首先带领 10 个养猪户进行小规模养殖。同时,WXQ 同志的女儿 WF

---

图 2-18　猪　场

成立养猪专业合作社,吸引村民参加。之后,养猪逐渐取得经济效益,村民纷纷加入,最多的时候,村里有 8 个成规模的养猪场。后来,随着栗子坪村经济方向发生改变,提倡发展旅游业,栗子坪村需要营造一个良好的生态环境,政府倡导科学、规模养猪,要求尽快关停规模小、污染大,生态效益和经济效益都比较差的养猪场。根据实际情况,符合要求的 WMW 和 MQC 两家养猪场领到了"复养证",其他小型养猪场都已经关停。栗子坪村养猪场的品种主要有太湖、长白、荣昌、约克等。1995 年以后,普及二元杂交猪、三元杂交猪。① 据 2020 年栗子坪村年报统计,全年全村生猪共计 1028 头,其中能繁殖的母猪 101 头,当年出售和自宰生猪 1307 头。年内肉类总产量 82 吨,生猪年末存栏 1082 头,其中能繁殖母猪 118 头。② 从整体上来看,栗子坪村的养猪业经历从少到多,再从多到少的变化,而主要因素就是市场的调节作用和生态保护意识的增强。

　　WMW、HCY 两夫妻就是由 WXQ 带动的养猪户之一。早在 2008 年

---

　　①　湖北省地方志编纂委员会办公室编:《栗子坪村志》,武汉:武汉大学出版社,2018
年,第 59 页。

　　②　2020 年栗子坪村年报。

的时候就经营了约 500 头猪,目前还剩 100 多头,其中包括 14 头母猪。但家中有读书的孩子和生病的母亲,除夫妻两人之外无人帮衬养殖场,与此同时,HCY 还在村委会经营小卖部,生活压力和经济压力都很大。在政府出台"复养证"后,养猪数量开始趋于稳定,但来自家庭内部的压力和对未来栗子坪村经济发展方向的考虑,WMW 会逐渐减少养猪规模。[1]

图 2-19　驱蚊灯

村里另一养猪大户 MQC,从事养猪业时间上要晚于 WMW 家,他从 2010 年开始养猪,两夫妻和其父母都会参与养猪管理。因此,人工压力不是很大。养殖的第一年只有 50 头猪,之后慢慢增加养殖数量,目前有 260 头生猪,其中包括 20 多头母猪。猪种有适应性强,耐粗饲的特点,能够自繁自养。[2]

他在养猪之前,家里曾种植过烟草,有部分的养猪场就是原来烟棚改造成的。养猪场的面积有 1000 平方米,已经达到了国家要求的最高标准,可以

图 2-20　猪　舍

容纳 800 头猪,平均 20 平方米一个猪圈,猪舍间隔大致为 4～5 米。虽然是小型养殖场,但 MQC 十分注重养猪场的基础设施和环境卫生。猪舍每日

---

[1]　访谈对象:HCY,女,55 岁;访谈人:罗康艳、张雪琪。2021 年 7 月 13 日,栗子坪村村委会商店。

[2]　访谈对象:MQC,男,46 岁;访谈人:罗康艳、张雪琪。2021 年 7 月 13 日,栗子坪村 5 组 519 号。

清扫两次，利用艾蒿熏猪舍，起到消毒杀菌的作用，周围也会种桃树、黄柏、杜仲等植物给猪群遮阴、降温。为了避免生猪被蚊虫叮咬，猪舍外会安装驱蚊灯，内部则会点蚊香。

夏天用水冲洗猪圈给猪群降温，冬天使用电热板给猪舍取暖，让猪舍有一个较为舒适的环境，同时也配备除潮机防止猪圈返潮。专业化的养猪设备在一定程度上给猪群营造一个舒适且安静的生活区域，有助于猪群快速生长。

对于养猪户来说，母猪繁殖是整个养殖过程的关键，也直接关系到整个猪群的经济效益。如果母猪不孕会给养殖户带来巨大损失，因此，一旦发现母猪有不孕情况，就会打消炎针，然后观察一段时间。在21天后的第二次发情期，检查配种情况。但随着养猪业人工授精技术的发展，生猪繁殖情况得到了较大改善。一头公猪最多可以与20多头母猪配种，取一次公猪精液能够给三头母猪配种，这就有效地提高了配种的成功次数。母猪的配种情况则因体质不同会有所不同，有的最高能够保持10年配种活跃期。在妊娠期的母猪需要一个安静的环境，也会受到养猪户的特别照顾，避免因烦躁出现流产现象。一头母猪需要单独一栏，21天之内不得转栏，同时也要注意饲料的用量。母猪从生产后35天就可以继续配种，猪群一般能一次性生产10～12只猪崽，最高能达到20只，有时也会给母猪打多排卵的针，让其可以多产。养猪户熟知接生步骤，在下崽之后给它剪牙（主要防止幼猪吃奶时，牙齿划破母猪的乳头），剪脐带，消炎。给小猪仔消毒的同时，将护理的药喷到母猪的子宫里，避免受到感染。猪崽在保温箱中待28天，22～28天可以断奶，但无足够的母乳喂养时，也可冲泡婴儿专用奶粉进行喂养。

养猪业不仅受到市场行情波动的影响，而且对于养殖户的养殖技术也是一种挑战。尤其是猪的疾病防治，猪群一旦出现疫病，那么损失将是无法想象的，在此过程中稍有不慎就可能全功尽弃。生猪在换季的时候容易生病，由于交易频繁，交叉后病情更加复杂，因此会经常打疫苗进行预防。为了有效预防疫病，生猪从刚出生开始就需要不断打预防针。养殖户HCY说，刚出生的小猪三天之内需要打补血、补铁的针，之后还要不断打其他类型的预防针。幼崽还需要打疫苗，有效期为4个月，一般5～6个月的时间就可以长到200斤，需要打第二次疫苗就可以出栏了。猪瘟疫苗在一个月之内完成，公猪和母猪一年需要打两次疫苗。HCY说养猪场一年疫苗费用大致要1万元，成本较高，但是相对应地也可以避免猪群患病。此外，经过多年养殖经验的总结和学习，养猪户也会懂一些生猪疫病的治疗方法，避免猪群大面积患病带来经济损失。对于 MQC 家来说，家中老人曾是采花乡的兽医，具备专业的医疗知识，基本可以应对一些小型疾病，在无法解决时也会网络求医。栗子坪处于高山之中，面积大而养殖户少，所以猪群的密度较小，很少遇到大型瘟病。即便

图 2-21　母猪与猪崽

真的有个别猪患病，也会先隔离，然后对症下药，实在医治无效，也会尽快联系政府相关的单位拖走病猪，集中进行无害化处理。

　　生猪的售卖市场主要是周边地区，以及邻近的湖南省，交易市场多年来基本稳定，不存在较大变动，卖家电话订购或自行托运，最多一次购买 63 头。由于长期合作，即使在新冠疫情防控期间销路也是比较通畅的。政府也出台了相应政策对养猪户进行支持，如养猪户在相关部门办理通行证，即可畅通无阻地在特定地点进行销售。在 MQC 养猪场，生猪一天消耗 1500 斤的饲料，自家种植的玉米是远远不够的，他们与宜昌粮食经销商已经合作了 8～9 年。

　　截至 2022 年 3 月，MQC 的猪场总共出栏生猪 2000 多头，仅 2021 年猪场出栏生猪 270 多头，均重在 300 斤，是实实在在的养猪大户。富起来的 MQC 也没有藏着掖着，而是毫不犹豫地将他的所学所能传授给周边村民。与此同时，他还与 WMW 保持一个良性的竞争合作关系，互相交流经验，互相合作，共同进步。MQC 与 WMW 的养殖场都是栗子坪村规模较大的养猪场，但两家的经济压力使其对栗子坪村的养殖业看法不同，因此对养猪场的发展前景有截然不同的态度：前者考虑要加大投入力度，而后者则在考虑渐渐减少猪群的数量。

　　MQC 从事养猪行业之前曾种过烟草，但是收益不高，转而走向专业养猪，并通过养猪逐渐发家致富，生活圈也与养殖业息息相关。

　　问：你认为养猪行业会一直兴旺下去吗？

　　M：那肯定的，不管村里发展什么行业，猪肉总是要吃的，具体的变

化情况要10～20年之后再说。

问：那么前几年的收益如何？

M：前几年还是能赚很多钱的，市场好的时候，养猪也能挣好几十万。猪肉价格一涨，我们到年底，能收到这么大一叠钱呢。

问：那之前几个养猪户不做了之后，猪都处理了吗？

M：卖了。

问：那岂不是亏好多钱了？

M：他们不讲亏，赚了好多嘞，转行了，做别的去了。就像下面那个SZZ，他就开农家乐去了。①

对于MQC一家来说，养猪虽然很辛苦，但收益也较为丰厚。他的儿子刚刚考上大学，靠养猪也完全供得起。直到笔者联系MQC时，他家的生猪在下小猪崽，凌晨2点57分仍在为养殖场忙活。对于未来，MQC信心满满，他表示还要扩大养猪规模，把养殖场做大做强。

在养猪的过程中，养猪户会遇到很多困难，可能会遇到资金风险，比如资金不足或者周转困难，也可能会遇到市场风险，如价格波动较大，影响销售。节假日对猪价影响较大，但是现在消费者都在节前购买，因此猪价由"逢节必涨"变为"逢节必跌"。对于猪价来说，出现周期内波动是正常现象，是市场的自我调节功能，因此养猪户结合多年的养殖经验和市场变化规律，来增强抵抗风险的能力。

从以上可以看出，WMW和MQC两家响应政府的号召，为脱贫和乡村振兴发展养猪业，并且都形成了一定的规模。两家养猪场不断丰富自己养猪的经验，在产业发展过程中时时关注市场和政策，将自家养猪场与栗子坪村发展紧密结合。栗子坪村重点发展旅游业，势必对养猪场产生一定影响，政府应充分考虑到现有养猪户的生计需求，科学制定养殖政策，合理规划养殖范围，促进乡村产业振兴，稳步推进。

## 二、养鸡——黑鸡变"金鸡"

栗子坪村自然环境优越，351国道穿村而过，对养鸡村民来说，无论是鸡的生长，还是运输，都有得天独厚的条件。因此，村民会散养一些本地鸡

---

① 访谈对象：MQC，男，46岁；访谈人：罗康艳、张雪琪。2021年7月13日，栗子坪村5组519号。

来供日常食用。近些年,鸡饲料价格不断攀升,鸡肉和鸡蛋的市场价格波动较大,鸡瘟时有发生,如果靠散养鸡进行市场销售,难度很大。村民为了提高养鸡的边际收益,成立了专门的养鸡合作社,规模经济提高了村民的收益。据 2020 年栗子坪村年报统计,全村活鸡年末存栏 1584 只,当年出售和自宰活鸡 1901 只,年内鸡肉类总产量 2 吨,鸡蛋产量 5 吨。①

栗子坪村五峰王嘉鑫养殖专业合作社成立于 2014 年,并于 2018 年进行大规模扩建,合作社的养鸡场占地面积七亩二分,有三座厂房。养鸡场的主要品种为黑鸡,最初有 1 万只。2020 年,因疫情防控,交通运输困难,鸡肉鸡蛋销路不畅,养鸡数量锐减,库存仅剩 4000 多只生鸡,其中包括 30 多只母鸡。随着疫情逐步得到控制,合作社在 2021 年上半年重新启动栗子坪村的养鸡场。

合作社的合伙人一共有 8个,按投资比例进行利润分成,有投资股和经营股。负责经营

图 2-22 五峰王嘉鑫养殖专业合作社

的主要有 3 个人,其他人则是在股不经营。合作社的发展方式是以阶梯式循环为主,即从每年 3 月份上新苗之后,每个月都会上一批苗,把成品鸡运出去的同时再把新鸡苗带回来,这样可以省掉一半的运费。阶梯式循环生产,一年累计能卖出 3 万只鸡,库存 1 万只。但阶梯式循环生产资金需求量大,特别是前两次要想衔接起来需要投入 30 多万元的启动资金,而非阶梯式则一年只需 20 多万元。五峰王嘉鑫养殖专业合作社只用一座厂房养殖黑鸡,因为每卖掉一批鸡,就需要把厂房空出来雇短工进行消毒,消毒过程需要一天,之后至少空出来三天,保证清洁与卫生。为了减少鸡和鸡粪的接触,控制疾病传播的六七个月内,每日需要雇工清理鸡粪,按每日 200 元计

___
① 2020 年栗子坪村年报。

算,两个月需要 3 万多元。厂房里还有通风、调节温度的设备,时刻保持鸡舍内部空气清新。夏天会用通风扇、排气扇,屋顶洒水等方式降温,而每年 11 月到次年的 3 月则会将鸡舍一直保持在 25 度。因为黑鸡特别怕冷,所以温度和环境对于其养殖过程尤为重要。

图 2-23 五峰王嘉鑫养殖专业合作社的养鸡场

图 2-24 饲料装置

图 2-25 饮水装置

长到 5 个月后的 4000 只黑鸡一个月需要 20 吨饲料,按饲料的物价计算,需花费 7 万多元。饲料都是从荆州运输回来的,因为荆州的距离比较近,而且质量也较好。鸡窝铺的白桦草也是黑鸡可以用来补充维生素的食物,还配备有专门饮水的水箱。雏鸡与成年鸡的饲料比例有所不同,小鸡需要的钙、微量元素会多一些。除此之外,还会专门给山鸡种植一些绿色植物,如野草和蔬菜。

在 YDJ 看来,栗子坪村养鸡场还是比较成功的,养殖数量也到了峰值,形成了规模养殖,可以有效降低成本和提高竞争力。但是养鸡场取得一定经济效益的同时,风险也一直存在。2020 年疫情防控期间,养殖成本提高,增加了养殖者的负担。鸡饲料由 115 元/袋涨到了 147 元/袋,人工和用电的成本也在涨。但幸运的是,五峰王嘉鑫养殖专业合作社一直处于盈利状态,因为合作社与三峡黑鸡公司一直在进行深度绑定,"公司回收黑鸡都是按照合同进行的,这为我们规避了很多风险"。[①] 合作社养殖的山鸡是宜昌的三峡黑鸡,鸡苗和饲料来自公司,一般六个月就可长到3~4斤,黑鸡公司也会回收。有时销路畅通的时候,即使黑鸡不足六个月也会提前回收。鸡苗、黑鸡以及鸡蛋回收价格都

图 2-26　黑鸡群

会在合同中定好,不会因为市场的波动而发生改变。买进鸡苗时,公鸡4元一斤,母鸡6元一斤,混苗5元一斤,脱温苗10元一斤。公司回收后,则是按照一斤14元在宜昌市场进行销售。小鸡在运输过程中的死亡率在5%,这一笔损失则需要自己承担。鸡蛋的回收价格是7毛一个,虽然低于本地的零售价格,但考虑稳定销路以及和公司的长期合作,都会直接卖给公司。村里距离该公司比较近,运输比较方便,而且公司鸡苗质量较好,存活率也高,合同也是一批签一次合同,双方合作共赢。公司对于合作社也会进行养鸡专业技术方面的帮助和指导。例如合作社一旦发现有病的小鸡就会迅速隔离,并依据病情对症下药,如果自己解决不了,就会找公司的兽医,通过视频治病,让公司把对应的药发过来。疫情防控期间,合作社养殖的黑鸡大部分都会被签约公司回收,但是合作社认为这样并不是长久之计,还是需要自己去开拓新的市场,来掌握主动权。他们便将剩余的黑鸡在电商平台和本村零售,电商是渔洋关电商平台,零售则是一些农家乐和农户。在零售中,活鸡的价格是18元一斤,如果处理过后则是20元一斤,利润还是可观的,一只鸡能够净赚5~10元。YDJ以及合作社的成员将栗子坪的养鸡业经营得颇有生机,成为三峡黑鸡的供应商,带动部分村民实现了家门口就业创收。

---

① 访谈对象:YDJ,男,36岁;访谈人:罗康艳、张雪琪。2021年7月15日,五峰王嘉鑫养殖专业合作社。

### 三、养蜂——甜蜜的事业

栗子坪村以高山丘陵为主，森林覆盖率较高，蜜源充沛，一年四季基本都有花源供蜜蜂采蜜。除此之外，亚热带季风性湿润气候，温度适应，蜜蜂不易受到寒冷天气的影响，因此具备优越的养蜂环境。栗子坪村养蜂历史悠久，近些年有将意大利蜂引入的案例，但由于技术及用药失误，没有立即采取有效解决措施而养殖失败。因此养蜂人大多将本地蜂——中蜂作为养殖品种。中蜂对比意蜂有采花种类丰富、适应性强、患病少的特点，对养殖技术及环境要求较低，且营养价值更为丰富。养蜂是一种投资少、见效快的空中畜牧农业，是无污染的环保节约型产业，有百利而无一害，更是我国现代生态农业的重要组成部分。养蜂业已成为栗子坪村的特色农业，成为农户增加经济收入的一个重要产业。据 2020 年栗子坪村年报统计，全村蜜蜂 450 箱，天然蜂蜜产量 1561 公斤。[①]

栗子坪村目前有一个规模较大的蜜蜂养殖专业合作社——五峰八鸽蜜蜂专业合作社（图 2-27），成立于 2017 年，初期只有 8 个成员，现在社员已经发展到近 60 户。合作社社长是 WSB，其家中世代养蜂，社里的 100 多群中蜂也都由他管理。养蜂投资 5000 多元，2021 年，还未追蜜就已经收益了 10 万元。合作社整体周转较好，无须向银行借贷，且已经形成了一定的规模。合作的模式为，WSB 向社员分蜂，10～15 天检查一次蜜蜂，并给予相关的技术指导，育蜂成功后，所产的蜂蜜三七分成。这样既可以发展蜂群规模，也可以节省时间、精力和共担风险。养蜂虽然收益较为稳定，但是要想获得高收益，并不是一件容易的事。第一，自然气候好。对于养蜂业来说，良好的自然气候是养好蜜蜂的基础，只要自然气候好，即"风调雨顺"，就能保障良好的收成与经济效益。如果天气不好雨水偏多，养蜂就会处于减产或绝收的严重亏损状态。栗子坪的气候适宜能够达到三分阳一分阴的养蜂环境，比较适合于饲养蜜蜂。

---

① 2020 年栗子坪村年报。

图 2-27　五峰八鸽蜜蜂专业合作社　　　　　　图 2-28　蜂　箱

　　第二，蜜源好。养蜂人为保证蜂群的持续发展,出于对蜜源充足的考虑,都会在一定范围内种植拐枣、黄柏、桃树,部分植物有药用价值,花源的质量较好,中蜂采其花,所产蜂蜜极为珍贵,家里种花也会分季节种桃花、黄白等。2020 年由于雨水太多,导致蜜源不足,最终饿死蜜蜂 40 箱。合作社现在采取的办法是自己寻找、种植新的蜜源。为了更好地寻找到良好的蜜源,养蜂人还要熟知各种花的花期,要学会"赶花"。WSB 说:根据山上的海拔不同,花期也不同。山上有樱花、桑树等,樱花花期较早,大概在 2 月中旬就从山下向上开了,五倍子花则是从上向下开。荆条花能从 5 月开到 10月,开放时间最长。油菜花 4 月 20 日才开。8 月以前出糖率比较高,七八月大概能储藏蜂蜜几百斤。

　　第三,养蜂技术高。除了自然气候和蜜源之外,想要养好蜜蜂,高超的养蜂技术也是必不可少的。WSB 提到,分蜂和育王都是养蜂技术最为关键的环节,成功与否都会对合作社的发展产生影响。分蜂的步骤是在蜂王"穿"的前一天把它插在蜜板上,"穿"好了也就意味着这箱蜜蜂成功了。之后将带着蜂王的蜜板放在其他箱子中,慢慢等它繁育发展即可。育王也是蜜蜂不断繁殖的关键,蜂王比普通蜜蜂更大一些,每个蜂箱只有一只蜂王,主要任务是与雄蜂交配产子,需要 10～20 只雄蜂专门给蜂王受精。蜂王与

37

普通蜜蜂食用蜂蜜、花粉不同，它只食用蜂王浆，蜂王下的卵在发育前期吃蜂王浆就可以孕育成下一代蜂王，育王成功需要16天。除了蜂王之外，蜂箱中担任重要职责的还有工蜂。工蜂有一定的分工，它们负责采蜜、喂蜂王和守门，但一切都要听从蜂王的指挥。一只成熟的蜂王能够存活5～6年，但高产子率的时间只有1～2年。为了防止在换新旧蜂王时，蜂群不承认新蜂王，先把老蜂王隔离，等到蜂群承认新蜂王，并需要蜂王的时候，再把新蜂王放进去，也会在隔离老蜂王后将快要成熟的王胎放进去（图2-29）。蜂王在具备产卵的能力后，每天都可以产卵，新蜂王一次能产卵几粒到几十粒，产卵最高期一天可以产1500粒。对于蜂王来说，一个拥有2500～2800个蜂格的蜂框，2天就可以产满。蜂格的蜂成熟飞走后，蜂格还可以产卵、产糖、产花粉。对于人工育蜂来说，只要有雄蜂就可以培育蜂王，在春夏育王，成功率达80％[①]（图2-30）。

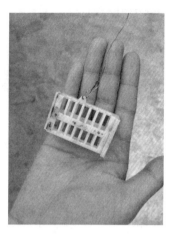

图 2-29 蜂王笼

图 2-30 取蜂格

　　所以养蜂人员要想获得较好的经济效益，需要有好的技术、好的蜜源和好的天气，即"三好"因素缺一不可。只有具备了以上"三好"因素，养蜂人才有可能获得更多质量上乘的蜂蜜。

　　在其他方面，蜂农也需要有颇多投入。比如蜂箱需要10～15天清理一次，这样才能一直保持透气性，不会返潮。但是如果温度骤降，就要把透气孔关掉以保温。越冬时养蜂人可以将蜂箱集中放置在政府支持建设的繁蜂场中，以保证适宜的温度，使蜂群平安度过寒冬。蜜蜂一般不会生病，但是也要预防烂子病，温度过低会冻烂蜂卵。为确保蜂蜜的市场安全性，需对其

---

　　① 访谈对象：WSB，男，55岁；访谈人：罗康艳、张雪琪。2021年7月14日，五峰八鸽蜜蜂专业合作社。

进行药检,因此养殖户都会避免对蜜蜂用药;为了防止蜜蜂跑走,要给蜜蜂吃糖渣、花粉、水糖等(只能给中蜂食用中蜂糖,不可以掺杂意蜂糖);为了防止蜜蜂经常蜇人,会用艾蒿熏蜜蜂,同时这也有助于防治棉虫。为促进中蜂稳定发展,养蜂人会将蜂蛹回收利用,继续繁殖蜜蜂。以上种种,都是为了更好地繁殖蜜蜂所采取的一系列措施。

村里的养蜂户虽经验丰富,但仍需要进行定期培训、翻阅图书、上网查阅资料等不断学习新技术(图2-31)。在养蜂过程中也会不断与外界养蜂同行沟通学习新方法、新技术,比如学习重庆的养蜂技术,把蜜蜂框架放在蜂箱中,使蜜蜂好"走"。有时会给蜜蜂喂盐水,防止它踩到不干净的东西;冬天把蜜蜂放在繁蜂场,防止温度过低,使蜂群受冷。取蜂蜜的装备也是逐渐完善,从最初装备防止蜜蜂蜇脸戴纱网的帽子,逐渐到比较完备的服装(图2-32)。

图2-31 专业书籍

蜂蜜有好差之分,养蜂人把收获的不太成熟的水蜜继续喂蜂,最后用刀划开蜂蜡,流出来的是价值较高的蜂蜜(图2-33)。质量上乘的蜂蜜会被包装成罐,用封口机进行封盖,贴上合作社申请的商标,然后在市场出售(图2-34)包装完好、储存在约17度的蜂蜜可以存放3～5年。养蜂人一般将成品按10%分成在栗子坪村的小卖部出售,售价为110～150元,也会根据市场行情和需求对价格进行调整。栗子坪村接待中心也会放一些蜂蜜,都是包装完整、药检完备的450克罐装,直接面向旅客出售。

问:除了在村里超市卖蜂蜜,微信是不是也有做相关推广?

W:其实蛮多直接到家里买,也有外省需要蜂蜜就给他网上快递发货。用过邮政、中通等快递,它们都用泡沫包裹,比较便于运输。

图 2-32　养蜂人与蜂箱

图 2-33　桶装蜂蜜

图 2-34　蜂蜜密封装置

图 2-35　罐装蜂蜜

问:那养蜂的效益怎么样?

W:去年赚的钱还比较多,湖北都很重视养蜂,如果蜜源够,收入还不少。养蜂一年可以赚约 20 万元。如果后期不追蜜,也能盈利 10 万元。养蜂不会因为市场而血本无归,收入还是较为稳定的。①

除此之外,WSB 还告诉我们,蜜蜂也可以出售,一个容纳 2500～3000只蜜蜂的蜂格可以卖到 100～150 元。蜂王也可单独出售,根据其产卵能力不同,售价也有所不同。

WSB 曾在五峰开过超市、外出打过工,父亲去世后,回来重新修整房子养蜜蜂。最初只想养几箱作为副业来增加收入,但是随着养蜂的效益越来越好,他逐渐增加投入。

---

① 访谈对象:WSB,男,55 岁;访谈人:罗康艳、张雪琪。2021 年 7 月 14 日,五峰八鸽蜜蜂专业合作社。

虽然经营着合作社，但是养蜂的闲暇时间很多，个人时间不会被限制，还可以做别的，WSB 夫妻除了养蜂，还在家中养了小羊和生猪，增加一笔额外收入。因此养蜂是一项不占地、投资少、闲暇时间多的"甜蜜产业"。如今，WSB 养的中蜂越来越好，产量也越来越高，成为栗子坪村的"养蜂能手"。

除销售蜂蜜外，蜂渣、蜂胶、黄蜡也能获取一定的经济效益。栗子坪村的蜜蜂养殖，不仅可以为一户农家一年带来 10 多万元的经济收入，而且耗时少、占地小，是农户家庭副业的良好选择，因此不少农户都会选择加入合作社进行蜂蜜养殖。

图 2-36 黄 蜡

图 2-37 蜂 蜡

## 四、养鱼——生态鱼米乡

栗子坪村水资源丰富，水质清澈洁净，海拔 800～1200 米，地势也与平原不同，十分适合发展高山冷水渔业，但是栗子坪村水产养殖起步较晚，直到 2009 年才开始发展高山冷水渔业。近年来，随着村里旅游业的发展，农旅结合不断提高，为高山养殖冷水鱼提供了更为广阔的发展空间。

农家乐奇泉渔家从 2002 年开始养殖高山冷水鱼，鱼塘呈阶梯式分布，共有 500 多平方米，能够养殖 1 万～2 万条高山冷水鱼，主要供游客垂钓和食用。农家乐老板 JQ 说，她选择发展养鱼产业，是因为栗子坪村在这一块是空白，而且还能得到政府的支持，无论是资金和技术，都能得到专门的指导和帮助。因此，她认为这是个难得的机遇。高山鱼苗在引入时一般只有 5 厘米，长到 2 斤，大致需要喂养 2～3 年，长大到十几斤则需要 5～6 年。因其对水温要求高、长势慢，所以采取大规模养殖的方法可有效降低成本。① 2017 年 7 月 15 日，栗子坪发生洪涝灾害，洪水将鱼塘冲毁，导致鱼量骤减，鱼塘也因破损无法继续扩大。目前，农家乐奇泉渔家门前的鱼池只有 1000 多条鱼，而且只做成品鱼食用，品种有虹鳟鱼和鲟鱼(中华鲟)。鲟鱼以前都是放在不同的鱼塘，雇用工人秉承定时、定量原则，根据鱼的生长情况适当调整喂食量。同时，努力做好病害防治工作，定时进行清洗鱼塘和杀菌消毒。但被洪水破坏之后，冷水鱼数量

图 2-38　奇泉渔家

减少，喂养比较随意，大多是在农家乐的闲暇时间，也不再雇佣专门的工人，仅由家人负责管理即可(图 2-39)。

图 2-39　高山冷水鱼塘

图 2-40　鱼　塘

　　一边养殖高山冷水鱼，一边做农家乐，是本地养殖户的一般选择。一是因为高山冷水鱼在这一区域比较稀见；二是高山冷水鱼作为农家乐的招牌，

---

　　① 访谈对象：JQ，女，42 岁；访谈人：罗康艳、张雪琪。2021 年 7 月 15 日，栗子坪村奇泉渔家。

可以吸引很多外地的游客。三是高山冷水鱼运输困难,路途中极易缺氧,发展外地市场极为困难。因此,将养鱼业与农家乐相结合,让冷水鱼为农家乐服务,既可以自产自销,也可以扩大农家乐的旅客量。经过深入的调查,事实也确实如此,除了自身的农家乐需要这些冷水鱼外,也会提供给其他农家乐,经常有游客慕名而来食用肉质鲜美的冷水鱼,自销和零售相结合(图2-40)。

"靠山吃山,靠水吃水",以绿水青山为资源优势,以旅游兴旺为产业发展契机,发展独特的高山冷水鱼,唱响"奇泉渔家"农家乐品牌,做到产业交叉,以特色发展经济,达到乡村振兴的目的。从村委会来看,需要制定有效政策,联系相关部门提供技术指导,帮助养鱼户扩大生产,提高知名度;从村民自身来看,可以利用天然的区位优势发展特殊产业,科学养殖,脱贫致富。

栗子坪村的养殖业极具地方特色,始终依靠得天独厚的生态环境、丰富的自然资源以及优越的地理位置,依托"合作社＋农户"的产业模式,以合作社带动散户,发挥合作社领头模范作用,将重点放在产业链的中上游,多点开花,促进经济发展。对村民来说,在务农之外从事养殖业,也为自己带来新的收入,释放劳动力,不再将自己局限于土地之上。在养殖过程中,村民除了需要学习养殖技术之外,也要时刻关注市场动态,降低市场价格变动带来的风险,尽可能扩大收入而减少损失,对于可能出现疫病等其他风险,也需提前规避,争取利润最大化。村委会与各上级政府也一直关心栗子坪村的发展,始终坚持乡村振兴战略,补助和政策扶持全面铺开,联合多部门为养殖户提供经济帮助和技术支持,推进养殖业的建设与发展,同时不断调整、丰富村民的生计模式,为村民带来致富的新途径。村民则逐渐学会充分利用国家政策和市场需求,不断提高生计能力和水平,提高产品的核心竞争力。

# 第四节　林　业

栗子坪村群山环绕,溪水潺潺,重峦叠嶂,郁郁葱葱,全村面积10.86平方公里,常用耕地102.3公顷,林地972.2公顷,森林资源丰富,有阔叶林、针叶林和针阔混交林,覆盖率达到89%。林间遍布珍稀树种,主要有珙桐、红豆杉、红花玉兰、白花玉兰、领春木、小叶黄杨木、白皮、红皮马栎光、小塔木、樟木、水青树等,大宗树种主要有松树、杉树、漆树、花栎木、紫树、毛栗子树、泡桐、椴木、九樟树、崖扎子、化果树等。[①] 五峰独有的野生红花玉兰群落、树龄 550 年的古椴树、如今仍能结果的千年猕猴桃藤、每年 4 月开遍山野的高山杜鹃都是栗子坪村特有的珍贵的自然景观。

"绿林浓荫好景长，高岭流水享凉爽"。旖旎的自然风光和丰富的森林资源，使栗子坪村可以利用优越的生态系统，辅以区域文化特色，开发森林生态旅游。森林生态旅游作为一种新兴旅游形式，是林业与旅游业完美结合的体现，有利于形成"林业＋旅游业"联动产业，有效开发林业资源，增加游客对生态系统的了解，提高对生态系统的重视程度，改善生态环境，促进林业的可持续发展。

2018 年，鄂西开始建设的小河小流域土地面积 5935.56 hm²，建设内容包括封山育林

图 2-41　金山银山宣传标语

2303.61hm²（其中封山育林牌 8 块）；人工造林 23.29hm²，人工种草 18.67hm²，一定程度上保护了森林面积，更通过人工造林、人工种草增加了绿化面积，涉及五峰镇的小河村，采花乡的栗子坪村、宋家河村。据 2020 年的年报统计，2020 年该村的天然漆产量为 91 公斤，五倍子 3 公斤，天然松脂 2 公斤，竹笋干 2 公斤，核桃 3 公斤，杜仲 6 公斤，厚朴 1.2 公斤，辛夷花 4.3 公斤，花椒 12 公斤。[②]

政府为了有效发挥村里林木资源丰富的优势，达到乡村振兴的目的，在不同时期采取了不同的林业政策，既有效地保护了村里的自然资源，也保障农户经济收入稳定提高，创造就业机会，实现了从全面脱贫过渡到乡村振

①　湖北省地方志编纂委员会办公室编：《栗子坪村志》，武汉：武汉大学出版社，2018年，第 60 页。

②　2020 年栗子坪村年报。

兴,同时也大大提高了村民的环保意识,践行了"绿水青山就是金山银山"的理念。而该村的树种多为珍稀品种,有广阔的销售市场和高效的经济效益,苗木合作社虽然整体还处于发展的初始阶段,但长远来看,苗木产业仍具有良好的发展前景和巨大的经济价值。

图 2-42　苗　木

## 一、保护与监管

栗子坪村天然林木很多,由于对森林资源缺乏有效管理,村民经常将树木砍伐成柴卖到茶厂,或者用来做自家木质房屋,导致自然资源受到一定程度的破坏。20 世纪 70—80年代,村里开始意识到林业发展的重要性,宋家河林业站为治理乱砍滥伐的现象,设立林政员,义务看护山林。

村民 WXQ 曾做过林政员,20 世纪七八十年代的林政员和护林员职责大致相同,但林政员的权限范围更广。在支配方面,林政员有一定的支配权,如多给配树木等,对无证砍伐者罚款,如果事态严重要送到派出所进行处理,而护林员无权支配;在执法方面,林政员拥有一定的执法权,可以先执法,村里无法解决再向上报,而护林员只能宣传不能执法。之所以设立护林员,是因为林业局管理人员不够,只能从村里选取护林员,相对离得较近也方便报告情况。管理的规范化,使得农户砍伐树木也逐渐规范化,有了一套正规的砍伐流程。即首先告知护林员并写申请书,再向村委会申请,最后由林业局办理砍伐证。护林员监督砍伐并记录砍伐时间和砍伐数量,拍照留存,再将这些材料都交到林业局。砍树流程过于复杂,又有数量要求,一般以 10 棵为限。如建木质房屋需要特殊审批,加上政策严禁乱砍,即使是冬天砍柴火取暖,也要申请,因此很多农户基本不砍伐了。①

2016 年 9 月,国家林业局、财政部和国务院扶贫办下发《关于开展建档

---

① 访谈对象:WXQ,男,66 岁,访谈人:罗康艳、张雪琪。2021 年 8 月 2 日,栗子坪村竹屋山庄。

立卡贫困人口生态护林员选聘
工作的通知》(办规字〔2016〕171
号)，在全国部署开展建档立卡
贫困人口生态护林员选聘工
作。湖北省在 35 个贫困县建档
立卡贫困人口中选聘符合条件
的贫困人员担任生态护林员，
每人管护 1000 多亩的森林资
源，每人每年补助 4000 元，帮助
贫困人员脱贫。2020 年国家下
达我省生态护林员补助资金

图 2-43　天保工程宣传标语

26751 万元，全省共选聘生态护林员 66877 名。[①] 随着生态林木需要保护和
增加农民就业的要求，栗子坪村也逐渐形成护林员的监督体系(图 2-43)。
栗子坪村于 2017 年正式设立护林员，护林员的主要责任是巡山，防止村里
农户上山乱砍乱伐、乱采药，同时也要防止有人偷猎动物，发现受伤或者死
亡的动物要及时上报林业局。护林员自设立后，从 3 个、5 个、11 个、13 个
到现在的 17 个，数量呈递增趋势，人员变动较小，换届将重新划分管辖
林区。

　　村里会对护林员进行选拔，要求不高，一般都在精准扶贫户里选，只要
是年龄在 40～60 岁之间，并且能够长期在家即可。这样既可以看护山林，
也对困难户有一定的帮助。村里的护林员一般都在家里务农，还有一些在
村里打工。"当时我们是精准扶贫户，家里有学生的都要评上，我家有两个
学生，一个是大学生，一个是初中生"[②]。护林员以前一般为男性，现在则是
女性占了一半，因为一旦丈夫不在家，那么妻子就会承担护林员的责任。如
护林员 HX 虽在村中打零工，但也会认认真真地履行护林员的职责，在规定
时间内穿戴护林员马甲、安全帽上山巡视，"有时候他不在家，一通电话过

　　① 湖北省林业局：生态护林员补助政策，网址：http://lyj.hubei.gov.cn/bsfw/zcwdpt/
xczx/202109/t20210922_3774851.shtml，2021 年 9 月 22 日。
　　② 访谈对象：HX，男，55 岁；访谈人：罗康艳、张雪琪。2021 年 7 月 22 日，栗子坪村 8
组 812。

来,我也要骑车往山上跑的"①。

护林员队长 WMH 的母亲有残疾,需要人照顾,所以他不能长期外出打工,一直在家务农、种药材。因此,护林员的工作也为他照顾母亲提供了便利。护林员补助按季度发放,一个季度 800 元,包括年终奖 800 元,一年共 4000 元。这很大程度上为村里的贫困户提供就业机会,为其减轻生活负担。但如果没有履行护林员的责任,比如山上起火、有人砍树、没有培育树苗等就会扣年终奖。

WMH 说栗子坪村像他一样的生态护林员有 17 人,他们每人都有固定的分管林区,需要每周定时在区域内进行巡查。林片太大会划分两个人,17人共分为 11 组,其中 2、3、4、10、11 组是一个护林员,1、5、6、7、8、9 组是两个护林员(栗子坪村与湾潭共有的山林需要两个护林员)。17 名护林员基本上可以覆盖全村的树林,确保一山一坡都有专员专管,责任到人,在一定程度上实现山有人管、林有人护、责有人担。2015 年栗子坪村被评为"湖北省省级兰科保护区",看护山林至关重要。栗子坪村也是中草药宝库,WMH说前不久贵州有人来栗子坪村非法采药,被人举报,被公安机关带走了。除此之外,护林员有责任将林业局发放的树木进行补栽,还有部分需要护林员从树林里拔些幼苗进行补栽。②

除巡山之外,护林员也有责任清理林区内各旅游景点的垃圾,在各季节,尤其是冬季宣传护林、防火等(图 2-44)。

在到户宣传时,护林员会把林业局编制的手册分发给各个农户,告诫村民不准乱砍滥伐、卖树,田间不准烧垃圾,上坟不能放鞭炮,尽量不使用清明纸。除了入户宣传,村里各地的宣传标语也是随处可见,如"天保工程,保护环境,利国利民";"春风大又草木干,森林防火记心间";"保护资源,严防火灾"等(图 2-45)。在一些传统节日,如春节、清明节,则会加大防火宣传的力度。平时看到田间有火、有烟雾等,护林员都需要过去制止,若发生洪涝灾害,也要及时向上级上报洪水漫路的情况。此外,古树保护、预防病虫害以及保护野生动物等都属于护林员的职责。政府在构建护林体系时,除考虑

---

① 访谈对象:CCR,女,50 岁;访谈人:罗康艳、张雪琪。2021 年 7 年 22 日,栗子坪村 8组 812。

② 访谈对象:WMH,男,40 岁;访谈人:罗康艳、张雪琪。2021 年 7 月 21 日,栗子坪村 6组 602。

林木保护与"天然林保护工程"之外，还有意识地帮助贫困户增加就业机会和家庭收入，在一定程度上减少了人员外流的现象。这是在家门口就业的铁饭碗，因而护林员都会尽心尽责地守护着栗子坪村的山山水水。

图 2-44　生态护林员袖章　　　　　　图 2-45　森林防火宣传标语

为了对护林员进行监管，要求护林员在巡查时使用"森防通 APP"拍照，进行工作打卡，林业局则可通过软件及时了解护林员巡查态势和迅速发现可能出现的森林火灾。每个季度，林业局也都会到村委会给护林员开会，传达上级精神和工作要点。每年 9 月 1 日到次年的 4 月 30 日是重点防火期，开会较为频繁，护林员也要重点宣传森林防火知识、巡视区域内山林安全。对于大部分护林员来说，也许他们并不完全理解"绿水青山就是金山银山""天保工程"这些理论和政策，但是他们能够清晰地知道自己的职责和应对辖区内的各种情况。

村里在认识到保护林业的重要性之后，结合护林员监督体系，有效地减少了乱砍滥伐林木、乱占他人林区、乱采野生中草药、乱捕乱猎野生珍稀动物等现象，这不仅是对生态环境的保护，更使得村里的林业有了长足的发展。与此同时，从贫困户挑选护林员，保障其基本生活水平。随着时代发展，林业政策体系不断完善，逐渐形成制度化、规范化的机制，完善相关法律法规，将生态林业理念具体化，促进农民就业岗位多样化，更增加了村民对森林保护的认同感。

## 二、培育与销售

2022 年 3 月，中共中央国务院颁布《关于做好 2022 年全面推进乡村振兴重点工作的意见》,北京林业大学国家林草经贸研究院的专家对此文件进行解读,认为林业发展大有空间、大有可为。[①] 栗子坪村此前就深刻地认识到了林业的重要性,有了利用林业来发展经济的思路,种植苗木来帮村民脱贫。村里的山林面积广阔,具备大规模种植苗木的基本土地条件,因此苗木成了栗子坪村重要的经济产品,成为很多农户增加收入的来源之一,也为响应国家乡村振兴的号召做出了一定的探索。红绿蓝苗木合作社成立于2016年,有140~150亩土地,共30万株苗木,是栗子坪村一家具有代表性的经济林苗木企业,主要开发地方特色苗木,种植国家珍稀及优质品种,有较为完整的产品规划,重点发展精品苗木。该合作社经营规范,集中种植红花玉兰、七叶树、珙桐、红豆杉、药用木瓜、金钱柳等,这些产品也都能适应当地800~1200米的海拔。因此以品种珍贵、品质优良获得市场竞争力,形成了栗子坪村"苗木宝库"的品牌效应。

图 2-46　苗木培育林

图 2-47　红绿蓝苗木合作社

合作社在苗木经营方式上较为灵活,以"政府无限制,产业自由发展、农户零散加入"的模式带活农村经济。由于苗木种植技术要求不高,农村人又有种植苗木的经验,合作社聘请大量年龄在60岁以下的农户,负责除草、修剪、安置杀虫灯等田间管理的简单工作,有效地带动当地农户的再就业,减轻村民的生活负担。家中有种植板栗树的,本来因为数量不多,以零售为

---

① 腾讯网,林业大有可为:2022年中央一号文件解读 http: new. qq.com/omn/20220316/20220316A0A2FR00.html,2022年3月16日。

图 2-48　红豆杉宣传牌

主,经济效益低,合作社社长 HKC[①]依托栗子坪村"旅游乡村"的资源优势,通过"农家乐＋合作社"的产业模式,让来农家乐的游客自己动手采摘板栗,有效地延伸了栗子树的经济价值。特别是在栗子坪村举办活动期间,板栗一直都是栗子坪的畅销品,"板栗一年可以生产 4000 斤,生板栗能够卖到 5 块钱一斤,总共可以卖 2 万元"。HKC 说,[②]2021 年栗香园有 1000 多斤板栗,收益大概有 5000 元。这样的经营方式,将多种产业模式相结合,相得益彰,很大程度上激发了产业活力。

在苗木种植、培育方面,也体现了一定的专业性。种植专业户 HKC 最初遇到技术问题,会咨询在城关的老园丁。后来自己"在实践中慢慢摸索,得到很多经验与教训",也就逐渐掌握了育苗的技术。合作社有着一整套的机械化挖树工具,专业性的工具很大程度上保证了苗木的安全。苗木一般开春进行育苗,五六月份进行追肥,到了 10 月份就可以移栽,有着一整套的

①　访谈对象:HKC,男,71 岁;访谈人:罗康艳、张雪琪。2021 年 8 月 4 日,五峰红绿蓝苗木专业合作社。

②　访谈对象:HKC,男,71 岁;访谈人:罗康艳、张雪琪。2021 年 8 月 4 日,五峰红绿蓝苗木专业合作社。

产品周期。在开春育苗期间,需要花费几万元给苗木使用遮阴网,避免阳光的暴晒。苗木的种植密度也有一定的要求,一亩田种植 2000~3000 株,成活率一般在 60%~70%,目前没有在林中进行套种。苗木的病虫害、病菌需要打药提前预防,每年 7 月份的时候,都会雇佣短工刷药防治病虫害。

在苗木的销售方面,因为其生长期较长,合作社便将苗木进行分类买卖,比如将珙桐树分达标、不达标(10 厘米的直径才算达标),达标的售价为 150 元一株,不达标的售价则为 100 元一株。红豆杉则统一 30 元一株。普通的药用木瓜会全部销给采花乡做木瓜基地的老板,晒干的药用木瓜则会以 8 元一斤的价钱卖给收药材的。总体上,苗木都是自产自销,销售方式也是线下批量销售,批发给大型绿化、观赏单位。当然,也有专门的网络渠道,发往四川和湖南等地。挖苗木、上车、请工都是苗木买家负责,合作社只负责销售。

在合作社种植的品种中,金钱柳最为盛行,2020 年全部销完,其次则是红花玉兰,销售了 60%。合作社的苗木一年能卖 40 万~60 万元,HKC 说:"今年上半年卖了 20 万元,购买苗木的很少是个人,一般都是负责绿化的单位购买,一个单位可以买几万根。有一座滑雪场一次就买了 1 万根七叶树。"[①]当地村民因地制宜,把习近平总书记"绿水青山就是金山银山"的理念付诸实践,将绿色林木变成"绿色银行",实现了增收。

苗木产业极易受到市场竞争的影响,目前竞争大了,市场趋于饱和,供应多了而需求不足,导致价格不断走低,使得资金投入及成本短期内难以收回。虽然做生意难免会存在风险,"但是做事不能前怕狼,后怕虎,如果怕担风险什么事情都做不成"[②]。当问到苗木产业的风险时,HKC 这样回答。

栗子坪村在发展苗木产业方面具有天然的资源优势,从红绿蓝苗木合作社的经营可以看出,增强核心竞争力,扩大外销是关键,不可满足于单一的市场,需要积极寻求销路。同时,也要注重培育新品种,减小苗木栽种密度,发展林下种植,提高土地经济价值和利用率。村民应当充分利用村里发展旅游业和珍稀树种的契机,做到"农旅结合",打造高端苗木特色产业,避免低端苗木产业的恶性竞争。

---

① 访谈对象:HKC,男,71 岁;访谈人:罗康艳、张雪琪。2021 年 8 月 4 日,五峰红绿蓝苗木专业合作社。

② 访谈对象:HKC,男,71 岁;访谈人:罗康艳、张雪琪。2021 年 8 月 4 日,五峰红绿蓝苗木专业合作社。

　　栗子坪村的生计经济遵循生态经济学的规律，将增加村民收入作为乡村振兴的关键目标，种植业、林业与畜牧业相结合，协调发展经济，形成生态和经济的良性循环。栗子坪村利用良好的生态环境、丰富的自然资源以及优越的地理位置，采用多种经济发展，因地制宜地创新产业经济模式，在各级政府和村委的帮助下，依托"合作社＋农户"的产业模式，使得村民的收入不断增加，生活得到了大大改善，逐渐探索出适合当地村民的经济发展道路。同时，村民的腰包鼓了，收入得到了提高，反过来就会投入更多的精力进一步发展经济，两者相辅相成，栗子坪村的经济发展才能更加兴旺。

# 第三章

# 婚姻家庭

　　长久以来,婚姻家庭是人类学关注的重要内容。人口是婚姻的主体,婚姻的缔结产生了家庭,而家庭又通过不断演变与重组,发展出了更为庞大的宗族组织。在这个过程中,社会的风俗习惯、组织结构、大众心理均有迹可循。因此,对人口、婚姻和家庭进行细致的描述是解读一个微观社会的重要切入点。在本章中,笔者将从人口、婚姻、家庭和宗族等方面加以阐述,以期将栗子坪村乡土社会的一角呈现出来。

## 第一节　人　口

　　清雍正十三年(1735 年)改土归流,原居住在长乐县的许多容美土民被流放。栗子坪的土民(主要姓氏有李、张、施、车、文、尚、孙、邓、熊、唐等,至今栗子坪多数地名都还是沿用那时的地名),有的举家迁徙到四川,有的流放到陕西。栗子坪这个地方基本成了无人区。[①] 1750 年,何氏祖先何玉分(何玢,号何彩石)从湖南澧县大堰塔北迁而来,挽草落籍于此,从此开始了栗子坪村的建村历史。此后,王、冯、陈、周、邓、钟、蔡、苏等 70 多个姓氏相继迁居此地,逐渐发展成为现如今的规模。栗子坪村村委会计划生育办公室提供的户籍登记资料显示,截至 2021 年,栗子坪村共有 276 户,人口 989人,其中男性 520 人,女性 469 人。

### 一、年龄及性别分布

　　通过栗子坪村人口的年龄结构和分组调研统计,可以看出,栗子坪村的

---

　　① 湖北省地方志编纂委员会办公室编:《栗子坪村志》,武汉:武汉大学出版社,2018年,第 35 页。

人口结构呈现橄榄形,即少年人口数量(0~15岁)相对较少,青壮年人口(16~60岁)数量相对较多,老年人口(60岁以上)数量相对较少。出现这种人口结构一般是由于出生率下降,因而少年人口数量下降,而老年人口是现有人口逐步老化而形成的。在一定时期内增长有限,从而形成劳动年龄人口比例相对较高的人口结构变动时期。从表3-1"2021年栗子坪村人口统计表"中的数据可计算出,栗子坪男女性别比例为110.9:100。男性总人口超出女性总人口51人,其中最为突出的年龄段为36~40岁,相差31人,占总超出人口的60%。由此可见,在栗子坪村也存在一定程度的性别比例失衡现象,该现象的原因主要是和村民的生育意愿有关。

表3-1　2021年栗子坪村人口统计表

| 年龄 | 性别 | | 小计 |
|---|---|---|---|
| | 男 | 女 | |
| 10岁以下 | 32 | 24 | 56 |
| 10~15岁 | 35 | 23 | 58 |
| 16~20岁 | 20 | 29 | 49 |
| 21~25岁 | 22 | 28 | 50 |
| 26~30岁 | 29 | 20 | 49 |
| 31~35岁 | 37 | 47 | 84 |
| 36~40岁 | 69 | 38 | 107 |
| 41~45岁 | 23 | 24 | 47 |
| 46~50岁 | 37 | 34 | 71 |
| 51~55岁 | 62 | 51 | 113 |
| 56~60岁 | 41 | 33 | 74 |
| 61~65岁 | 34 | 36 | 70 |
| 66~70岁 | 32 | 29 | 61 |
| 71~75岁 | 15 | 19 | 34 |
| 76~80岁 | 10 | 19 | 29 |
| 80岁以上 | 22 | 15 | 37 |
| 总计 | 520 | 469 | 989 |

资料来源:村委会的"一标三实"文件。

## 二、出生与死亡情况

根据栗子坪村 2017—2021 年的计划生育报表,得出栗子坪村的近五年出生与死亡情况。出生情况:2017 年共出生 5 人,2018 年出生 11 人,2019 年出生 8 人,2020 年出生 1 人,2021 年出生 1 人;死亡情况:2017 年死亡 3 人,2018 年死亡 5 人,2019 年死亡 6 人,2021 年死亡 6 人。

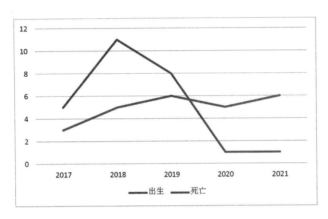

**图 3-1　2017—2021 年栗子坪村出生与死亡统计**

从图 3-1 的分析可知,2017—2018 年栗子坪村的出生人口出现了明显上升,仅在 2018 年这一年中就有 11 个婴儿出生,达到了近五来的最高峰。但同样以该年为分水岭,2018—2021 年人口出生数量出现较快速下降,总体上呈下跌的趋势。笔者认为出现下跌趋势主要有三个原因:第一,近年来 1990 年后出生的已步入为人父母的年纪,但计划生育政策使得该群体的人口总量较以往的育龄人口有相当程度的减少,遂导致新生儿的减少;第二,生活成本和教育成本的增加,以及传统生育观念受到冲击导致人们生育意愿降低;第三,近三年来外部环境的不确定性(新冠疫情流行)导致人们生育意愿降低。

相较于人口出生数量的变化幅度,村内死亡人口变化的幅度相对较小,总体上呈现上升的趋势。

## 三、人口流出与流入情况

2003—2021 年,栗子坪总共有 116 人向外地流动,流入地主要有宜昌市、武汉市以及东部沿海省份,例如广东、福建、浙江、山东等。绝大部分人因外出务工离开本地，也有一小部分是因为上学或随同流动。[①] 20 世纪 80 年代，我国实行经济体制改革，破除了长期的计划经济体制，市场经济得到长足发展，由此也掀起了农村人口迅速涌向城市的浪潮。在这一时代背景之下，栗子坪村也不可避免地大量向外流失人口。一方面，外出务工的村民在市场中凭借劳动换取了收益，生活水平也有了一定程度的提高。另一方面，由此引发的农村空心化速度加快、老龄化速度加快、留守儿童数量增加等社会问题也日益显露和严峻。目前，栗子坪村正大力推进乡村旅游和农业产业化，通过办好农村经济来吸引更多的村民返乡就业与创业，以解决发展动力不足的问题。

2003—2021 年，栗子坪村总共有 14 个流入人口。他们分别是张氏 1 人——流入了栗子坪 1 组；何氏 1 人——流入了栗子坪 2 组；王氏 3 人，分别流入栗子坪 2 组和 6 组；卿氏 1 人，流入栗子坪 3 组；钟氏 1 人——流入栗子坪 5 组；叶氏 1 人——流入栗子坪 5 组；陈氏 1 人——流入栗子坪 6 组；黎氏 1 人——流入栗子坪 6 组；冯氏 3 人——分别流入了栗子坪 7 组和 11 组；方氏 1 人——流入栗子坪 11 组。在他们当中，大部分是因为与栗子坪村民组建家庭才迁入本地的。[②]

# 第二节 婚 姻

中华人民共和国成立以前，栗子坪村存在少量一夫多妻现象。中华人民共和国成立后，栗子坪村一夫多妻制开始逐渐消失。随着通婚圈的扩大，娃娃亲和姑舅表婚的数量也开始减少。与此同时，"少子化"又催生了一种新式的婚姻形态——"两来两走"婚。

## 一、通婚圈

中华人民共和国成立以前，由于当时盛行娃娃亲，村民的初婚年龄多在 12～18 岁。中华人民共和国成立以后，随着我国《婚姻法》的推出，一夫一妻制逐渐成为村民的共识，男性需满 22 周岁，女性需满 20 周岁可以结婚。

所谓通婚圈，是指某一婚姻个体在择偶时可能选择的地域或群体范围，

① 《栗子坪流出人口报表》，栗子坪村委会统计。
② 《栗子坪流入人口报表》，栗子坪村委会统计。

后者也被称为通婚的社会圈。① 在 2007 年以前,栗子坪村的交通和通信都十分落后,年轻人一般在本村寻找配偶,尤其是王氏、何氏两大家族的成员之间通婚十分频繁。除此之外,单身的男女青年还会去临近的宋家河村寻找配偶。再远一点的地方则有白溢坪村、红渔坪村、湾潭镇和五峰县城。现如今,随着外出务工的人口增加,村民的通婚圈也随之扩大到湖北省内的其他城市,甚至是广东、福建、浙江、云南等更远的地方。

## 二、婚姻形态

### (一)娃娃亲

中华人民共和国成立之前,栗子坪村的婚姻基本上是由父母或媒人包办的,个人选择的空间极其狭窄。在子女还未出生时,关系亲密的两家人便会定下婚约,许诺将来成为亲家。甚至有些人还会因此结拜为姐妹、兄弟,以保证婚姻契约的有效性。当有一方家庭有女儿出生之后,另一方家庭就会拿走写有对方女儿生辰八字的红庚,将其放在祖先牌位里。在那时,祖先牌位的反面都要打上一寸二长,八分宽的孔,以便存放红庚。红庚被放进了祖先牌位代表着婚约正式生效,不可以随意撕毁。双方的子女如果到了适婚年龄(一般为 12～18 岁),则必须结为夫妻。

虽然有些家庭之间已经缔结娃娃亲,但生育的结果始终是无法控制的,最好的情况莫过于双方家庭各有一儿一女,这样对于双方来说既可以完成传宗接代的任务,也能达到结为亲家的目的。最坏的情况则是双方都生下了相同性别的小孩,婚约也会自动失效。

在传统观念中,个人处于社会关注的边缘,有血有肉的普通人的情感生活基本上都被忽略不提,取而代之的是择偶过程中的"媒妁之言,父母之命"。他人的选择是主宰个人婚姻的主要力量,婚姻的缔结也因此被当作是再生产的重要途径,个人情感相比之下也就显得不那么重要了。此外,娃娃亲的出现也是一种为了减少婚姻不确定性的表现。一方面,父母替代孩子做出选择,可以一定程度避免婚后双方家庭矛盾的产生(因为父母在筛选后代配偶的同时也是在筛选对方的父母以及其他亲属),从而保证婚后大家庭内部的和谐。另一方面,缔结娃娃亲也是一种保障和改变现有家庭条件的

---

① 郑杭生:《社会学概论新修》,北京:中国人民大学出版社,2000 年,第 231 页。

方式,条件优越的家庭更容易在婚姻市场上被当作优先考虑的对象。

### (二)倒插门婚

在栗子坪村,倒插门婚比较常见,笔者所访问过的家庭中大多会有招婿或上门的情况。由此可见,倒插门婚也是当地的一种重要的婚姻形式。儿子上门与女儿出嫁相同,都被称为"嫁出去"。与女性出嫁一样,父母在"嫁"儿子时也需要为其准备嫁妆。结婚当天,女方还要去男方家接亲。儿子上门后就成为女方家的人,要从妇居。选择上门的儿子也相当于放弃了原生家庭的权利,不可以再继承家产。中华人民共和国成立之前,招上门女婿多为无法完成娃娃亲的替代选择。当互相缔结了娃娃亲的两家生下的都是女孩,婚约会自动失去效力。面对没有男性延续家庭血脉的状况,双方父母不会将所有女儿嫁出去,至少要留一个在家中招婿。

20 世纪 80 年代,我国开始实行计划生育政策,栗子坪村上门女婿的数量有较快增长。根据当时的法律规定,农村居民只能生育两个孩子。在仅有的两个指标之内许多家庭没有生下男孩,招女婿是能填补这个空缺的方法之一。而从男性后代数量过多的家庭来看,也有把儿子"嫁出去"的动机。村民 WXP 告诉笔者:

> 儿子太多的话很可能会成为家庭中的负担。一来是因为房屋的空间有限,结婚后不可能长期住在家里,所以要给他们盖新房;二来是因为人多了也容易产生各种各样的家庭矛盾。为了避免这些情况出现,许多家庭就会选择把儿子"嫁出去"。①

按照栗子坪的习俗,上门女婿大多会被当作儿子来看待,而他第一个孩子的姓氏则必须随女方家庭。对于女儿来说,一旦招婿成功,便与儿子有了相同的权利与义务:可以继承祖先牌位与财产,也要承担起赡养老人的责任。事实上,留在家中的女性也完成了一种从女儿到儿子的身份转变。作为独生女的 XKF 说道:

> 招女婿是为了弥补没有儿子给老人传宗接代。例如我的父母只有我这一个孩子,所以他们是不可能把我嫁出去的,只能招女婿上门。当

---

① 访谈对象:WXP,男,69 岁;访谈人:郝梁佐。2021 年 7 月 27 日,栗子坪村 WXP 家中。

时村里的何家有 8 个儿子,其中一个便上门到我家来了。①

目前,X 家的祖宗牌位与财产都由 XKF 继承,两个孩子一个随自己姓,另一个随丈夫姓。

### (三)姑舅表婚

姑舅表婚俗称"借姑还表",又称交互从表婚、外甥妻内侄婚等。列维·斯特劳斯称之为"机能性内婚制",指的是姑舅表兄妹之间有优先婚配的权利。它肇始于原始社会的氏族外婚制,属"异姓"近亲相婚的范畴。② 栗子坪的姑舅表婚多存在于 2000 年以前结婚的夫妻当中。由于当时交通闭塞,通婚圈的范围较小,许多人能够接触到的同龄异性多是亲戚的孩子,再加之长辈对近亲结婚的危害认识不足,认为这是一种"亲上加亲",才导致姑舅表婚的产生。时至今日,随着我国法律法规的完善,栗子坪村姑舅表婚的数量虽大大减少了,但并没有像娃娃亲一样消失,有一些家庭中仍然存在这种现象。村民 FME 告诉笔者:

> 我与自己的丈夫是姨表兄妹,结婚后随丈夫居住在公公家中。父亲和婆婆去世后,我为了方便照顾双方的老人,便让母亲搬来和公公一同生活。因为他们本来就是亲戚,所以双方老人在平时也没有什么隔阂。③

由此可见,姑舅表婚也能在一定程度上起到维持大家庭内部和谐的作用。不过,在村民婚姻圈扩大和法律法规严格禁止的情况下,栗子坪村近几年已经不存在新的姑舅表婚了。

### (四)"两来两走"婚

"两来两走"婚意为男方不上门,女方不出嫁,婚后夫妻把两边的父母都当作是自己的亲生父母,两边的家庭都是自己的家。同时,夫妻双方要共同承担赡养两边老人的责任,两家财产也全部由他们继承。近年来,栗子坪村

---

① 访谈对象:XKF,女,56 岁;访谈人:郝梁佐。2021 年 7 月 21 日,栗子坪村 XKF 家中。

② 薛平:《论"姑舅表婚制"的历史存在》,《西南师范大学学报(哲学社会科学版)》1999 年第 1 期。

③ 访谈对象:FME,女,52 岁;访谈人:郝梁佐。2021 年 7 月 20 日,栗子坪村 FME 家中。

"两来两走"式的婚姻逐渐增多，主要是因为家庭后代数量减少，缺少养老人力而导致的。年轻村民 QX 说道：

> 在我结婚之前，我的妹妹和我妻子的姐姐都出嫁了，所以我们俩都成为各自父母眼中的独生子女。按照他们的要求，如果我们两人结婚的话就必须是"两来两走"，这样才方便照看他们。①

栗子坪近年来结婚的夫妻当中，有很多对都选择了"两来两走"婚。且在未来相当长一段时间内，"两来两走"婚很有可能成为村内主流的婚姻形态。

# 第三节　家　庭

## 一、家庭类型

### （一）核心家庭

核心家庭，亦称"小家庭"，一般是指由一对夫妇及其子女组成的家庭。近几年来，随着栗子坪的"少子化"趋势加快，核心家庭的比例也有所上升。

案例一：

> CXY 家只有 2 个孩子，女儿嫁去了广东韶关，育有 3 个女儿，平时只有寒暑假才会回来看看老人；儿子今年 35 岁，在湖南、云南等地都打过工，后来不愿意在外漂泊，回家开打桩机为生，至今与父母住在一起，没有成家。②

### （二）主干家庭

主干家庭，亦称"直系家庭"，一般是指以父母为主干的一种家庭形式。具体有：(1)由父母(或父母一方)和一对已婚子女组成的家庭。(2)由父母(或父母一方)、一对已婚子女及子女的子女共同组成的家庭。(3)由父母(或父母一方)、一对已婚子女及其他家属(主要是子女的未婚兄弟姐妹)组

---

① 访谈对象：QX，男，27 岁；访谈人：郝梁佐。2021 年 7 月 27 日，栗子坪村 QX 家中。
② 访谈对象：CXY，男，60 岁；访谈人：郝梁佐。2021 年 7 月 21 日，栗子坪村 CXY 家中。

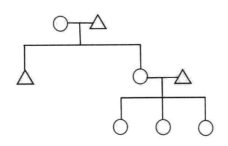

注：△为男性　○为女性

**图 3-2　CXY 家庭结构**

成的家庭。它主要从代数结构角度来划分,是扩大家庭与核心家庭的折中形式。

案例二:

　　ZYX 的女儿已经出嫁,儿子留在家中与父母同住。儿子与儿媳育有一儿一女。平日里儿子与儿媳不仅要照看两位老人生活起居,同时也要负责养育后代。[①]

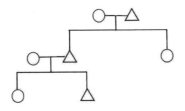

注：△为男性　○为女性

**图 3-3　ZYX 家庭结构**

## (三)空巢家庭

空巢家庭指无子女或虽有子女,但子女长大成人后离开老人另立门户,

---

　　① 访谈对象:ZYX,男,75 岁;访谈人:郝梁佐。2021 年 7 月 20 日,栗子坪村 ZYX 家中。

61

剩下老人独自居住的纯老人家庭。① 在栗子坪村,空巢家庭数量较多。这些家庭中年富力强的青壮年成员大多集中于广东、浙江、福建等沿海城市,从事一些低端制造业与服务业的工作。随着近年来村中大力推行乡村振兴,旅游业和产业化农业逐渐发展起来,常年在外务工的年轻人有回流的趋势。但是空巢家庭的现象仍然没有得到根本解决。笔者在走访的过程中也发现空巢家庭的数量与地理位置呈现出了一定的关联性:越是远离村庄中心(栗子坪生态酒店)的地方,空巢家庭的数量越多。

## 二、分　家

### (一)分家的缘由

中华人民共和国成立之前,栗子坪村主要以联合家庭为主。在那时,分家的现象并不是十分普遍,即使偶有出现,也多是因为子代间在财产归属权方面出现纠纷。随着栗子坪村村民的个体意识慢慢形成,逐渐走出集体化时代,分家的情况也越来越普遍。"树大分丫,人大分家"是村民在谈到分家时用到最多的一句俗语,这也表明了分家在当地人眼中是一种比较正常的现象。到了一定的年龄,子女独立意识生成,另立门户的意愿也会变得强烈起来。具体来看,分家的原因也是五花八门。有人是因为成立了自己的小家庭,有人是因为无法适应父母的生活方式,有人是因为无法调和大家庭中同辈间的矛盾,也有人是因为分家后可以获得政府对老人的补贴。但是不可否认的是,栗子坪村的家庭正在发生从大到小的裂变,以往几个小家庭共同生活在同一个屋檐下的现象在如今的栗子坪村很难找寻到踪迹了。

案例三:

ZXY 和 ZYM 两兄弟成家后仍然选择住在一起,随着时间的推移,二人的矛盾也日渐显露出来。某一日,弟弟 ZYM 打湿了哥哥 ZYX 晒在院子里的玉米,两兄弟第一次发生了激烈争吵。这次争吵也是平日里积攒矛盾的爆发,从此以后二人的关系越来越差。在对待老人方面,ZXY 也对 ZYM 很不满。虽然平时受到母亲更多的疼爱,但 ZYM 总是对母亲恶语相向,甚至还会大打出手。最终无法忍受的 ZXY,提出

---

① 赵芳、许芸:《城市空巢老人生活状况和社会支持体系分析》,《南京师范大学学报》2003 年第 3 期。

了分家。①

## (二)分家的过程与原则

栗子坪的家庭在分家时并不需要选择特定的日期,也没有特殊的仪式,只需要参与分家的各方到齐就可进行。20 世纪 40 年代之前,分家通常要在两位公证人的公证下进行,并立下契约。20 世纪 40 年代之后,除公证人传统还得以保留外,书面凭证逐渐演变成了口头承诺。

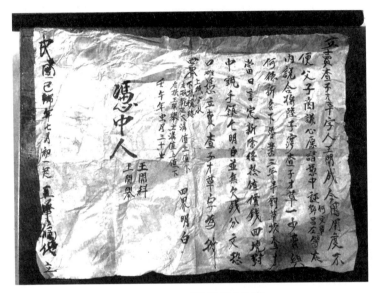

图 3-4　民国时期的分家契约

除了上门的儿子与出嫁的女儿无法分到家产,栗子坪的分家大体上都遵循平均分配的原则。有的家庭会由父母现场指定每个小家庭可以获得哪些财物、房产、田地以及山林,有的则是事先将所有东西分成数量相同的几等份,之后通过抓阄的方式进行分配。一般来说,无论哪种方式都要合理搭配家产,以保证小家庭能够维持正常的生活。不过,一些家庭中也会因为子女的困难程度的不同、子女的孝顺程度不同以及父母的偏爱导致没有平均分配。村民 FSS 说道:

分家主要是分锅碗瓢盆、桌椅板凳、房屋、田地和山林这些东西。

① 访谈对象:ZYX,男,75 岁;访谈人:郝梁佐。2021 年 7 月 20 日,栗子坪村 ZYX 家中。

家产在数量上来说大体上是平分,例如我们这个四合院当时就是从堂屋(相当于城市中的客厅)的正中间开始分的,一人一半。但是也有一些不合理的地方,例如当时我们家有30只椅子,父母规定两弟兄各得15只,但是父母会从每个人那里暂时留下5只自己用。我是先分家出来的,因此父母拿走了我的5只椅子,而弟弟没有分家,还是和父母共用。分田也是遵循差不多的规矩,谁先分家谁就先交出一部分给父母。父亲过世后,母亲选择和弟弟一起生活,所以严格来说弟弟没有分过家,一直和母亲共用家产,结果母亲去世后弟弟也没有把我的那份还给我。当时分家没有什么文字依据,都是口头分的,说是一人分得一半,其实我知道母亲偏心弟弟一点,所以也没太计较。我们这就是这样,很难做到绝对的公平,不然就容易吵架,一般父母说了给你哪些你就得接受。[1]

## 二、赡养

### (一)共同赡养

共同赡养是指所有子女共同承担父母养老责任的养老模式,细分下来有"轮流照顾"和"分派责任"两种。在轮流照顾类型中,子女之间会约定好某一段时间内(通常是以半年或一年为单位)父母的全部养老责任由谁承担(可以把父母接到自己的小家庭中,也可以去隔三差五去父母家中照顾他们)。在分派责任类型中,父母养老的大部分责任都会固定在一个子女身上,其他的子女只用在物质上付出一定的补偿即可。

此外,虽然上门的儿子和出嫁的女儿在栗子坪村都被视为"泼出去的水",但是他们仍然会主动承担起父母的养老。村民CXY告诉笔者:

在我们村,赡养老人不是出嫁子女的本分,而是一种情分。父母和兄弟姐妹都不会对他们有什么硬性要求,但是念在父母多年的养育之恩,她们一般都会主动为其他兄弟姐妹分担一些,即使这种帮助是有限的。[2]

---

① 访谈对象:FSS,男,65岁;访谈人:郝梁佐。2021年7月25日,栗子坪村FSS家中。
② 访谈对象:CXY,男,60岁;访谈人:郝梁佐。2021年7月21日,栗子坪村CXY家中。

由此可见,栗子坪村有着比较浓厚的尊老风气。

### (二)独自赡养

独自赡养是指父母养老的主要责任由一个子女承担的养老模式。由于养老责任涉及家产的继承问题,因此在家产有限,且男性后代较多的家庭,子女间通常会商量将养老的主要责任托付给一个人(一般是最后成家的男性成员),同时家产也将完全由这个人继承。

案例四:

> HP有7弟兄,由于人数太多,家产不够分,兄弟7人便商量将父母的财产全部留给还没成家的老八,同时也由他承担父母主要的养老责任。[①]

需要补充的是,在栗子坪村,一些无儿无女的家庭都会选择收养。收养后,双方就建立了拟血缘关系,由养子、养女赡养老人。

案例五:

> FWZ的独生女婚后不久不幸离世,夫妻俩的晚年面临无人照顾的问题。一番思考后,FWZ决定收养女婿,将他作为自己的儿子。[②]

# 第四节　宗　族

## 一、宗族概况

栗子坪村是一个多姓氏的古村落,明末清初,村内逐渐迁入了何、王、冯、陈、周等70多个姓氏。在这些姓氏中,何氏与王氏逐渐发展出了宗族组织,成为村中较大的两个宗族。

清乾隆十五年(1750年),何氏先祖何玉分(何玢,号何彩石)由湖南澧县迁徙至湖北长乐县,挽草落籍于栗子坪村的黄河香炉岩,逐渐成为当地的旺族。中华人民共和国成立初期,栗子坪村何姓人口有147人,占当时栗子

---

① 访谈对象:HP,男,57岁;访谈人:郝梁佐。2021年7月26日,栗子坪村HP家中。
② 访谈对象:FWZ,男,63岁;访谈人:郝梁佐。2021年7月26日,栗子坪村FWZ家中。

坪人口总数的 34%。[①]

　　清乾隆三十一年（1766 年），湖南安乡水灾泛滥，王氏宗族的朝永、朝之、朝文、朝贵四兄弟迁至湖北长乐县（1914 年改名为五峰县）栗子坪村落籍。四兄弟中，王朝文远走巴东（现恩施土家族苗族自治州），王朝贵英年早逝。因此，现今栗子坪的王氏宗族只有两房人，一房是王朝永的后代，另一房是王朝之的后代。两兄弟中，属大哥王朝永名声较大。他勤于耕读，受到同邑侯字江王公的器重，后被敕封，例赠征仕郎，以传道、授业、解惑从教为业，并资助了部分困难学生。其妻张氏，生有廷美、廷谅、廷悦三子。后卒于嘉庆十七年（1812 年），享年 76 岁。其妻子次年去世后，与永公合葬在栗子坪村木瓜坪。到中华人民共和国成立初期，栗子坪村王氏人口有 122 人，占当时栗子坪村人口总数的 28%。[②] 如今，栗子坪王氏已经走过 200 多年的风雨，人口繁衍到了 400 多人，已是村中人数最多的宗族。

　　20 世纪 40 年代以来，宗族作为一种势力和文化呈现明显衰落趋势，在许多地区已经相当薄弱，[③]栗子坪村的宗族亦是如此。当笔者问及村民们关于宗族的往事时，大家普遍只保有从长辈那里听来的零碎记忆，甚至在关于同一件事情的回答上，不同人的回答也大相径庭。所以笔者只能结合族谱的记载，并从口述资料中反复甄别。

　　自王氏与何氏迁入栗子坪村以来，村内的宗族势力随着历史和社会的发展经历了由兴渐衰的过程。清朝时期，王氏与何氏通过不断发展，都渐渐形成了自己的宗族组织。其中包括一般宗族的构成要素，如族长选举、宗族会议以及修订家谱。在当时，宗族的权力与职责颇为广泛，可分为对外与对内两个方面：对外来说，又可分为面对微观的个体、群体和面对宏观的国家两种情况。在面对个体或群体（通常为另一个宗族）时，通过宗族会议选出的族长要努力维护宗亲利益，保护宗族成员。而在面对相对宏观的国家时，宗族一般承担着连通国家与个人的职责。例如宗族族长动员宗亲上缴朝廷的各种税收（猪圈税、田亩税、人头税、交易税等）。对内来说，宗族的职责几乎涵盖了日常生活的方方面面。首先，是在面对宗族内部的人员纠纷时（山

---

　　① 湖北省地方志编纂委员会办公室编：《栗子坪村志》，武汉：武汉大学出版社，2018 年，第 35 页。

　　② 湖北省地方志编纂委员会办公室编：《栗子坪村志》，武汉：武汉大学出版社，2018 年，第 35 页。

　　③ 郭于华：《农村现代化过程中的传统亲缘关系》，《社会学研究》1994 年第 6 期。

林、土地纠纷等),宗族组织承担了民间法庭的功能。其次,是在宗族内成员的分家也要在宗族长老的见证下完成。一般来说,无论是在何氏还是王氏,宗族成员的分家都需要在族长的出面下完成。在这个过程中,族长可以只充当公证人,也可以亲自参与到家具、田地、房屋、山林等家产的分配过程中。最后,是在有祭祖、丧葬、婚嫁等事务时,也需要在宗族成员的协调下进行。尤其是族长负有主要责任,譬如族内成员结婚时,从组织迎客到活动收尾,族长都要全程负责到底。

关于如何选举族长,也无外乎是要具备几个司空见惯的优良品质,例如为人热情、关心公共事务、具备一定的文化知识、语言表达能力突出、在族内外享有较高声望等。值得一提的是,无论是何氏宗族还是王氏宗族,一般都为族内无记名投票的方式选取族长,呈现出了现代公民政治的雏形。

## 二、宗族重建

在很长一段时间内,栗子坪村已没有了家庙再造、敬神祭祖等宗族仪式活动。无论是作为一种制度仪式,还是精神信仰,宗族无疑已淡出了栗子坪村。从某种意义上来说,栗子坪村宗族的消逝也意味着部分传统文化的丢失。面对这种情况,2014 年,退休教师 HGL 决定发起重修家谱的活动。次年,栗子坪王氏也随之进行族谱的续编。

在何氏整理族谱的过程中,HGL、HKT、HKX 三人走村串户,采访老人,查看碑记,细心地整理脉络,核查资料,最终撰写出了新版的《黄河何氏家谱》。但是除修编族谱外,何氏的重建工作并没有涉及其他方面,何氏破败不堪的祠堂也被遗忘在村中的一角。

相较于何氏,王氏宗族的重建工作显得更加完整。在重建伊始,带头人WXP 就得到了族人的支持。族人自发筹款以供王氏族谱编纂委员会成员前往湖南安乡探源。在新谱修缮完毕后,WXP 又于 2018 年 3 月组织族人召开栗子坪村王氏宗族第一次宗亲代表大会。在会上,王氏宗族集体表决通过了新版的《王氏家风》与《王氏家规》,明确了重建后的宗族组织是发挥联系宗亲、强化族人情感、促进栗子坪乡村振兴的社会基层组织。

与历史上的宗族组织不同的是,王氏在重建宗族组织后并无明文规定的族长,当笔者向王氏宗族成员询问谁是宗族的带头人时,往往会得到许多个不同的答案。威望较高的老人、"支客师"、"话事人",只要是平时可以出面解决问题的,都可以被称作带头人。因此,对于王氏宗族来说,族长的概念相对来说是比较模糊的，并没有在组织内部达成共识。另外，据 WXY 老人说，王氏族谱编纂委员会虽一直有建立祠堂的设想，但由于缺少经费和人力未能建成。

在以往，栗子坪的宗族组织深入村民社会生活的方方面面，成员之间的联系往往十分紧密。在当前，即便是宗族重建后也很难恢复往日的样貌，传统语境下的那种宗族在栗子坪村似乎已经成为历史。

总而言之，本章主要是通过考察栗子坪村的人口、婚姻、家庭、宗族等方面的变化展示区域社会变迁历程。从人口来看，栗子坪村近年来的新生儿明显减少，同时，受市场经济的影响，大量的年轻劳动力脱离土地，向城市迁移。从婚姻来看，婚制开始与国家法律法规接轨，婚姻圈从村镇、县城扩大到全国，"娃娃亲""姑舅表婚"等落后的婚姻形态渐渐消失，年轻人择偶时的自由度得到前所未有的提高。从家庭来看，"少子化"以及个人意识的崛起，把家庭规模和家庭结构推向了小型化、简单化。从宗族来看，由于国家政策环境的宽松和村民自身的需要，宗族组织呈现出恢复的趋势。而"恢复"不代表"复刻"，王氏、何氏宗族在继承传统的基础之上也努力反映出国家在新时代下对于个人和组织的要求，力求与我国社会主义制度相适应。因此，作为一个历史悠久且现代化转型较为成功的村落，栗子坪村在以上方面的社会变迁是有一定代表性的，它反映了在大环境变化下外部力量对乡土社会产生了何种影响，其方式是什么，而村民又是如何应对的。现如今我国正着力实施乡村振兴战略，对于这些议题进行更加深入细致的研究将对乡村发展大有裨益。

# 第四章

# 人生礼仪

人生礼仪是人生的重要事项,也是中国传统文化的重要载体,透过人生礼仪,可以很好地认识中国人的人文观念和相关的社会结构。人生礼仪的概念有多种,一般来说,采用较为广泛的是钟敬文先生的《民俗学概论》中指出的:"人生仪礼是指人在一生中几个重要环节上所经过的具有一定仪式的行为过程,主要包括诞生礼、成年礼、婚礼和葬礼,是将个体生命加以社会化的程序规范和阶段性标志。"①同样,栗子坪人生礼仪也包括个体从出生到死亡的整个过程,具体有生育、寿诞、婚嫁、丧葬四大部分。

## 第一节　生育习俗

### 一、求子与保胎

在卸甲寨脚,有一岩洞,因有祈福求子之功效,被当地村民称之为打子岩。打子岩反映的是当地自然崇拜的原始思维,即将山中一些凹凸岩石或中空的山沟、山洞等看作是女阴、男根的象征而加以崇拜。

此岩有上下两孔,相传有夫妇在上孔掷石头,回去三月过后喜得一子,于是上孔生儿子、下孔生女儿的说法便流传下来。下孔是平直延伸而去,当地村民讲述,有一对土家族夫妇,结婚后生了三胎,但均为女孩,夫妇前往打子岩掷石求子,灵岩上孔果然有求必应,一年后夫妇喜得贵子,并前来还愿,至今仍可在打子岩洞中看见求子之人燃香所余的灰烬和已褪色的红色布条。

送子娘娘是当地居民求子还愿的又一对象,部分村民堂屋神龛上供有

---

① 钟敬文:《民俗学概论》,北京:高等教育出版社,2012 年,第 121 页。

观音菩萨的神像,每当孩子出生的第三天,就会"打发"送子娘娘,称之为"洗三"。在"洗三"这天晚上,"叫饭"过后,宾客先生主持"打发"送子娘娘:

> 送子娘娘本姓赵,
>
> 东边走来西边到。
>
> 一送喜来二送财,
>
> 观音送女女成才,
>
> 送财送宝代代发。①

过后由宾客先生带新生玉女向送子娘娘磕头行大礼,行礼完毕,请送子娘娘收拾行装,带起盘缠由云台老师亲吹细打,"打发"送子娘娘升天回府,奏乐鸣炮。到此,"打发"送子娘娘的仪式结束。

栗子坪求子的圣物除了打子岩以外,还有古椴树。大树包的古椴树有五百多年的树龄,此树根深叶茂,异常粗壮,这种参天的古树被看作是生命的象征,也是人丁兴旺的象征,所以也被当地的村民当作求子的圣物。在大树之上,到处挂满村民和游人许愿求子的红布条子。在求子后还没有生育的夫妇,会主动就医,一般都是喝中药进行调理。

对于保胎,栗子坪的保胎方式和其他土家族地区大致相同,妊娠期间忌在家中墙壁上钉铁钉、动土、敲锣打鼓;禁行男女之事,以免动胎气;忌从事重体力活儿;忌吃酸梅子,否则生的孩子会打摆子;禁在怀孕期间吃野味;禁吃兔肉,以防孩子长兔唇。村民们基于生子的经验,产生了一些对于胎儿的"鉴别方法"(主要是用于日常谈论话题,没有因此选择性堕胎),主要有看孕肚形状,肚尖则为男孩,圆的是女孩。根据事物喜好判断,喜酸是儿子,喜辣是女孩;孕肚的偏向,偏向左的是男孩,偏向右的是女孩等。

## 二、生产与坐月子

在孩子出生前夕,娘家要提前给女儿送鸡子、鸡蛋。在 20 世纪 90 年代之前,村中孕妇生产都是在家里生产,临产时要请接生娘娘(接生婆)到家中负责接生。20 世纪 90 年代后,随着当地经济条件的好转和个人卫生意识的提高,孕妇生产基本上都是在医院进行。

传统的生产一般是躺式生产,坐式生产较为少见,躺式生产较为安全,

① 访谈对象:WYF,男,58 岁;访谈人:胡阿飞。2021 年 7 月 12 日,栗子坪村 WYF 家中。

便于生产发力,对产妇也较好。孩子生下后,接生娘娘用专门的剪刀、白线、碘伏为婴儿处理脐带。更早以前,接生时剪刀的消毒放在火上烧或者用开水煮即可;若孩子刚生下来不哭,家人就会摔坛子,坛子摔得越响越好,据说这样能震醒孩子。对于胎盘的处置,有两种方法,一是将胎盘倒在自家茅坑中,胎盘是污秽的东西,如果甩入粪池,一个月内不能挑粪;二是将胎盘装于罐中,埋于荒坡里。婴儿的洗澡水须倒入厕所,禁倒在院落中。对于产妇月子期间吃的事物,都比较讲究。

坐月子吃鸡蛋、鸡子、猪蹄、面条、鱼肉、鹅肉。不喝米酒,米酒是带酒的,对产妇不好。月子期间不能吃野生动物,忌吃生冷的食物,不洗冷水,出门要包上头帕。[①]

## 三、祝　米

祝米酒在栗子坪民俗中的时间没有具体的限定,孩子出生后三日、十日、满月、百日均可宴庆亲朋好友。新婚媳妇生小孩以后,娘家要送米等坐月子期间的所需物,称为"送祝米"。相传很久以前,某村子里住着一对夫妻,妻子十月怀胎,生下一个大胖小子。丈夫悲喜交加,喜在拥有了儿子,香火可以传续;愁在无粮食可吃,月母子身子虚弱,娃娃没奶吃。村子里的人家听说了夫妻二人的难处,纷纷为他们想办法,竭尽所能给孩子缝制新衣,但还是没有吃的东西,村民想到了竹子上结的竹米[②]。就从山上摘回竹米,送给月母子煮竹米粥吃。从此以后,只要有人家生了孩子,各家各户都去送竹米。后来有了粮食,就送大米,送竹米就成了送大米,后来演变为"送祝米"。从下面歌谣中可见祝米的盛况:

> 女婿到家来报喜,不知是男还是女。
> 接到喜物便知底,男茶女酒自古语。
> 娘家商量送祝米,鸡蛋要有五百儿。
> 还要两斗上熟米,猪肉猪肝不能缺。
> 鲤鱼要买活鲜的,鸡母只管提壮的。
> 打了摇窝和枷椅,又买花鞋和布匹。

---

① 访谈对象:LZN,女,70岁;访谈人:胡阿飞。2021年7月9日,栗子坪村LZN家中。

② 竹米:竹花开过后,便结成竹米,即竹子的种子。

家家么姨一大群,热热闹闹送祝米。①

栗子坪地区送祝米的食物,多为猪蹄、鸡子、鸡蛋、大米、挂面,小孩衣物、布料之类。主家对前来祝贺的亲友,不分男女老幼,一律用"糟鸡蛋"待之,一碗四个,蕴含四季发财之意。祝米一般是分两天进行,祝米正期前一天主要是写对子张贴对联,若主家生的孩子为男孩,称为弄璋之喜,是女孩则称为弄瓦之喜。

图 4-1　弄瓦对联

喜联写好张贴过后,主家请的云台师傅要开始搭台吹唢呐。搭台有请云台先师的仪式,先将两张厢桌并排放置在窝槽处,把细竹竿绑在厢桌之上。竹竿上挂上铜锣,并贴上喜字。需要用到的乐器一一摆放在桌面上,备置三杯酒、三双筷子,筷子在未请师傅时是朝外放置,先师请过后再向内摆放。酒和筷子摆放好后,开始鸣锣九下,请云台祖师登台,负责请先师念道:

图 4-2　捆　台

　　一朵红花遍地开,走到东君要捆台。

　　弟子三下锣音响,音乐合奏一起开。

　　师公师祖上高台,三杯美酒压顶台。②

云台号子是一切工作的号令,如小酒(宴席第一天)当天有客人来到主

---

　　① 访谈对象:WYF,男,58 岁;访谈人:胡阿飞。2021 年 7 月 17 日,栗子坪村 WYF 家中。

　　② 访谈对象:FSK,男,57 岁;访谈人:胡阿飞。2021 年 8 月 2 日,栗子坪村 FSK 家中。

家,则吹《迎客曲》。迎客又分为迎男客和迎女客,客人坐下,需要筛茶则吹《茶调子》。客人入席吃饭,则吹《迎菜曲》。

小酒当天晚上,要安排帮忙人各司其职,宾客先生喊到具体负责人时,装烟者要为其递上两包香烟,如宾客先生、内房、礼房、敬烟、茶房、菜房等。

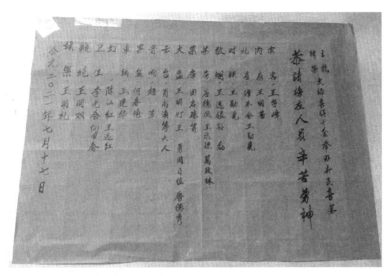

图 4-3　执事榜

祝米在正期这天,最重要的是接嘎嘎(外公、外婆)。一般在正期中午,孩子的嘎嘎就会到村口。这时,宾客先生通知云台师傅,前往村口迎接嘎嘎到来,一般吹的是《迎客曲》。

把嘎嘎接到堂屋中坐下,帮忙人要为嘎嘎准备好擦汗的毛巾,云台吹《茶调子》,筛(倒)茶人员为嘎嘎筛茶。稍事休息后准备入席吃饭,上菜时,云台

图 4-4　接嘎嘎

吹《迎菜曲》。各亲朋好友都用餐完毕后,吹《闭席曲》。嘎嘎若当天返回,走时则吹《多谢》送之。

正酒当天晚上要敬祖,当地人统称为"叫饭"。首先把厢桌在堂屋里搭

好，云台师傅到厨房迎菜，一道菜走一回，迎完为止。菜的摆放有一字形和倒三角形两种，一字型摆成直线即可，倒三角则遵循四三二一的原则，共十盘菜、八碗饭，席面上的火锅不能上桌祭祖。饭菜、酒都摆好后，宾客先生要请先祖、亡人前来用餐。用餐完毕，取下饭碗上的筷子，为祖先沏茶。叫饭如下：

　　　×家下，三代公祖，老少亡人，内亲外戚，上启公公祖，下启玄玄孙，一起概起，都来喝酒。喝酒以后，骑马登城，远走他方。①

祭祖完毕，宾客先生喊撤掉饭菜，请主家的亲朋好友进堂屋坐下，按照长幼秩序先后喊到，父亲抱孩子给亲人磕头。过程如下：

　　第一项　仪式开始（鸣炮）。

　　第二项　由宾客先生带新生千金到华堂就位（奉请音响凑细乐），宗功昌麟趾，祖泽振神功。

　　由宾客先生带新生千金向内外三代公祖三拜九叩行大礼（请音响师凑细乐），海山蟠桃重结籽，月中丹桂又生枝。

　　第三项　由宾客先生带新生千金向内外公公、太太行大礼，由宾客先生带新生千金向外公、外婆行大礼，由引礼者带新生千金向婆婆、爷爷行大礼，由宾客先生带新生千金向舅舅、舅妈、姨爹、姨妈行大礼。由宾客先生带新生千金向爹妈、大爹、大妈、叔叔、婶娘行大礼。

　　第四项　由宾客先生带新生千金向所有亲朋好友，各位帮忙的行大礼。天上笙送玉兔、人间喜气迎金马。

　　第五项　送子娘娘本姓赵，东边走来西边到，一送喜来二送财。由引礼者带新生玉女向送子娘娘行大礼，观音送女女成才，送财送宝代代发。

　　第六项　请送子娘娘收拾行装，带起盘缠由云台老师亲吹细打，打发送子娘娘升天回府，奏乐鸣炮，仪式到此结束。②

从求子到生子的过程中，充斥着各种礼俗，集中体现了栗子坪人对生命的珍视，是栗子坪人珍爱生命、热爱生命的生命观的具体呈现。个体自诞生之日起，便和社会发生一系列关系。透过求子与生育，我们可以看到个体生

---

① 访谈对象：FSK，男，57 岁；访谈人：胡阿飞。2021 年 7 月 16 日，栗子坪村 FSK 家中。

② 《五峰栗子坪王氏族谱》，第 93 页。

命之于社会结构的影响和意义,不仅在于一个社会属性人的诞生,还在于个体对社会结构所带来的形塑。

# 第二节 寿诞习俗

## 一、十岁生日

在栗子坪,有为小孩过十岁生日的传统。按当地的说法,小孩在九岁前体弱多病,过了九岁,运势就会顺畅,所以宴请亲朋为孩子庆生。十岁生日的庆祝方式和祝米大体相似,也需请云台师傅搭台演奏。但随着时代发展变化,较为富裕的家庭开始请乐队主持生日庆典,单纯请乐队的开销就达五六千,所以办十岁生日庆典对于一般家庭来说,也是一种负担,大部分村民是不愿意举办庆典的。一般的生日庆典有如下流程,在正酒当天,仪式开始时,请小寿星的父母、祖辈上台,父母讲话,对亲朋好友的远道而来表示感谢,祖辈也要感谢地邻的帮助等。接着是小寿星讲话,再者是点蜡烛、切蛋糕,还有乐队的娱乐表演。在生日当天晚上,闭席的时候,也同祝米酒一样,需要"叫饭"。

## 二、祝　寿

这里的祝寿主要指 36 岁及以上的岁数,当地村民过 36 岁生日有着特殊的含义,按当地的说法,"人人都有个三十六,喜的喜,愁的愁。"36 岁是人生的一大节点,在 36 岁之前都有不顺遂、不如意的地方,但只要过了 36 岁,人生路就会顺畅。所以过 36 岁生日以表庆祝,同时也是对未来生活的美好期望。但现今的栗子坪,大办 36 岁生日的已很难找到,一是年轻人大都外出务工,无时间返乡办宴;二是办酒花费较大,大多不愿意置办。

50 岁到 80 岁的祝寿方式和十岁是一样的,在此不再赘述。80 岁以上的高龄在祝寿时稍有不同,主要体现在云台师傅搭台的时候,一般的过寿,云台的竹竿上贴的是寿字。但 80 岁以上的还要用柏子树缠绕在竹竿上,柏子树枝的头部在最后要向上翘起,不能对着地面,取柏子树,意为长命百岁。头部向上,意为蒸蒸日上。闭席后,也要请三代公祖、老少亡人。仪式过程同祝米的"叫饭"。

生日作为一种"过渡礼仪",是个体生命状态在人生重要节点的仪式展演。从孩童过生日到老人祝寿,祭祀先祖的环节不可或缺。大多数中国人都不信上帝,因为我们拥有极强的历史后视感,而祖先崇拜就是这种历史后视的核心元素,"祖先—我—子孙"在人生礼仪中始终发生重要联系。

# 第三节　婚嫁习俗

## 一、看人户

在栗子坪传统婚俗中,自由恋爱相对较少,大多是父母包办儿女婚事,讲求"父母之命,媒妁之言"。看人户的情况一般是在双方有意向之后,女方约定在一个较好的日子,同家族亲人一同前往男方家考察其家境情况。一般考察的对象主要有男家的居住情况,房屋大小,男方有多少兄弟姐妹,父母的健康状况。就女方个人而言,最重要的还是男方的人品、长相、教育程度,主要是社会阅历方面。男方这时也会考察女方的家庭情况,但男方参考的最主要方面还是女方个人的相貌、人品等方面,要乖巧、贤淑、会当家,有相关的社会阅历,并不是特别在意女方的教育程度。

> 找对象的条件,第一要她看得上我,第二是家庭条件要匹配,双方都看得上的话,就可以请媒人了。谈对象的条件,主要是长相条件,还有教育条件;比如我老婆,她是小学文化,我是高中毕业,但她为人处世不错,这也是相匹配的。而家庭条件,她们是大户人家,姊妹很多,我也是大户人家,好几兄弟。①

看人户的情况主要是针对双方有意愿的情况下进行,对于包办婚,儿女双方则失去了主动性,一切都听双方父母的安排。在栗子坪,王家和何家是最先来此扎根的,王、何两家的子女常有通婚,"王家女嫁何家,何家女嫁王家,甚至有姑舅表亲男女婚配的现象存在"②。双方的孩子在出生后就订立协议,男家将女家的生辰八字拿到自家香火上,在神龛上凿个孔,将女方的生辰八字放于香火之上,这便是村民所说的"生庚八字落到哪家就是哪家"。

---

① 访谈对象:ZZH,男,60 岁;访谈人:胡阿飞。2021 年 7 月 11 日,栗子坪村 ZZH 家中。

② 湖北省地方志编纂委员会办公室编:《栗子坪村志》,武汉:武汉大学出版社,2018年,第 104 页。

## 二、放　话

放话在土家族婚俗中是男方看中女方的情况下,男方父母找媒人到女方家牵线搭桥,撮合双方的婚事。一般情况下,媒人会带上茶食(糖食果饼)前往女家,也有带猪脚前往女家说媒放话的,但猪脚在过去较为贵重,一般家庭在说媒的时候没有采用。如果在媒人的牵线下,女方认为男方的家庭条件、男方的相貌、人品都比较满意的话,则会接受媒人所带之礼,说明双方的亲事有可能。倘若女方没有接受男方的礼物,其他男子可上门说媒放话。但如若女方接受了男方的猪脚等贵重物品,则其他男子不可上门放话。在现代社会,媒人的角色已大为弱化,放话也随之消失。

## 三、换　帖

换帖在土家族婚俗中又叫"拿八字"。男女双方在有意向结为连理后,男方将生辰八字用红纸写上,备上上好的"茶食",并将八字装于茶食盒子中,请力夫一同背到女方家,女方再将"茶食"退回一半,称为"回双"。并将女方的生辰八字放于茶食盒子中,由男方带回家中。父母较为重视八字是否相合,还要再找先生到堂屋中合八字,一般家庭则私下合八字。现今的栗子坪,合八字已少之又少。

我儿子是 2008 年结婚时拿八字的,但我们没有很排场的请人来合八字,那时已经不是很重视了,是很麻烦的。现代社会,主要看人的性格等各方面。①

男女双方合八字后,亲家互相拜见,商量儿女双方的婚事,称之为"过路"。双方的婚事订下来后,在每年的正月初五,备上"茶食"外加衣服和布匹,到女方家拜年,谓之"朝年"。这时,女方要主动回避。

## 四、求　肯

求肯是男方到女家商量结婚日期和结婚相关事宜,以征求女方父母亲人的意见和建议。

双方达到年纪,就按程序把婚姻登记,但要看女方的年纪。如果小

---

① 访谈对象:HGL,男,70 岁;访谈人:胡阿飞。2021 年 7 月 15 日,栗子坪村 HGL 家中。

的话，要晚点才行，得尊重女方的意愿；父母大人也要同意，父母大人说要缓和一段时间的话，就要迟一点才行。年龄大了，要早点成家的话，家里也会同意。哥哥、嫂嫂的意见也要听，弟弟、妹妹也要同意。求肯的礼物一般是买点烟、买点酒，好吃的副食买点。具体多少斤的要求没有，主要看家庭条件。[①]

求肯过后，男方和媒人一同前往女家报期，报期必带"茶食"。之后，双方好准备结婚所需之物，随着时代发展，报期和求肯早已合二为一。报期的方式由传统的媒人携男方到女方家中转变为电话通知，不再遵循传统繁琐的礼节。

在女方的婚事准备中，做嫁妆尤为重要，传统都是请木匠到家中为女儿制做嫁妆，主要有梳案、衣柜、床、柜子、箱子、桌子、条凳、碗架、洗脸架等木制用品，还有厨具、炊具、饮具、茶具等等。男方的婚事准备多于女方，要为女方准备新婚嫁衣，少者一两套，富裕家庭则数套，要主动邀请女方到家中为其量体裁衣。新婚正期前一天，接亲队伍要将衣服要和"茶食"一道送到女方家。

## 五、升号匾

升号匾之前要拜号匾，由亲友在正期前一日，即小酒这天送到男方家，新郎同父亲一同前往家门口拜领，谓之拜号匾。挂之堂屋，谓之升号匾。

拜号匾：

号匾原是金字牌，鲁班先生做出来。

孔夫圣人兴的字，闻名秀才写下来。

今日门前喜颜开，堂前搭起升号台。

我今来把号匾拿，要朝金銮宝殿挂。[②]

升号匾：

一块号匾四角方，拿在手中看端详，

是国老，是丞相？

一不是国老，二不是丞相，原是新科状元郎。

---

① 访谈对象：ZZH，男，60 岁；访谈人：胡阿飞。2021 年 7 月 11 日，栗子坪村 ZZH 家中。

② 访谈对象：HGH，男，90 岁；访谈人：胡阿飞。2021 年 7 月 19 日，栗子坪村 HGH 家中。

戴礼帽,穿礼衣,步步上云梯。

上一步天长地久,上二步地久天长,

上三步荣华富贵,上四步金银满堂,

上五步五子登科,上六步鹿鹤呈祥,

上七步七星高照,上八步八篇文章,

上九步九天云里,上十步十全状元郎。

斗大黄金印,天高白玉堂。

家中书万卷,代代辅朝纲。

且问各位来宾,号匾挂得正不正?

正!

号匾挂得正,代代出贤人。

且问各位,号匾挂得高不高?

高!

号匾挂得高,代代出英豪。①

钉号匾:

脚踏云梯步步高,手拿月斧钉鲜桃。

钉得好不好?

好!

子子孙孙坐高朝。钉得乖不乖?

乖!

子子孙孙发百代。②

至此,拜号匾、升号匾仪式结束,当天晚上男方要举行陪十弟兄。时代在变化,时兴的物件也在变化,传统匾额已不再流行,升号匾在 20 世纪的婚礼中就早已消失。

## 六、陪十弟兄

陪十弟兄需要在家族中找九位未婚青年,一般需要口齿伶俐、能说会道,擅长辩论的童子,陪同新郎一道坐席玩乐,一直持续到深夜。先由支客

---

① 访谈对象:HGH,男,90 岁;访谈人:胡阿飞。2021 年 7 月 19 日,栗子坪村 HGH 家中。

② 访谈对象:HGH,男,90 岁;访谈人:胡阿飞。2021 年 7 月 19 日,栗子坪村 HGH 家中。

师召集十弟兄坐好,由支客师请新郎入座,在支客师的主持下开始讲四言八句、唱山歌、对歌、猜拳等等,谓之陪十弟兄。新郎被称为新科,即新科状元郎。酒令主要是即兴创作,讲求押韵即可,如开令辞:

升令升令
喜气盈庭,高朋满座,胜友如云,
人生盛事,莫过新婚。
天上大星对小星,堂前金灯对银灯。
青山紫竹林,金鸡啼万名,
朝中三学士,新科万年春。
一杯酒清,酒杯另请!

1.红漆桌儿四角方,四条板先摆四旁,
昨日在朝陪君子,今日何家陪新郎。
一杯酒清,酒杯另请!

2.人逢喜事精神爽,九个兄弟陪新郎,
鱼水千年合,芝兰百世昌。
一杯酒清,酒杯另请!

3.三条黄龙飞过江,口含珍珠照四方。
一照荣华富贵,二照金银满堂,
三照朝廷挂金榜,四照新科状元郎。
一杯酒清,酒杯另请!

4.喜鹊闹梅挂高堂,君子好逑陪新郎。
窈窕淑女亲事美,五洲四海把名扬。
一杯酒清,酒杯另请!

5.人生快事有四桩,背起书包上学堂。
金榜题名戴红顶,洞房花烛抱新娘。
为国为民走四方!
一杯酒清,酒杯另请!

6.令林令杯跑园场,十人辅佐用武王,
十三太保伴君至,九个兄弟陪新郎。
一杯酒清,酒杯另请!

7.九月菊花满园香,一杯美酒敬新郎,
九世同居子孙吉,九男鼓乐百世昌。

一杯酒清,酒杯另请!

8.一杯美酒敬新郎,两篇文章下科场,

9.七星高照洞房处,七个仙女会牛郎。

10.一杯酒清,酒杯另清!

11.门口一园竹,风吹二面扑,

今年接媳妇,明年有伢哭。

一杯酒清,酒林另请!①

令杯依次下传,一人一段,如有说不上来者罚令酒一杯。一般令杯沿桌转三圈后,由另一个伴郎收令。

收令辞:

这个令杯当我收,彭祖活了八百秋。

前栽三根柳,后栽五根桑。

桑儿落叶,叶儿养蚕。

蚕儿吐丝,丝儿绫罗。

花结果,果团圆,花果团圆万万年。②

陪十弟兄的场面相当热闹,一直要到深夜方才罢休,正如土家族清代文人田泰斗写道:

箫声隐隐烛辉煌,十个儿童巧样装。

绝妙风流各色艳,华筵都唤状元郎。③

除去说酒令以外,还有对句子。

说你聪明会唱歌(对五句):

甲:说你聪明会唱歌,

天上明星有好多?

一把筛子好多眼?

一条黄牯好多毛?

稻场石磙几条槽?

---

① 湖北省地方志编纂委员会办公室编:《栗子坪村志》,武汉:武汉大学出版社,2018年,第105～106页。

② 访谈对象:HGH,男,90岁;访谈人:胡阿飞。2021年7月19日,栗子坪村HGH家中。

③ 长乐县志校补编纂委员会编:《长乐县志》,宜昌:三峡电子音像出版社,2014年,第165～166页。

乙:我极小唱歌到如今,

没上天去数星星,

筛子认把不认眼。

黄牯认头不认毛,

稻场石磙九条槽。[①]

## 七、陪十姊妹

在土家族传统婚俗中,姑娘要出嫁时,要告别家族中的兄弟姐妹。在正期的前一天晚上,女方家族中的未婚姊妹会齐聚新娘家中,加上新娘共十人,盛宴陪之,称之为陪十姊妹。陪十姊妹一般是在堂屋中摆起方桌,摆上板栗、核桃、花生、瓜子等干果,十姊妹共叙旧情,进行唱歌等活动,到深夜方可罢休。

开台词:

石榴开花叶儿密,堂屋里扯起万字席。

远路的客人们上席坐,听我唱个开台歌。

开碗词:

巨匠师傅做得巧,莲花碗碗来匡到。

一不是匡的金银和财宝,二不是匡的珍珠并玛瑙。

我今把碗开,鱼翅鱼肚现出来。

各位姑儿都请菜,桃之夭夭把花戴。

其叶青青现出来,之字字归摘一朵。

你赤手揭开莲花碗,我赤手摘下牡丹花,

各位姑儿要大驾。[②]

《十姊妹歌》:

姊妹亲,姊妹亲,摘个石榴平半分。

打开石榴平半分,打开石榴十二格,

多年姊妹舍不得。

高粱叶儿翠,姊妹来相会,

---

① 五峰土家族自治县概况编写组编:《湖北五峰土家族自治县概况》,武汉:湖北人民出版社,1989年,第102页。

② 访谈对象:HKY,女,59岁;访谈人:胡阿飞。2021年8月1日,栗子坪村HKY家中。

说不尽的言语,掉不干的泪。

三根青丝般般长,搭在肩上做衣裳,

舍不得姊妹同路走,舍不得哥嫂与爹娘。

高粱叶儿尖,黄豆叶儿圆。

舍不得姊妹同路走,只想姊妹玩几年。[①]

## 八、哭　嫁

哭嫁习俗在土家族婚俗中有特定的文化土壤,主要有哭父母养育之恩、朋友之情,哭席、辞祖、骂媒、哭上轿等。

《哭五更》(节录):

竹叶青来柳叶青,听我唱个哭"五更"。

一更里来好伤心,把我爹妈费辛勤,

一周二岁娘怀抱,三岁四岁离娘身。

二更里来好伤心,把我哥哥费辛勤,

妹妹小来哥哥引,长大又是两姓人。

红绫子衣披上身,红绣鞋儿扯满跟。

双脚站在方凳上,一把筷子撒家神,

哭哭哀哀出房门。[②]

《哭爹娘》:

我的爹妈呀! 你们命不好的女儿,

你们下贱的冤家,就要离开你们的跟前,

离开你们的左右。

我再也看不到你们了,我再也服侍不到你们了,

我贵气的日子满了,我下贱的日子到了!

母亲:

我的闺女呵,我的心,女儿出嫁娘也伤心。

---

① 访谈对象:HKY,女,59 岁;访谈人:胡阿飞。2021 年 8 月 1 日,栗子坪村 HKY 家中。

② 五峰土家族自治县概况编写组编:《湖北五峰土家族自治县概况》,武汉:湖北人民出版社,1989 年,第 104 页。

我的闺女呵，我的肉，女儿出嫁娘也难受。

舍不得我的亲女儿，丢不开我的亲骨肉！


女儿：

爹娘啊，你盘你的女儿，操了几多的心，

受了几多的苦。

夏天轮儿穿单衣，参天轮九换棉袄，

脏了的衣服，洗得干干净净，

破了的衣服，补得熨熨贴贴。

春春的年成，东边借一碗，

西边借一升，指望儿女长成人！

长毛公鸡还未开口啼，我的爹娘拖犁下田地，

别人的爹娘吃了晚饭烤炭火，我的爹娘在雪中还未回。

我的苦命爹娘呵，你们吃了几多冷茶饭，

你们受了几多冷风吹，你们踩了几多冷水滩，

你们淋了几多冷露水。

女儿长到七八岁，打柴挑水教儿做，

纺纱织麻教儿会，做鞋绣花教儿为。

爹啊，娘啊，你把女儿盘大了，

送到他乡外地去，端茶煮饭谁来帮？

砍柴挑水谁去做？年老病痛谁服侍？

弟妹年小谁照顾？就留我在家里吧，

就多带我几年吧，为什么把我送出去？

为什么把我推出门？①

《哭哥嫂》：

哥哥呀，哥哥！今日兄妹在一起，

晓得明朝在哪里？一路长大十几年，

兄妹拆散在今天！

哥哥啊，你我本是同娘养，同娘生，

---

① 武汉大学中文系土家族文艺调查队、中央民族学院分院中文系土家族文艺调查队
搜集整理：《哭嫁歌》，上海：上海文艺出版社，1959 年，第 3 页。

生来贵贱不相同，下贱妹妹送出去，

哥哥在家中好为人。

哥哥是门前一棵树，树大根深长得牢，

妹妹是水上的浮萍草，随水漂流漂走了！

哥哥啊，今晚你要早早睡，

明早起来送妹妹，送到他乡外里去受罪。

送到半路一匹岩，莫在半路转回来；

送到半路一条沟，莫在半路把妹丢。

半路你把我丢了，路上黄狗吠，黑狗咬；

你在半路丢了我，路上蛇也毒，虎也恶。

哥哥啊，你的妹妹走不了，你的妹妹逃不脱……

《骂媒人》：

媒人啊，媒人啊，天天都往我家棱，

磨平了我家的堂屋，踩低了我家的门槛。

茅草窝走出成大路，大路上带起灰尘多，

踩浑了大河水，踩崩了乱岩坷。

河上有座铁板桥，千牛万马踩不断，

背时媒人踩断了。

我家门前有匹坡，千牛万马踩不垮，

背时媒人踩垮了。

……

天上起了黑乌云，媒人起了黑良心。

黑天黑地遭大雨，黑心媒人遭雷死！

天上雷公响隆隆，单打做媒害人精。

五雷劈，五雷分，世上无媒好成亲！

五雷打，五雷捶，世上无媒说是非！

《别姊妹》：

天上棱罗十二台，相好姊妹为我来。

冷晚双双来相聚，明朝拆散两分开！

明朝姊妹要分离，一个东来一个西。

明朝姊妹要分别，一个南来一个北。

众家姊妹呵，一两岁，我们一起哇哇哭；

85

三四岁,我们一起地下爬。

五岁我们一起去掐茶,六岁我们一起去摘瓜,

七岁我们一起去割麻,八岁我们一起收庄稼,

十岁我们一起去摘茶,十二岁我们一起学绣花,

十五岁我们一起去打柴,十六岁我们一起赶场把麻卖,

十七岁我们一起绣花鞋。姊妹长到十八岁呵,

十八岁上拆姊妹,十个姊妹不成对!

《哭席》:

海带上席一碗青,离开姊妹好伤心。

酥肉上席一条线,兄弟姊妹分贵贱。

墨鱼上席一碗香,离娘离爷去他方。

做牛做马在他乡,豆芽上席脚脚长。

人家爹娘像阎王,他乡外里我当丫环。

莲藕上席一碗花,人家女儿像仙家,

他乡外地我受打骂!

哥哥堂中把壶提,明朝把妹送到他乡去。

哥哥堂中把酒酌,他乡外地我受磨折。

哥哥堂中把酒倒,下贱日子来到了!

姊妹呀,一根丝线青又青,手碰毫毛寒了心。

生成的眉毛扯不得,生成的毫毛弹不得。

弹了毫毛改了样,扯了眉毛变了相。

今朝做了贱人的打扮,今朝变奴才的相。

妹妹呀,今朝头发两面分,

我跟爹娘两地分。今朝头发分两边,

我与兄弟姊妹隔天边!

《辞祖》:

祖公祖婆呵,香炉在堂前,

是你的重孙儿,初一装香香也燃,

十五点灯灯也明;是你的重孙女,

初一装香香不燃,十五点灯灯不明。

神龛上头一对香,是你命好的重孙儿,

初一十五我来装;是你的重孙女,

婆家去装下贱香。

《上轿》：

爹娘啊,他家的轿子,来到了我家的门外。

他家的锣鼓,打到了我家堂前,

爹啊,娘啊,人家的轿子我不坐,

坐在上面像刀割。人家的轿子我不上,

人家的奴才我不当!

爹娘啊,抬轿的哥哥把轿抬,

把你的女儿当作猪头卖。抬轿的哥哥抬轿了,

你的下贱女儿进了黑牢啊![1]

土家族哭嫁歌以出嫁姑娘的真情实感表达对祖先、父母、兄嫂的不舍之情。哭嫁歌的文化土壤、历史背景早已不复存在,在栗子坪现代婚俗中,已难寻觅往昔哭嫁的盛况。

## 九、接　亲

在栗子坪传统婚俗中,接亲都是采用轿子的形式,主要有三顶轿子。一顶负责女方的上亲,主要是送亲的两个妇女,是女方的至亲;一顶负责新姑的接取,是大轿子;一顶是负责抬接亲队伍中的亲人。在结婚当天,需要将男方为新娘准备的衣物和茶食等过礼礼品提前送到女家,将礼品装到盒子里,请力夫背盒。女方要在堂屋中搭起厢桌,把礼盒放在厢桌正中,支客师现场检验,并喊出来礼物的名字与多少。男方送去的礼盒物品,女方必须退回一半,如四瓶酒要回两瓶,四盒饼子要回两盒,但是肉的要求不一样,去的一块肉不可能割一半回来,男方事先要和背盒的交待,不能背半块肉回来,其他的都是回一半。接亲途中,力夫为讨喜糖吃,在途中故意拖延,这时要准备"接伙"。

我们那个时候就不坐轿子了,送亲的人一般的要求,有八个的、有六个的,不兴搞单数的,一桌人。接亲途中,抬轿的力夫和其他随行人都会在半途中讨东西吃,女方要提前准备好"接伙"的食品,一般是糖食果饼。抬轿的人借有沟沟坎坎的地方,故意将轿子放于地上,这时候新

---

① 武汉大学中文系土家族文艺调查队、中央民族学院分院中文系土家族文艺调查队搜集整理:《哭嫁歌》,上海:上海文艺出版社,1959 年,第 1~50 页。

娘就要把准备的烟和果品拿出来,力夫吃后才能安安心心地抬轿。①

男方力夫背盒到女家堂屋门口时,要说四言八句:

> 一树梅花铺地开,我送抬盒摆礼来。
>
> 两架抬盒登华堂,敬请贵府来开箱。
>
> 钥匙插在金锁上,敬请二位来开箱。
>
> 一请先生动大驾,二请秀士移虎步。
>
> 先生秀士抬贵手,语言不恭请原谅。②

男家接过礼盒,将其放在堂屋的厢桌上,遂请人开盒。有专门的开盒先生,有的请童子开盒,支客师、宾客先生均可以开。盒子里装有衣服、糖食果饼,衣服不止一套,备多少套没有硬性规定。猪肉不放在盒子里,是绑在盒子之上。具体在开礼盒的时候,开盒先生要说四言八句:

> 金盒开,银盒开,凤凰喜鹊飞拢来。
>
> 凤凰喊叫忙揭盖,喜鹊喊叫忙摆开。
>
> 天上北斗星宿多,玉帝差我来开盒。
>
> 此盒不是非凡盒,鲁班下凡装的盒。
>
> 上头装起龙缠顶,下面装的凤凰窝。
>
> 中间鸳鸯成双对,荣华富贵百年乐。
>
>
>
> 东边一朵祥云起,西边一朵紫云开。
>
> 贵府抬盒放中堂,我今奉请来开箱。
>
> 一开天长地久,盒里东西样样有。
>
> 二开地久天长,灯花蜡烛喜洋洋。
>
> 三开荣华富贵,绫罗缎匹成双对。
>
> 四开金玉满堂,五洲四海把名扬。③

男方准备的"茶食"较为充足,女方则无话可说,如若"茶食"较为寒酸,女方可借此机会推迟发亲,以示不满。

---

① 访谈对象:ZZH,男,60岁;访谈人:胡阿飞。2021年7月11日,栗子坪村ZZH家中。

② 访谈对象:HGH,男,90岁;访谈人:胡阿飞。2021年7月20日,栗子坪村HGH家中。

③ 访谈对象:HGH,男,90岁;访谈人:胡阿飞。2021年7月21日,栗子坪村HGH家中。

对于铺床人的择取,很有讲究,要勤俭持家、儿女双全、身体健壮、品行好的中年妇女。铺床人对于新婚夫妇的未来家庭运势有重要影响,铺床之人儿女双全,也就象征着新婚夫妇儿女双全、大富大贵。床铺好后,还要请年幼的孩子在床上翻滚,称之为"滚床"。滚床的孩子一般为男孩,要结实、虎头虎脑,孩子在新婚床上滚得越开心,主人家越欢喜,认为这是吉祥如意的象征。家中若有两个男嗣,按照长幼的规矩,长子结婚时,新房一般是堂屋右侧的卧室,次子是靠左边的房间,一个儿子则不受此限制。在铺床时,放筷子、花生、枣子之类的果子在四个床脚,寓意早生贵子。对新人表示美好祝愿,能说会道的在铺床时有一套说辞:

> 铺床铺床,金银满堂。先生贵子,后生姑娘。
>
> 四只角里放饼子,养的儿子戴顶子。
>
> 四只角里放筷子,养的儿子做太子。①

迎亲队伍将到新郎家门时,于堂屋门外设一厢桌,摆上香、烛、帛、鸡一只或蛋一颗、米一升,请"士人"端拱,祝回女家宅神。礼毕,手握米抛撒至新媳妇轿上,谓之拦车马,也叫"回神"。拦车马在新中国成立后已发生变化,撒米在拦车马中渐趋消失,于堂屋外设厢桌摆上酒品也转变为由云台师傅在窝槽的台子上画符压上即可。

> 伏羲天地开张,日吉时良。
>
> 新人到此,长发其祥。
>
> 我今回神,车马儿郎。
>
> 车来车去,马上请安。
>
> 太阳出来白如雪,男家香火出来接。
>
> 太阳出来白如霜,女家香火转回乡。
>
> 撒上、撒上,撒到新人头上。
>
> 一撒天长地久,二撒地久天长,
>
> 三撒荣华富贵,四撒新人登堂。
>
> 回神已闭,转轿升堂。②

上亲是指女方父母、姑舅等,因礼节上需要坐上方,谓之上亲或上客。

---

① 访谈对象:HGH,男,90 岁;访谈人:胡阿飞。2021 年 7 月 22 日,栗子坪村 HGH 家中。

② 访谈对象:FSK,男,57 岁;访谈人:胡阿飞。2021 年 7 月 25 日,栗子坪村 FSK 家中。

送亲队伍中的上客进门时，支客师要对上亲进行问候：

> 远望高山石岭，露水草儿深。
>
> 受了风寒之苦，又受冷白之风，
>
> 客们走吃了亏，对面升座。①

## 十、圆　亲

　　拜了天地，拜了父母，才叫夫妻，所以把拜天地、拜父母等仪式叫作圆亲。接亲队伍到达新郎家时，走在最前面的是扛帐子的。按习俗，扛帐子之人要在堂屋门口"讨利市"，将其脚蹬在门槛处，等"利市"到手后才把帐子扛进堂屋。圆亲婆婆将窝槽里坐着的新娘扶进堂屋，准备拜堂。云台师傅这时吹大号，一切妖魔鬼怪都会吓跑，拜堂就会很吉利。圆亲祝礼词：

> 金屋人间传二美，银河天上度双星。
>
> 夫妻堂前行大礼，一对鸳鸯永长青。②

## 十一、开　筵

　　拜堂完毕，新郎、新娘出新房逐一向亲朋好友敬酒。上亲坐席讲究长幼辈分，辈分大且年长的要入上座，单桌左手为大，双桌中间为大，右桌为尊。陪上亲的客人只能是散客，四个散客、四个上亲。一般不能请新郎的姨舅陪客，因女方的送亲人也是母党为主，二者辈分相同，安排上座时就会冲突。支客师先请上亲入座：

> 瓦屋堂堂，高高在上。
>
> 吃的洋糖美酒，办起满盘盛席，一概愧领。③

## 十二、闹洞房

　　闹洞房是内亲外戚、亲朋好友对新人的一种祝福，闹洞房大部分是辈分稍低的地邻，众人在新房门口，说四言八句以讨喜饼：

---

① 访谈对象：WYF，男，58 岁；访谈人：胡阿飞。2021 年 7 月 26 日，栗子坪村 WYF 家中。

② 访谈对象：WYF，男，58 岁；访谈人：胡阿飞。2021 年 7 月 26 日，栗子坪村 WYF 家中。

③ 访谈对象：WYF，男，58 岁；访谈人：胡阿飞。2021 年 7 月 26 日，栗子坪村 WYF 家中。

明灯引路,夫唱妇随。

同奔四化,前程似锦。

姐姐箱子四只角,里面装的料子货。

揭开面纱真好看,饼子要两个。

帐子四个角,慢慢往下落。

饼子要一个,香烟要一盒。①

闹洞房过后,新娘要将为公公、婆婆准备好的衣服、鞋子等"上交",称为"交亲礼"。当新娘递上自己准备的衣服、鞋子等时,公公、婆婆也要将事先为儿媳妇准备好的衣物拿出来或者直接给红包。交换礼物时,新娘需要改口喊爹妈,父母要将家中钥匙交给儿媳,有交钥匙词:

青铜钥匙响叮当,交给新娘锁衣裳。

上锁金子下锁宝,锁个富贵中阁老。②

## 十三、回　门

回门是新人婚后不忘父母之恩,新郎携新娘在婚后第一时间回娘家看望父母。有赶路回门、三日回门、半月回门、一月回门等,但一般讲究"新房三日不空"的说法,所以大部分是三日后回门,当天即回。旧时在交通不发达的情况下,是送亲人和新郎、新娘一同回门,到家时要放鞭炮通知女方族人,回门也要准备"茶食"。按习俗,新娘要在早晨备好茶水,端到公婆床前,孝敬公公、婆婆,称为"揪脑壳茶"。

从男女相识到婚礼完成,整个土家族婚姻礼仪呈现了仪式过程的完整性和复杂性。但大部分不符合现代生活节奏,诸如抬轿子等已被摒弃。透过土家族婚姻礼仪,可以看到土家族人对个体生命的热爱和人生大事的谨慎态度,同时也将土家族男女的孝道伦理展现得淋漓尽致;从身份地位变化来说,男女双方喜结连理,不仅是两性关系的正式确立,还是个体责任的转换,意味着新的责任和担当。

---

① 访谈对象:WYF,男,58岁;访谈人:胡阿飞。2021年7月26日,栗子坪村WYF家中。

② 访谈对象:HGH,男,90岁;访谈人:胡阿飞。2021年7月22日,栗子坪村HGH家中。

# 第四节　丧葬习俗

## 一、临　终

　　老人在临终的时候,需要有儿女在老人身边服侍。在老人生病期间,儿女要在老人身边日夜照料,以防老人落气时无人守护,有后人在老人身边照看,是后人对老人孝心的体现,也是为了让老人走得放心。孝子、孝女在身边守候,也是香火传续的最好诠释。一般在老人要离世时,孝子要不断念叨老人的生庚年月,为了留住老人,还要不断地喊叫老人。

　　　　我父亲临终时我们是不停地在喊他,把他扶在手臂这里的。他本身就有呼气困难,出大汗,呼气非常的不均匀,大口大口的吸气,随着气息的平缓,掉气的时候还是很安详的。①

　　　　在我们妈妈要落气的时候,我们在她身边守着的,不停地喊她,喊她是想把她留住,不直接喊名字,喊她妈妈。②

　　落气之后要烧落气纸,放一口大锅在亡者的房间,将纸钱烧在锅里。烧完后要将纸灰包起来,放于死者的口袋里。在栗子坪,烧纸的数量有专门的讲究,一般都要烧三斤六两纸钱,还要在落气的时候放落气炮,放炮一是为了送亡人去阴间,二是通知本村临近的小组村民前来帮忙。

　　　　以栗子坪8组为例,我们8组的人,有什么红白喜事,基本上是本组的人手就够了,每家每户都来人帮忙。其他组的人也有过来的,帮忙的是本组为主。现在都是请一条龙(雇用专人负责),这个有许多优点,一是老板(孝家)不用买菜,二是老板不用去借办酒需要的器具。③

　　在烧落气纸和放落气炮后,要先给亡人沐浴,死者为男性,则孝子为亡人沐浴。当地为亡人沐浴之水有两种讲究,艾蒿水和山泉水为亡人沐浴,据说艾蒿水有净身的作用。

　　　　当时我们给他全身洗的,只是走个过场,用的艾蒿水,艾蒿一般在五月份收割。据老人说艾蒿水是净身的,用毛巾沾上艾蒿水,背上擦一

---

① 访谈对象:TP,男,48岁;访谈人:胡阿飞。2021年7月22日,栗子坪村生态酒店。
② 访谈对象:FSS,男,64岁;访谈人:胡阿飞。2021年7月21日,栗子坪村FSS家中。
③ 访谈对象:FSS,男,64岁;访谈人:胡阿飞。2021年7月21日,栗子坪村FSS家中。

擦,手掌擦一擦。有的还说这个水要喝的,但哪个喝得进去呢? 我也没喝。①

　　当时我们给她全身都洗的,用点棉花,碗里装点水,全身擦一擦就行,是一个过程。②

沐浴过后要为亡人更衣,按传统来说,男性亡人,一般是穿长衫,颜色黑、蓝为宜,忌穿红色寿衣;女性亡人则穿短装,无论长衫还是短装,都讲求单数,不穿双数,一般的穿三、五、七、九件,上下的数量加起来要单数。但孤寡老人等穿衣要低于五件,有未过五福、未五子登科的说法。

　　我父亲的衣服,每一件都是我本人给他穿的,我自己穿一下,脱下再给他穿上。共穿了九件,上面四件,下面五件,还有一个帽子。③

穿衣的顺序为从下往上穿。给亡人穿衣前,穿衣服之人要先把衣服试穿一遍,这样是为了把寿衣穿整齐一些,也是后人对亡者的孝心表达,称为"热衣服"。穿衣服一般是亲人为亡者穿上,但如若不会者,则请至亲中会穿者帮忙穿衣,请人穿衣服要给至亲磕头表达谢意。

　　我母亲的衣服是我幺叔的姑娘和ZP穿的,穿衣服的就叫穿衣服的,没有其他称呼。虽然是请的,但不给钱,在请她的时候就给她磕头。这边原来的老传说是亲生子女不给异性长辈穿衣服,穿了后,后人会不顾羞耻的说法。④

　　孝子为亡人"热衣服"是亲人的一种感情寄托,亲人身上的血脉气息,可以通过衣服传递给去世的人。⑤

亡人生前贴身的衣服一般不更换,相传更换后亡人不熟悉贴身衣物时会托梦给后人。一般来说,棺材里是不能带铁器的,但亡者在生前有特殊要求的则不在意。

　　携带铁器是他要求的,所以要满足他,洋钱、银元等都是我爷爷留下来的,两块银元都放在棺材里面了。还把他需要的东西,如手表、烟筒放在棺材里面,但我们没有给他放手机。⑥

---

①　访谈对象:TP,男,48岁;访谈人:胡阿飞。2021年7月22日,栗子坪村生态酒店。
②　访谈对象:FSS,男,64岁;访谈人:胡阿飞。2021年7月21日,栗子坪村FSS家中。
③　访谈对象:TP,男,48岁;访谈人:胡阿飞。2021年7月22日,栗子坪村生态酒店。
④　访谈对象:FSS,男,64岁;访谈人:胡阿飞。2021年7月21日,栗子坪村FSS家中。
⑤　访谈对象:TP,男,48岁;访谈人:胡阿飞。2021年7月22日,栗子坪村生态酒店。
⑥　访谈对象:TP,男,48岁;访谈人:胡阿飞。2021年7月22日,栗子坪村生态酒店。

## 二、报　丧

在完成烧落气纸和放落气炮后，孝家要通知周遭的村民前来帮忙处理后事。但一般情况下，村民听到放落气炮便会主动登门帮忙，即所谓"一家有丧，众家帮忙"。在以往通信不发达的情况下，主家亲自到都管家中请都管为其安排帮忙事宜，在都管到来后，首先要安排熟悉孝家亲朋好友的路线地形去报丧，传统叫"把信"。都管会事先在一张单子上写好某某负责哪些亲戚以及亲戚的地理位置，派人分头去通知亲人前来祭奠，到亲戚家后，"把信"之人就会说：

> 我是某某人，某某请我来给你们"把信"的，人家一听"把信"，便知道是丧事了。有的会当天跟着"把信"的前来主家，有的会稍有推迟。①

现今的报丧都是通过电话通知亲友前来吊丧的，对于都管的通知也是电话联系。在找人分头"把信"的同时，要派人去请道士先生前来做法事，要将死者的生庚年月和死期告知道士，以便道士先生提前看好上山的日期和做哪种规格的法事，法事一般有小五方路、大五方路、敬贡路、绕棺路等。

孝家需要做哪种规格的法事需讲求天时、地利、人和，要根据死者的上山日期、主家的经济条件等的考量。小五方路一天即可完成，大五方路则是三天以上，敬贡路是五天以上。小五方和大五方都是为亡人开路，打通五方道路（东方道路、南方道路、西方道路、北方道路、中间道路），确保亡人顺利通过；敬贡路类似于贿赂的意思，敬贡一殿王、二殿王。小五方和大五方都遵循请水、掩神、入材的顺序，但大法事则要先迎幡才开展其他法事。

## 三、入　柩

在为亡者把寿衣穿好后，要将亡人从房间里抬到堂屋中，抬出来的过程中，不能碰到周围的墙壁、家具等，据说触碰后亡人魂魄会依附在家中不肯离去。亡人抬到堂屋中后，先将亡人放在门板上，待道士先生到后再入棺。

> 请水之前要先掩神。堂屋里要停亡人，死人是有晦气的，要把神龛遮掩一下，向神交代一下，要进行丧事，免得晦气污染神灵。一般是画符，一个牌位即可掩神。②

① 访谈对象：TP，男，48岁；访谈人：胡阿飞。2021年7月22日，栗子坪村生态酒店。
② 访谈对象：LJ，男，35岁；访谈人：胡阿飞。2021年7月24日，白溢坪LJ家中。

在道士先生到来后，先在"科房"里写好相关法事的文书，把龙神的牌位写好并供于堂屋，再点上香、蜡烛，之后开始为亡人请水净身。请水之地一般是家屋周围的水井或者有小溪处即可，在堂屋中把龙神供上后，先生首先要为龙神交代请水缘由，之后到水源处点烛、烧香、烧纸请水，并在迎水的地方要把迎水文书化掉，即"启师至水井请水收验化迎水书"。

请水回来后开始为亡人净身，此净身和孝家对亡人的沐浴稍有不同，这是在道士先生超度下进行的。按照传统，净身一般是只洗"五心"（心脏、左手心、右手心、左脚心、右脚心），"五心"代表了人体的全部器官，所以洗了"五心"就相当于洗了全身。

在人落气后，家人还要为亡人准备"打狗粑"。土家族先民最开始移居栗子坪时，大部分是以土豆作为主食，到了改革开放才逐渐以大米为主食。虽然土豆降为"副主食"的地位，但在当地村民的饮食习惯中，土豆依旧占据着重要位置。所以"打狗粑"大部分都是用土豆做成的，代表着土家族人对"原初"的一种回归。再做好后用桃树条子包上，放于亡人的手中，在亡人上山（下葬）的时候，再将"打狗粑"从亡人手中取出。

> 打狗粑相当于打狗棍，和凡间的人们赶路是一样的，要拿根棍子打狗。亡人在过奈何桥的时候防止有狗前来阻挡亡人赶路，用"打狗粑"招呼路边的狗子。[①]

在入棺之前，要在棺材里为亡者铺上岁纸，一般遵循多少岁铺多少张的原则。一般是将纸钱铺成三路放于棺底，岁纸之上铺上垫单。

> 铺纸的讲究还是看人，大部分是按多少岁来铺的，我父亲当时是69岁，虚岁70，铺的70张，铺成三条直线就可以了。[②]

栗子坪对于铺纸还有另一种更为讲究的铺法，按照二十八星宿（井、鬼、柳、星、张、翼、轸、角、亢、氐、房、心、尾、箕、斗、牛、女、虚、危、室、壁、奎、娄、胃、昴、毕、觜、参）的方式，把亡人视作其中一个星宿，只铺27张岁纸。

> 我母亲过世时铺的只27张，天上有二十八星宿，27张代表27个星宿，剩余1个就是亡人，加起来是28星宿。[③]

岁纸铺好后将亡人入材，一般不直接抬亡人的手和脚，入枢是提亡人衣

---

① 访谈对象:LJ,男,35岁;访谈人:胡阿飞。2021年7月24日,白溢坪LJ家中。
② 访谈对象:TP,男,48岁;访谈人:胡阿飞。2021年7月22日,栗子坪生态酒店。
③ 访谈对象:FSS,男,64岁;访谈人:胡阿飞。2021年7月21日,栗子坪村FSS家中。

服的四个角，四个角提平，放入棺材中。放入棺材中后，要将孝子的一件衣物放于脚底，意指子孙后代步步高升。为暂时把亡者的灵魂留住，要在亡人的脚上套上"捆脚索"，在上山时将其解除。亡者的枕头是装的五谷杂粮，主要有茶叶、盐巴、黄豆、大米、苞谷等，枕头形状是倒三角；在脚底蹬上衣服后，要将亡人的脸用纸盖住，此纸称为"盖脸纸"，即所谓"阴阳一纸隔"。盖上是为了让亡人安息，同时防止后辈哭泣时眼泪撒到亡人脸上，相传如若眼泪掉到亡人身上，死者会醒来，不肯离开。上述事项完成后，为亡者盖上被单。

入棺后要为亡者点上七星灯，传统是用棉花搓成七根捻子，在盆里倒上清油（菜油）。在上山之前都要确保七星灯彻夜不灭，否则亡人会走错路，有熄灭了会错走 15 公里的说法。现今的七星灯和旧时已有不同。

七星迎路，照明幽暗，幽间在凡人看来是黑暗的，需要点烛照亮才看得见去的路。现在都是江西龙虎山造的七星灯，酥油以供燃烧，以往的菜油灯很少用了。①

图 4-5　七星灯

## 四、布置灵堂

对于棺材的摆放有格外的讲究，一般都要将棺材放于中堂，若死者为男性，则位于堂屋正中稍偏右；若死者为女性，则位于堂屋正中稍偏左。棺尾朝向大门，棺头朝向神龛方向；棺尾要置于前方的方桌上，棺头要用两根大板凳架起，同前方方凳齐平。至于为何需要棺尾朝前、棺头朝后，当地称之为"顺头路"，这样便于亡者顺着走出中堂。如若倒置，则亡魂不肯离开家屋。

棺材放于堂屋正中，棺材上需要写一个奠字置于正中。寿签筒两个分

① 访谈对象：LJ，男，35 岁；访谈人：胡阿飞。2021 年 7 月 24 日，白溢坪 LJ 家中。

别放于奠字两边,用于放置寿签。寿签筒是由竹筒削成的,寿签也是竹子削成。根据亡者的岁数,砍一根适当大小的竹子,亡者多少岁,则削多少根竹签,最好刚好削完一根竹子。削成的竹签需要用白纸缠上。

寿签筒是在没请先生的时候就做好,放在供桌的前头,寿签筒不烧,最后要放在坟上。如果亡者岁数为双数,则两个寿签筒中的寿签均分;如果亡者岁数为单数,则遵循男左女右的原则,如亡者为 69 岁的男性,则左边放35 根,右边 34 根;若死者为 69 的女性,则左边 34 根,右边 35 根。①

灵堂的布置是在入棺后进行的,道士先生要挂上法事所需的各类神灵,要将灵桌供上。灵桌上要"遣饭",这碗饭的多少也有讲究,一般讲究"三把三戳",米不能太多,以免过度冒出饭碗,也不能太少。饭上要放一颗鸡蛋,将筷子插于鸡蛋之上,饭是给亡者准备的,阳间的人每天要过早,亡者也需要过早。在每一天清晨开坛时,做的第一场法事便是"奠酒"。

有早奠和夕奠之分,活人在早上要吃早餐,亡人在早上也要吃饭,供三碗菜、三碗饭,要斟酒,孝子要磕三个头,表示对亡人的尊敬。晚上的叫夕奠。②

灵桌之上还需放上主家的升子,装上黄豆,灵牌、香火放于其中。两旁各放置一根蜡烛,并一直烧香,香不能断,一直烧香代表香火不断。据说升子不能向外人借,是主家财富的象征。

## 五、祭　奠

按照传统,前来祭奠之人中的至亲要为主家送上祭帐,以表孝义。但随着时代变迁,现今在丧事中已无祭帐出现,大部分以送花圈的形式出现。在亲友前来悼念亡人时,按当地的习俗,要从主家的大路一直放鞭炮到稻场,主家也会事先准备好鞭炮以示谢意或者以三声铳响以示答谢。当亲友进入灵堂跪拜亡人时,都管则喊孝家陪拜;当亲友起身时,孝家要磕头回礼,当地称为"回拜"。

在丧礼的当天晚上,亲友就要开始守灵,栗子坪的守灵都是众亲友集体守灵,很少有轮班守灵的。在深夜,当法事完毕,要跳丧舞,丧鼓歌自古相袭,旧县志有:"家有亲丧,乡邻来吊,至夜不去,曰伴亡。于柩旁击鼓,曰丧

---

① 访谈对象:FSS,男,64 岁;访谈人:胡阿飞。2021 年 7 月 21 日,栗子坪村 FSS 家中。
② 访谈对象:LJ,男,35 岁;访谈人:胡阿飞。2021 年 7 月 24 日,白溢坪 LJ 家中。

鼓。互唱俚歌哀词，曰丧鼓歌。丧家酬以酒馔。盖亦守灵之遗意，而变之无节者也。"[1]丧鼓主要有跳丧鼓和坐丧鼓两种，栗子坪盛行跳丧。

对于跳丧，当地有两种说法，一是跳给亡人看的，亡人生前劳苦，在未上山前，亡人的灵魂还在屋子周围，后辈借此机会为亡人尽孝；二是跳给活人看的，娱神的同时以达娱人的目的，以"大喜"的态度对待死亡，更能体现"乐感文化"的精神。[2]"跳丧舞"，一般由一歌师在灵柩旁鸣鼓叫号，两个歌郎在丧前接歌对跳，亦可由多人同时对跳（每对为一重）。舞者必须依照歌师的鼓点及所叫号子的变更而改变其舞蹈动作和套路，其形式和风格因地而异。尤以金鼓节操，唢呐间奏或接腔相和的形式，及多人围跳，按其顺序互相穿花的形式各具特色，为一般形式所不及。[3]

跳丧鼓在过去有一些固定的程式，先由鼓师开场，然后接庄子先师。相传打丧鼓始于庄子，战国时期庄周妻子去世，庄子"鼓盆而歌"，这就是开场后必唱《十请庄子老师尊》的来由。唱完《十请》，鼓师就击鼓叫歌，歌师随之跳丧，会者轮番上阵，通宵达旦，相伴亡人。

丧鼓打到天亮就开始送歌郎，送了歌郎跳丧才结束。"歌郎送出门，庄子返天庭。亡者安葬后，孝眷万年兴。"送歌郎既是一种礼节，也如词中唱的一样，有孝家求吉利的意思。

丧鼓歌的文辞很杂，少量的是固定专用的，如开场、请庄子师傅、送歌郎等。第二种是以丧鼓为主用的，偶尔其他场合换成其他曲调边唱的，如《十梦》《圆十梦》等，这一类也是少量的；第三种是大量的通用五句子歌，这些五句子跳丧时唱，平时任何时候、任何场合换成其他调子也唱。

歌师鸣鼓叫号，请出一对"歌秀才"（舞者）开始跳丧舞。丧鼓打到天蒙蒙亮时，便以"阳雀喊叫支古溜啊支古溜，规规阳来规规阳，不等天明就开口"之类的词句转为最后一项仪式，即"送歌郎"。

开场请庄子如下：

　　　　一二三四五，孝家打丧鼓。

　　　　都来凑热闹，要请老师傅。

---

① 长乐县志校补编纂委员会编：《长乐县志》，宜昌：三峡电子音像出版社，2014年，第166页。

② 邓红蕾：《道教与土家族文化》，北京：民族出版社，2000年，第267页。

③ 五峰土家族自治县概况编写组编：《湖北五峰土家族自治县概况》，武汉：湖北人民出版社，1989年，第109页。

一请庄子老师尊,庄子老师大善人。

人人称谓是圣人,万古流传到如今。

楚汉来相争,先把张良请,萧何追韩信。

二请庄子老先生,庄子老师在天庭。

弟子诚心来叩请,万望老师亲降临。

桃园三个人,徐庶来指引,三请诸孔明。

三请庄子老师父,庄子老师在天府。

庄子行孝百日苦,传与世上唱歌舞。

姜女来寻夫,目连来寻母,太乙来救苦。

四请庄子老师翁,庄子老师在天宫。

大道鸾舆驾辂龙,大发孝念天必从。

常山赵子龙,百忍是张公,行者孙悟空。

五请庄子老师传,传的弟子千千万。

孝家行孝又行善,亡人明日要登山。

湘子在终南,师父把道传,人之性本善。

六请庄子老师化,庄子老师是仙家。

父母死后要尽孝,妻儿死后把孝褂。

伏羲画八卦,轩辕纺棉纱,哪吒把身化。

七请庄子老师爷,庄子行孝到金阙,

今日孝家玩一夜,明日歌师要分别。

有个张七姐,下凡三个月,夫妻要分别。

八请庄子老师台,太乙真人降驾来,

身骑九头青狮子,足踏莲花朵朵开。

观音坐莲台,身飞普陀岩,祥光幽冥开。

九请庄子老师号,庄子老师在天曹。

庄子行善又行孝,得道升天乐逍遥。

好个杨忠保,清官是老包,孟武伯问孝。

十请庄子老先王,庄子老师走忙忙。

孝家排起接风酒,不远千里降稻场。

甘罗为丞相,太公扶文王,高祖汉刘邦。

再请歌师众歌郎,众位歌师入歌场。

今日孝家玩一夜,明日天亮转回乡。

开场后的唱词和舞蹈可以随意选择。如《十二月》：

正月里来好插花，新官上任坐县衙。

文武百官来喝酒，十盘果子九盘花。

二月里来好插花，官家公子看亲妈。

干妹你愿许配我，车送礼物手拿花。

三月里来好插花，后院金竹发嫩芽。

十八姑娘来扳簪，下穿罗裙上穿花。

四月里来好插花，亲家过门是一家。

前院喜鹊叫喳喳，后院池塘开荷花。

五月里来好插花，新打龙船江中划。

二十四块划桨片，划来划去水仙花。

六月里来好插花，六月六日太阳大。

买起一把清凉伞，上遮太阳下遮花。

七月里来好插花，七月七日鬼回家。

家家户户烧纸钱，烧堆纸钱鬼魂花。

八月里来好插花，八十婆婆捡棉花。

低头捡来抬头尕，抬起头来眼看花。

九月里来好插花，抗洲哥哥到我家。

我问哥哥有何事，他说我来买棉花。

十月里来好插花，我的哥哥来迟哒。

说的全都是白话，我的棉花买完哒。

冬月想郎好寒酸，大雪纷纷飞满山。

郎在天上可寒冷，买件衣裳烧郎穿。

腊月想郎满一年，想来想去泪莲莲。

郎若有情等着妹，妹上天堂来团圆。

出门唱：

各位师傅听我讲，都来跳个大合唱。

丧鼓打了这一夜，我们给孝家叫多谢！

清早起来大门开，一对金银滚进来。

只滚进，不滚出，一滚就是一满屋。

把鼓颤，把鼓颤，孝家发财楚上天。

把鼓杀，把鼓杀，孝家儿孙代代发。

把鼓丢,把鼓丢,孝家儿孙样样有。

多谢孝家好香糖,一抓就是好几盘。

多谢孝家好美酒,随时随地喝都有。

多谢孝家好香茶,一摁就是好几发。

多谢孝家好菜饭,餐餐都是佳肴餐。

今夜略表这一段,虽然话少情义长。

祝愿孝家多吉利,子子孙孙保平安。①

送歌郎:

一赐亡人三炷香,香烟缥缈叩上苍。

香花童子来接引,接引亡人上天堂。

恩恩难报,难难报恩,恩德似海深。

二赐亡人一灯亮,灯光散彩放祥光。

焚堂不灭千秋表,乐以忘忧往仙乡。

三赐亡人一杯茶,茶出三月发嫩芽。

有人识得茶中味,长生不老遇仙家。

四赐亡人三杯酒,杜康仪狄天生偶。

三杯可以通大道,一醉能解万事愁。

五赐亡人三碗菜,满盘盛肴摆上来。

亡者大人席上坐,孝眷满门哭哀哉。

六赐亡人三碗饭,亡人今日大开餐。

珍馐百味样样全,一灵不昧而生仙。

七赐亡人一袋烟,烟云直透亡灵前。

烟波浪里神通现,逍遥快乐永无边。

八赐亡人化纸钱,虔备浮财亿万元。

真魂正魄亲领受,南宫脱化早升天。

九赐亡人好衣裳,鹤氅纶巾巧样装。

云裙风袂垂加护,护佑孝门乐祯祥。

十赐亡人一棺木,亡人睡起享天福。

尸骸收入棺椁内,高楼大厦一厢屋。

① 访谈对象:WYF,男,58岁;访谈人:胡阿飞。2021年7月15日,栗子坪村WYF家中。

101

再赐亡人一福地，山向合符大吉利。

自从今日安葬后，子子孙孙多顺遂。

一行一行赐分明，亡人从此喜盈盈。

鸡鸣五更东方晓，歌鼓儿郎要回程。

晓星起，东方亮，送歌郎。

收拾包袱并雨伞，花鼓一并捶二更。

拜别亲朋合孝眷，即刻登程出门庭。

晓星起，东方亮，送歌郎。

收拾包袱并雨伞，花鼓一并捶二更。

拜别亲朋合孝眷，即刻登程出门庭。

晓星起，东方亮，送歌郎。

歌郎送出大门外，今日一去永不来。

孝眷从此多吉庆，儿孙世代永和谐。

歌郎送到滴檐沟，今日一去不回头。

孝眷从此多吉利，荣华富贵保千秋。

歌郎送到稻场边，今日一去不见面。

孝眷从此多顺遂，螽斯衍庆永绵绵。

歌郎送到稻场中，今日一去不相逢。

孝眷从此多兴旺，子子孙孙受皇封。

送歌郎，送歌郎，歌郎送往到何方？

歌郎送到震宫上，震雷惊动鬼神忙。

送歌郎，送歌郎，歌郎送往到何方？

歌郎送到离宫上，离火焚香叩上苍。

送歌郎，送歌郎，歌郎送往到何方？

歌郎送到兑宫上，兑泽汪洋福寿长。

送歌郎，送歌郎，歌郎送往到何方？

歌郎送到坎宫上，坎水生莲朵朵香。

送歌郎，送歌郎，歌郎送往到何方？

歌郎送到坤宫上，坤土葬造大吉昌。

歌郎送出门，庄子返天庭，

亡者安葬后，孝眷万年兴。

收场：

收场收场就收场，我来收个丧鼓场。

丧鼓歌对听我讲，大家一起到中堂。

站个圆圈跳团圆，美满幸福万万年。

丧鼓打到大天亮，到此结束就收场。

奉劝孝家莫悲伤，亡者西归去天堂。

生老病死天注定，皇王天子也一样。

也一样，莫悲伤，人生都有这一场。

节哀顺变心放宽，保重身体精神强。

化悲痛为力量，恭送亡子去天堂。

孝家请来好阴阳，看官好地把坟葬。

埋在龙头出天子，埋在龙尾出霸王。

龙头龙尾都不葬，正好埋在龙身上。

亡者埋在龙身上，孝家发达又兴旺。

多谢孝家饭和茶，荣华富贵代代发。

多谢孝家烟和酒，金玉满堂代代有。

孝家门前磕个头，地久天长到永久。

孝家门前筛杯茶，平安健康又发达。

孝家门前敬杯酒，心想事成无忧愁。

代代发，代代有，一帆风顺路好走。①

在探讨土家族丧鼓歌时，其承载的生命观是无法绕开的话题。灵魂不灭在丧鼓歌中随处可见。事死如生是土家族人对待死亡的一贯态度，相信祖灵神光，将死亡看作是肉体在超自然世界中的继续存在，而且对后人的命运兴衰起着重要的庇佑作用，顾炎武《日知录》云："达孝者，达于上下，达于幽明。所谓'孝弟之至，通于神明，光于四海，无所不通'者也。"②亲人虽已逝去，但孝道的践行也将继续在彼岸世界，无所不至。丧歌中对先祖功德的歌颂是后人传承祖先流芳百世的美德的具体表现，土家族人的自然生命和道德生命在后人的血脉流淌和对贤祖巍峨品德的传承中实现永生。

随着时代发展，跳丧舞中的送歌郎和收场早已合二为一，把送歌郎简

---

① 访谈对象：WYF，男，58 岁；访谈人：胡阿飞。2021 年 7 月 31 日，栗子坪村 WYF 家中。

② 顾炎武著，黄汝成集释《日知录集释》，上海：上海古籍出版社，2014 年，第 152 页。

化,以收场代之。

传统来说,跳丧有文、武之分。"文丧"是与"打丧"相对而言,统称一般的"跳丧舞",其舞蹈动作有近20多种。以"跑场子"和"四大步"为主要步调。"武丧"即"打丧",又叫"虎抱头",步调和"文丧"结合在一起。"文丧"、"武丧"的调子、各种姿势、幅度大小、风格方面各有不同。"打丧"除了舞蹈的特色外,还有武术的特色,相传"打丧"是跳丧舞与民间武术结合而成的一种形式。

## 六、安　葬

下葬日期的择取是根据亡人的生辰八字、死期而定。在下葬的早上,要为亡人进行"奠酒",亡人"进餐"过后,就开始准备上山。先将灵堂所挂之物拆下,解下寿签筒,孝子抱灵位跪于丧前,其余亲友跪于主家之后。"八大金刚"将灵柩抬到稻场,孝子亲自给"八大金刚"磕头、装烟、筛茶,都管一般会在此时交代抬丧关注事项,如要注意安全、路线情况,呼吁大家齐心协力把灵柩顺利抬上山。在都管交代完毕后,道士先生开始做法事,将公鸡取出,并利用手中的法器起煞,道士先生高喊"灵柩出中堂,儿女泪两行。生死终别离,何必苦悲伤。此处非乐土。南洋是故乡,登云又驾车,急去勿彷徨。×××老大人请"。[1]　在锣鼓、鞭炮声中,"八大金刚"齐力抬亡人上山。

出中堂后,先生在堂屋中用法水加上树枝进行打扫,清除晦气。道士先生手拿桃树条子边唱道:

> 来则远去者进神,在虚空叩,即灵无任致恭酒,行三献。向来酒行三献,理不再烦。敕鸡蛋咒语:鸡蛋从来是个宝,内无骨筋,外无毛。今日落在法官手,替死还生走一朝。开条大河路,送神上洋洲。一昼成江,二昼成海,三昼黄河水到流,四昼瘟鬼上神州。神仙跨马上洋洲,顺水滔滔任遨游。法官今日荡扫后,一路快乐永无忧。[2]

> 上有黄鹤不敢歇,下有恶蛇不敢盘。春来造起春神盘,夏来造起夏神盘。秋来造起秋神盘,冬来造起冬神盘。造起神盘东方去,东方木鬼上花盘。南方去,南方火鬼。造起神盘西方去,西方金鬼上花盘。北方

---

①　湖北省地方志编纂委员会办公室编:《栗子坪村志》,武汉:武汉大学出版社,2018年,第109页。

②　《清微扫荡科》,白溢坪LJ藏本。

去,北方水鬼。中方去,中央土鬼。①

春来用桃树条子沾水,在各个房间洒水,用竹扫帚往外扫。有的做法是在堂屋里点鞭炮,驱赶邪气。打扫的水不用请,生活用水即可,桃树条子要七枝,主要走因为七在道教里是专用数字。

在上山途中,要为亡人撒买路钱,以为亡人开路。如遇墓地较远者,需要在半路歇息,棺材不能放于地上,要放于条凳之上。在歇息时,嫁出去的姑娘要为"八大金刚"装烟、筛茶以表谢意。抬丧所走路线尽量避开人户,实在无法避免的,需要经过时放鞭炮,以防止晦气进入屋内。所经人户的主人要在屋子旁边烧烟窖,以除晦气。

墓地风水的好坏不仅关系亡人自身的安宁,而且对于子孙后代命运兴衰有着重要影响。在栗子坪,阴宅的选择有亡人生前自己选择和请风水先生择取两种方式。

> 我父亲的墓地是我给他选的,他在的时候我就给他说清楚了,他自己选了个地址,但我没有同意。那个地方没有我选的好,我把他背到山上看了墓地选址。墓地朝向,来山去水都给他讲清楚的,最后葬的我选的那个地方。②

墓地的选择要根据山向是否有空缺,墓地不能面向白岩,易犯山凶,悬崖峭壁、寸草不生,暗示后代人丁不旺。墓地一般是在自家田地中选择。

> 别人的地,好地方是有,如果看准了哪个好地方,但别人的心和你不一致,就很麻烦。心有不诚,或者在挖井的时候,做点小名堂,会破坏风水。③

墓地也不能朝向隐形山,面山要实,岸山一定要平稳。如若墓地面向隐形山,有子孙后辈会出强盗的说法。墓地面向还分尖和洼的原则,男对尖、女对洼,但太近的地方不能对尖山。关于朝向,墓地一般是坐北朝南,非有特殊自然环境,不能朝北,朝北有穿堂风,留不住财气。不能朝北的第二个原因是面阴,不向阳。墓向朝北,相传会出现骷髅倒置的情况。

没有特殊的自然环境,不要选择朝北,北风一吹,穿坟而过,随着时间的

---

① 《清微扫荡科》,白溢坪 LJ 藏本。
② 访谈对象:TP,男,48 岁;访谈人:胡阿飞。2021 年 7 月 22 日,栗子坪村生态酒店。
③ 访谈对象:TP,男,48 岁;访谈人:胡阿飞。2021 年 7 月 22 日,栗子坪村生态酒店。

推移,坟墓内的棺材会发生变化。严重的话,亡人的头会被吹到脚的位置,这样很不好。①

丧井是由"八大金刚"上山挖掘的,在挖井之前,道士先生要先做开山法事,并有开山文书。

挖井是八大金刚去挖的,其他帮忙的也忙不过来,各有分工,烧水的烧水,做饭的做饭,没有时间去负责这方面。挖井之前,先生要去定个位,先要搞几根竹竿子把四方定好,从哪里开挖,怎么挖都要按先生的要求来,这就是所谓的开山。井的长宽都是有相关规定的,并不是根据棺材的长度,基本上都是一样大,长度七脚半长,宽度一尺二。道士先生会把相关的说明在看山文书中一一说明。

> 今上××年××月××日,孝士×××,谨以三牲香楮酒杯之仪,敢告于土府龙神之位前,曰:神德陟降默相坟茔,座我亡××祈安且宁。兹值开山用申告,虔神若有灵庶其鉴焉,谨告。②

入井之前,先生要在井中用禄米画八卦图,并下上富贵二字,以期子孙后辈荣华富贵。画完后,先生要撒禄米,道士先生要喊:

> 一撒天长地久,二撒地久天长,
>
> 三撒荣华富贵,四撒金玉满堂,
>
> 五撒五子登科。

孝子孝孙跪接禄米,并有谁接得越多,谁就会衣食无忧、光耀门楣的说法。画完八卦图之后要烧黄纸地契,以示墓地的合法性。

撒禄米后要开始掩棺,这是亡人和亲人的最后一面。掩棺时,亲人哭泣时眼泪不能掉进棺材,否则对后人不利。先生先要挖几锄以示掩土,儿孙后代要在棺材上掩土,先是孝子兜土从棺材上跑过,其余亲人从旁边跑过,兜土意在尽孝,让亡人入土为安。后人掩土完毕后,"八大金刚"负责圆坟,孝子在三天内要连续给亡人送饭至坟前。

## 七、回　煞

回煞是亡人在上山后返回阳间,重走生前路,重过凡世生活,最后一次对阳间的眷恋,之后便不能再回到阳间。回煞日期要根据亡者死的日期来

---

① 访谈对象:TP,男,48 岁;访谈人:胡阿飞。2021 年 7 月 22 日,栗子坪村生态酒店。
② 《开山文书》,白溢坪 LJ 藏本。

推算。该亡人多少天后返回人间,在返回前,家人要为其准备生前所需物品。传统来说要搭天梯,梯子上要贴上纸钱,几天还阳则贴几张纸钱,现今演变为以竹竿代替梯子。在竹竿顶部要挂上亡人生前所用的衣帽,还要为亡人准备好沐浴棚,回来要洗澡沐浴更衣,生前所用的梳子、衣服、鞋子、袜子、椅子、洗脸盆、蚊香等都要为其准备好。在亡人回煞前,家人要为其准备好饭菜,即需要"叫饭"。相传南瓜、黄瓜、四季豆不能上桌,因为这是他(她)的头和指甲。

回煞时需要一桌饭,他睡的床要布置一下,要回煞后他的房间才能重新打理。搭梯子,他从哪个方向来,就在哪个方向搭,叫天梯。11 天就贴 11 张纸钱,我们是穿在竹竿子上的,梯子脚打了伞、点了蜡烛。打伞是亡人回来不能见光的,有脸盆、火钳、鞋子、毛巾、衣服,当时他下午酉时(5 点到 7 点)回来的,第二天凌晨的寅时(3 点到 5 点)回去的,只回来了六个时辰,就是 12 个小时。回去也叫饭的,1 点钟把饭叫起,把纸钱还有他没带去的东西,都拿去坟头烧去了。①

在"叫饭"时,孝家要亲自到坟前去接亡人回家,要在坟头烧香、点烛、放炮。亡人回家的方位也有专门的推算,如果是东南方回煞,则要将天梯放在东南方。倘若离煞时间到,则将天梯移到回去的方位,回去也需为其准备饭菜,还要烧香、点烛、放炮送别亡人。另外,在逢头七、三七、五七、七七时,家人要为亡人"叫饭"。头七和七七较为重要,讲究孝家逢七必在,姑娘、女婿头七和七七也需到场。

从个体出生到生命的终结,栗子坪整个人生礼仪突显了栗子坪人对生命的热爱,重视男女人生大事,关注个体的生命历程、人生命运,也彰显了栗子坪人厚生重死,乐观豁达的人生观。同时,报本反始、慎终追远的孝道伦理贯穿始终。

---

① 访谈对象:TP,男,48 岁;访谈人:胡阿飞。2021 年 7 月 22 日,栗子坪村生态酒店。

# 第五章

# 民居建筑

民居建筑是人类社会发展到一定历史阶段的产物，受社会经济、政治、文化、地理环境等各个方面的影响，具有鲜明的地域特征。从地理位置来看，栗子坪地处鄂西南的群山众壑之中，山势高陡，峡谷深堑，当地人依山伴壑，以组为单位分散居住，共有 11 个小组。栗子坪村委会在 351 国道下，地势较平，周围民居建筑分布十分密集。该村整体建筑类型、风格、样式以及建筑活动中的各种仪式，都集中展现了区域丰富的文化内涵，是一项重要的人文旅游景观。近年来，随着该村旅游业的发展，政府、村民也在积极采取措施对民居加以保护，开展人居环境治理活动，促进美丽乡村建设高质量发展。

## 第一节　建筑变迁

民居建筑是区域社会历史文化的重要载体，其发展变迁是该地区社会发展演变的重要历史见证。从文献梳理及笔者实地走访调查的情况来看，栗子坪村民居建筑的发展历史大致可分为四个阶段：1949 年以前、1949—1978 年、1978—2000 年、2000 年以后。该村地处鄂西南山区，早期人们以穴居为主。1949 年以前，木房是该村主要居住建筑，也有一些农户家庭经济水平比较落后，以土坯房和毛草棚为居室，被称为"三柱两扁担或三柱两八字"。1949—1978 年间，人们充分利用当地的木材资源大规模修建木房，在结构和布局上发生了很大变化。1978—2000 年间，木房虽然依旧为该村主要居住建筑，但建筑风格更偏向于实用与美观。2000 年以后，随着地区经济条件的改善，砖房、砖木混合结构类的房屋开始陆续出现。

## 一、1949 年以前

　　木房是栗子坪村最具历史文化价值的民居建筑。据笔者了解，当地历史最为悠久的建筑是 8 组 811 号的民居，修建于清朝，具体修建时间未知，一说乾隆时期就已修建，一说修建于光绪年间。[①] 目前，堂屋部分保存完好（图 5-1）。HX 说："早些时候，政府将堂屋分给了何家和陈家，后周家又从陈家买了过来。如今堂屋由何家和周家共用，堂屋两侧的房子都是清朝时期修建的。"[②]堂屋年代比较久远，屋内的主梁明显比后期的主梁要长、大。堂屋的阁楼楼板只装了一半，称为"倒楼"，其一是因为主梁在当地木房中具有非常重要的位置，必须处于看得见的范围；其二是因为过去每逢节庆，村民们会在堂屋举办一些活动，如舞灯笼、舞狮等，楼板的结构才能使他们有足够的空间布置道具和进行表演。表演时，屋内的次梁不会进行任何装饰，且大部分木屋只设主梁，不设次梁。楼板边缘设有楼梭，便于上楼时手扶，地板由原来的石块改成了水泥地。

　　与这座木房差不多布局结构的是民国时期的木房，在栗子坪村 10 组。由于这所房子常年无人居住，外观十分破旧。大门外宣传标语是后来的乡公所所写的，那时候的乡公所属于宋家河村。堂屋大门由六块长木板夹制而成，中间两块可打开。在当地，经济较好的家庭会

图 5-1　清代木房堂屋内部

将大门直接设置成一扇独门，经济条件较差的则用几块木板夹制或用杂草

　　① 访谈对象：HYZ，女，17 岁；访谈人：杨红艳。2021 年 7 月 12 日，栗子坪 8 组 812 号。访谈对象：HX，男，55 岁；访谈人：杨红艳。2021 年 8 月 3 日，栗子坪村 8 组 812 号。
　　② 访谈对象：HX，男，55 岁；访谈人：杨红艳。2021 年 8 月 3 日，栗子坪村 8 组 812 号。

挡住。堂屋内堆满了杂物，是土质地板，设了主梁，堂屋上端的楼板也是"倒楼"形式。堂屋里双合门后有一房间，称为"后浪子"。屋内右侧有一扇门，内设一间卧室。在卧室的墙上，笔者发现贴着一些毛主席语录和报纸，报纸下面贴有20世纪40年代的文件。从房子主人那里了解到，这些文件都是她的爸爸

图 5-2　十三柱十四孔窗户

WXR所贴，当时他的爸爸在村里任副职，并负责一些相关事务。堂屋两侧房内各有一个火坑，地板为木板铺制。墙角上端有一个楼口，上二楼需将木梯搭置。窗户大都是单柱双孔，即九柱十孔、十一柱十二孔、十三柱十四孔（图5-2）。屋顶有的盖毛草，有的盖树皮（沙树皮），也有的盖人工烧制的土瓦。

## 二、1949—1978 年

新中国成立后，随着人口的增长，村民的生活条件不断改善，尤其是在20世纪70年代中后期，栗子坪村进一步掀起建房热潮，主要仍是持续建造木结构房屋，但在结构和布局上发生一些变化。

图 5-3　板　梯

图 5-4　加腰方的窗户

村民的木房堂屋上端的楼板大都会盖全，这样不仅可放置其他杂物、阻隔灰尘，同时冬季更加御寒。堂屋两侧的耳干门处还会设置一个矮门，又称

为"腰门",既能够阻挡牲畜,又有利于室内通风换气。另外也有村民会在耳干门上开一个小门,相比于矮门,外观更加简洁,同时又节省了木材。火坑内通往二楼的楼口改成了板梯形式(图5-3),有的还会在板梯处设一道门。家里如遇红白事,一般都会在堂屋举办,所以堂屋的大门通常设置成了三扇门,大门上端还有一排气窗或九宫格窗户,便于采光。双合门上方有一座神台,也称为神龛,主要用于供奉祖先牌位或其他神灵,如观音、财神等。逢年过节,村民们都会在神龛上摆上纸钱、酒肉,以示对祖先和神灵的敬畏。

图5-5 屋 脊

这一时期逐渐出现吊脚楼式的木房,这是鄂西土家族地区一种典型的建筑形式,当地人称为"转角楼",既可以晾晒东西,又可成为人行过道,牲畜一般圈养于吊脚楼下。窗户在原来的单柱双孔的基础上增添了一根腰方,横置于窗户正中间(图5-4),既有加固窗户作用,同时又可以起到防盗效果。木房屋脊的正中间,人们常会用古罗钱压屋脊(图5-5),据瓦匠WXQ介绍:

> 古罗钱用到的瓦个数也是具有一定讲究的。首先瓦选择的是手工烧制的瓦,且必须保证光滑,如果瓦片不光滑,在盖的时候也需要用瓦磨平,也就是把大的颗粒磨平。另外在最上面的瓦个数必须是双数,六个或者八个。旁边呈现的是左手拖着金狮子,右手拿着聚宝盆,双手合着古钱,寓意凤凰散枝,和气生财。再就是古罗钱的位置必须设置在屋脊正中间,也是堂屋上端正中间,有一屋正三邪的寓意,一旦主人家有什么不好的事,这个古罗钱就会帮他们家度过灾难。但是如果古罗钱塌了,这个家就会有不好的事发生。设不设古罗钱,主要是根据主人家的意愿,我曾经给别人捡瓦时,主人家要求弄一个古罗钱,在磨瓦的时候,出现了火花,我当时心里也想到了肯定这家会发生一些什么事,果然不到半年,这家的房子就被火烧了。[①]

---

① 访谈对象:WXQ,男,65岁;访谈人:杨红艳。2021年7月15日,竹屋山庄。

从 WXQ 的讲述中，我们可以知道农村地区一般对屋脊的设计比较重视，不仅仅追求是美观，也是他们的民间信仰体现。此外，这一时期木房的地板都是采用木板铺制，屋顶仅有少数是用树皮覆盖的，绝大多数是手工瓦。

## 三、1978—2000 年

这一时期是栗子坪村木房建造的又一热潮。此时大部分的木房都设有吊脚楼，屋脊压有富贵花、双龙抢珠等不同式样的古罗钱状形制。木房的第二层也就是堂屋大门上方，有的村民会根据中柱的高度在上面设一个走廊或一扇门，一般设走廊中柱高度要求 6～7 米，也有的只是设了罗檐，将屋顶上的床角遮住，这样就使得房屋看起来更加美观。随着经济条件的改善，大部分木房都用水泥或者瓷砖做地板，既易于打扫，又能够防潮。窗户多是采用土家传统万字格或喜字格窗户，板梯有的也换成了耐用的铝合金材料。村民如果开有农家乐，常会把二楼也改设成房间。堂屋一般不会再设主梁和倒楼，而是选择六柱四棋结构并设次梁。为了追求美观，次梁的颜色也各具特色，梁柱还会写上各种标语，如爱国、敬业、团结、勤俭等。次梁的两侧有看棋和挑，看棋底部雕有各种各样的图案，如金瓜、五角星、花瓶等，一些图案雕刻工序复杂，花费时间长，所以师傅的工钱也相对较高。看棋上还会写上各种对联，如"青山绿水美如画，翠柳红绿披彩霞"；"同心协力为家园，勤劳致富是根本"；"艰苦围成黄金字，勤奋铺出富裕路"；"家兴人旺全靠国兴，安定团结稳如泰山"等。衔接在看棋下的挑也会雕刻出鸭嘴、狮子头等各种造型，房子的侧边一般还会挨着修一间或两间厢房，即"一正一厢"或"一正两厢"，显得房屋更加宽敞，同时还有挡风的效果。这期间整体建筑风格更倾向于实用和美观。

## 四、2000 年以后

随着乡村社会经济的发展和交通的改善，从 2000 年开始，栗子坪村公路沿线出现许多砖房，木房逐渐减少。究其原因，首先，由于木工活较复杂，木匠师傅越来越少。其次，修建木房需要大量木材，对木质要求较高，用于中柱和屋梁的木材已非常稀少。复次，修建木房人力、物力耗费较大，成本相比于砖房要高出很多，因而许多村民宁愿修砖房。

砖房在外观及色彩上与木房有很大区别，外观主色大部分采用白色，角

图 5-6　安置房

线砖的颜色往往偏向于用蓝色或者黄色,大部分都是三间两层,占地面积
90多平方米,如果家中人口较多或开有农家乐,一般设为三层,占地面积
140多平方米。砖房一楼分为堂屋、厨房、杂物间,梯间通常是木质扶梯,二
楼设有卧室、客厅,客厅大都会吊顶,且每一层楼设有一个卫生间。二楼上
端的边缘设有天沟,用于排水、护墙。由于砖房的楼梭采用的是木料,天沟
处往往会设置一条陡檐,并在其外部用铁皮包住,主要是为了防止虫蛀或燕
子筑窝。屋顶两端设成翘檐式,一律用黑色瓷瓦,屋脊线采用白色。房屋正
门处有的还会增添两根罗马柱,显得非常气派,比较讲究的家庭还会在房屋
左侧修建停车棚。安置房也是当地典型的砖房,据 TP 介绍:"栗子坪村的
安置房修建,第一是为了利用栗子坪村的乡村旅游,把最偏远、最需要发展
且没有住房的农户给落实进来;第二是为了结合该村的乡村旅游建设,把边
缘上、景区当中和准备建景区的贫困农户都纳入精准扶贫建设当中,优先安
置。"①安置房一律采用翘檐、黑色瓷瓦、木格窗户、深青色角线砖、白色墙、
红色屋线,总体与当地土家传统民居建筑风格保持协调(图 5-6)。

---

① 访谈对象:TP,男,48岁;访谈人:杨红艳。2021 年 7 月 10 日,栗子坪生态酒店。

这一时期，砖木混合结构的房屋也开始出现。这类结构房屋的修建有的是因为一些农户家中人口较多，房屋不够宽敞，便挨着原有的木房修一间砖房，用作厨房或火坑，或供牲口住；有的是由于一些农户家原有木房经过长期风吹日晒，木柱、楼板都已腐朽，便修建水泥柱代替了原来的木柱，地板则用水泥或者瓷砖铺制；有的是为了防潮、加固，往往会在木房外再加一层水泥或者里面一层用水泥修砌，外部再用树皮或木板包住，与其他木房风格整体保持协调（图5-7）；有的家庭为节省木材，房屋一层建成砖房，第二层或楼板及罗檐常采用木板夹制。另外还有的家庭为节省木材，房屋一层建成砖房，第二层或楼板及罗檐常采用木板夹制。

图 5-7　砖木混合结构民居（1）　　　　图 5-8　砖木混合结构民居（2）

村中比较有特色的砖木混合结构当属栗子坪生态酒店，外观大气又具土家传统民居建筑风格。该酒店属于现代民宿，之所以叫生态酒店，首先，是因为栗子坪的环境优良，生态酒店与当地的环境相协调。其次，是在设计上减少了城镇别墅的样式风格，修建时结合了当地土家传统民风民俗。酒店选址根据传统风水依山而建，建筑主色采用当地的栗子色，与周边的民居建筑保持协调，两侧采用土家木质的独栋干栏式建筑，屋顶是灰色瓦，白色做脊线。门窗、栏杆、柱子都是木质的，同时为了还原木材自然面貌，外层还涂了一层木蜡油。房间的木格扇是喜字纹或者回纹样式，为了增强其艺术性，房间内部吊顶采用土家传统式吊顶，大堂顶部也全部采用自然原木色，前台背景墙选用了具有土家文化主题的背景，餐厅使用格栅窗和条形玻璃窗，以便增加通透感。家具则是现代与土家样式结合，总体上呈现出古典又大气的风格。

**图 5-9 竹屋山庄**

　　此外,在 351 国道旁的竹屋山庄是一栋独具特色的民居建筑(图 5-9),房屋主要用砖、竹子、木板三种材料修建而成。据 WF 介绍:"房子选在这个位置最主要的原因是 351 国道的开通,最初他们并没有想要设计成这个样式,而是想建一座两层三间的房子,加一个梯间和一处修车场。看到村里旅游逐渐发展起来,他们想到开农家乐要比修车厂赚钱。此时她和丈夫常常外出奔波,看到其他地方有这种竹子样式的房子,于是想到这是一种非常有特色的建筑,回到家中便和父亲商量也修一栋这种类似的房子。"①WXQ说:"房屋对于竹子的要求是十分讲究,直径至少要有十厘米,还需用刨子修整至光滑,再用钢钉将竹子和砖固定在一起。里面用砖,主要是起到稳固作用。外面用竹子镶嵌,第一具有美观效果,第二竹子自带香味,游客在吃饭时闻到竹香,能够带来一种舒适感。"②竹制类的建筑个体主要有一座亭子和两间房,亭子上还设有小亭子式的构造,用于排风排热,圆锥形的房盖主要是用于排水。烟雾由地下通道排出,同时还设有竹窗、竹子吊灯。为了防

---

① 访谈对象:WF,女,41 岁;访谈人:杨红艳。2021 年 7 月 13 日,栗子坪村竹屋山庄。
② 访谈对象:WXQ,男,65 岁;访谈人:杨红艳。2021 年 7 月 15 日,竹屋山庄。

止竹屋倾斜,竹子的排列用横竖结合方式。随着村里旅游的发展,游客的增多,山庄便加修了一层两间的木房,成本大概十几万,采用万字格木窗、木制走廊和瓷瓦,形成了砖、木、竹三种材质混合结构的建筑。

表 5-1　栗子坪村木房、砖房、砖木混合三种结构的民居建筑

| | |
|---|---|
| 木房 | 1 组 11 号、1 组 16 号、1 组 17 号、2 组 18 号、3 组 6 号、3 组 10 号、3 组 16 号、3 组 17 号、3 组 18 号、3 组 42 号、3 组 83 号、4 组 8 号、4 组 10 号、4 组 13 号、4 组 15 号、5 组 510 号、5 组 511 号、5 组 529 号、6 组 15 号、6 组 16 号、6 组 29 号、7 组 723 号、7 组 725 号、7 组 729 号、7 组 730 号、7 组 732 号、7 组 733 号、7 组 734 号、7 组 736 号、8 组 802 号、8 组 803 号、8 组 804 号、8 组 810 号、8 组 811 号、8 组 812 号、8 组 813 号、8 组 814 号、8 组 818 号、8 组 823 号、8 组 824 号、8 组 825 号、8 组 831 号、8 组 840 号、8 组 844 号、9 组 901 号、9 组 902 号、9 组 906 号、9 组 915 号、10 组 1002 号、10 组 1008 号、11 组 1102 号、11 组 1104 号、11 组 1106 号、11 组 1108 号、11 组 1109 号等 |
| 砖房 | 2 组 16 号、2 组 19 号、3 组 19 号、3 组 20 号、5 组 503 号、5 组 507 号、5 组 508 号、5 组 512 号、5 组 517 号、5 组 519 号、5 组 253 号、6 组 603 号、6 组 609 号、6 组 610 号、6 组 611 号、6 组 617 号、6 组 623 号、6 组 625 号、6 组 627 号、6 组 631 号、6 组 634 号、7 组 50 号、7 组 51 号、7 组 52 号、7 组 53 号、7 组 54 号、7 组 55 号、7 组 56 号、7 组 57 号、7 组 58 号、7 组 59 号、7 组 60 号、7 组 61 号、7 组 62 号、7 组 63 号、7 组 64 号、7 组 65 号、7 组 66 号、7 组 67 号、7 组 68 号、7 组 69 号、7 组 70 号、7 组 71 号、7 组 72 号、7 组 73 号、7 组 74 号、7 组 75 号、7 组 76 号、7 组 77 号、7 组 78 号、7 组 79 号、7 组 80 号、7 组 709 号、7 组 717 号、7 组 718 号、7 组 721 号、7 组 724 号、7 组 727 号、7 组 737 号、8 组 815 号、8 组 834 号、8 组 835 号、8 组 839 号、9 组 904 号、9 组 912 号、9 组 914 号、9 组 918 号等 |
| 砖木混合结构 | 1 组 12 号、2 组 15 号、3 组 15 号、4 组 15 号、4 组 409 号、4 组 414 号、5 组 502 号、5 组 509 号、6 组 602 号、6 组 608 号、6 组 615 号、6 组 621 号、6 组 623 号、6 组 624 号、6 组 625 号、6 组 626 号、6 组 628 号、6 组 632 号、7 组 710 号、7 组 711 号、7 组 726 号、7 组 731 号、7 组 745 号、8 组 808 号、8 组 809 号、8 组 820 号、8 组 825 号、9 组 904 号、10 组 1003 号、10 组 1006 号、10 组 1012 号、11 组 1107 号、11 组 1111 号等 |

据笔者调查,截至 2021 年 8 月,栗子坪村木房、砖房、砖木混合三种结构的民居建筑具体分布情况如表 5-1。由表可见,木房主要分布在该村的 7 组、8 组,砖房主要分布在 6 组、7 组,砖木混合结构类主要分布在 6 组,其他小组三种结构的房屋均有分布。总体来说,栗子坪村以组为单位分散而居,其中 5 组、6 组、7 组、8 组民居建筑较为集中,1 组、2 组、3 组、4 组、9 组、10 组、11 组民居建筑分布较为稀疏。

# 第二节　建筑类型

由于受到自然、地理、民族习俗等因素的影响,该地形成了具有山地特色和传统土家建筑风格的民居建筑,从居住类型和空间布局形态来看,主要有三种类型。

图 5-10　独栋"一"字形民居立面图(笔者自绘)

## 一、独栋"一"字形

独栋"一"字形的民居普遍存在于传统农业社会聚落中,这类民居建筑布局紧凑,多为三开间,即"一明两暗","明"为中间的堂屋,"两暗"指的是两侧的耳干。堂屋作为整座房子的中心,是操办大事时用来迎接宾客、祭祀祖先的场所,通常打扫的十分整洁,逢年过节也会在堂屋两侧贴上对联。堂屋的神龛上,有些家庭还会设一个火焰板,目前所发现的火焰板大部分都没有写字。笔者从一位退休的老教师 HGL 那了解到,火焰板主要是用来表示家族的来源,他的家族早期是从安徽庐江迁过来的,所以火焰板上写的就是"庐江世家",但现在多数都用十字绣或牌匾代替火焰板。耳干用作火炕和厨房,火炕一般熏有腊肉,下雨天也可用于晾晒衣服。上端

图 5-11　三间两层式砖房

的楼板间有空隙,既可通风、排烟,又可用于烘干粮食。堂屋的神龛后还有一间房,也就是前文说的"后浪子",通常作为卧室。随着社会的发展,这种"一"字形民居建筑衍生出了许多形式,有的在两侧添加厕所、车棚、牲畜棚等附属用房,有的增加房屋层数,形成三间两层式、过挑廊式(二楼设走廊)。盖瓦时底层采用沟瓦,利于排水。整体色彩以当地主色栗色为主,辅助色为浅棕色和木质棕色,建筑风格是以黑瓦搭配的土家传统木房。后来出现的砖房大多采用这种三间两层式的平面布局,只是用料不同。

图 5-12　吊脚楼

## 二、吊脚楼式

吊脚楼是鄂西南地区土家族的主要建筑形式,是根据当地的地形条件、木多土少、潮湿多雨等自然特点而营建的传统山地建筑。栗子坪村依据地势而建的吊脚楼(图5-12)属于"半干栏式"架构,呈底部架空的特征,主要是为了防潮,保持整座建筑通风干燥。根据这种空间特征,以前村民通常会在底层堆放木材、生产工具或者圈养牲畜。随着社会的发展进步,为了追求干净整洁,大多数村民会把畜房隔开,将其设在屋后或其他地方。上端形成一个平面与正屋连接,形式多样,"一正一厢"型的吊脚楼称为单吊式,平面呈"L"形,又称为"钥匙头"(图5-14"L"形民居,图5-15"L"形民居立面图)。"一正两厢"型的吊脚楼称为双吊式,是撮箕形口,叫作"三间两搭厢"。由三间正屋和两间厢房组成的三合院形式,平面多成"U"形,布局变式可为开放式前庭,在当地有"聚财气、人气"的说法。房屋设成"单吊还是双吊",主要是根据农户家庭经济条件和人口需要而定。由于地势的局限,堂屋通常处于平整的台地上,两厢根据地势坡度架空,且长短规模不一,能够起到很好的防潮、通风效果。

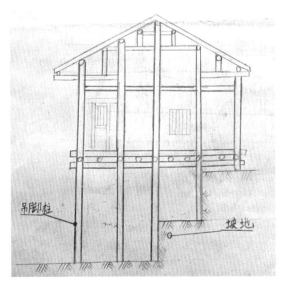

**图 5-13　吊脚楼立面图**(笔者自绘)

图 5-14　"L"形民居

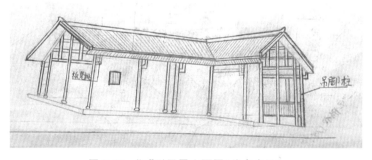

图 5-15　"L"形民居立面图（笔者自绘）

## 三、传统院落式

　　传统院落式的民居建筑是以中轴序列进行建筑空间组织的布局方式，南方地区多采用火山墙的形式，结构体系和功能布局灵活多变。栗子坪村传统院落式的民居建筑按形态划分，主要有三合院落式、四合院落式两种。三合院落式（图 5-16）与吊脚楼形成的"一正两厢"具有密切联系，建筑体呈"凹"字形。四合院落式即四面均由房屋围合，平面呈"回"字形（图 5-17）。该房屋在栗子坪 8 组，据房屋户主介绍，正屋已有 100 多年历史，由于家中弟兄较多,经济条件不好,在分家时自然就顺着正屋在两侧修了房子,形成现在这种四合院落式的民居类型。相较于北方典型的四合院,这种围合形式并不十分紧凑,有较大的开放空间。

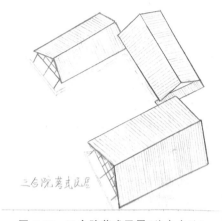

图 5-16　三合院落式民居(笔者自绘)

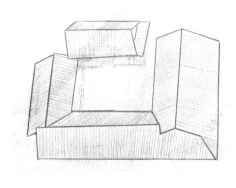

图 5-17　四合院落式民居(笔者自绘)

# 第三节　建筑仪式

在当地民居建筑中,木房的修建过程十分复杂,需要消耗大量的人力、物力。当地人十分注重传统习俗的沿袭,如选址、动土、排扇、上梁等。砖房除了选址,装饰和整体布局也尤为重要。砖木混合结构类的房屋与砖房修建程序大致相同,下文主要对木房和砖房的修建过程展开阐述。

## 一、建筑过程

### (一)木房修建过程

木房修建过程大致分为选址、设计房屋、动土、平整地基、立扇子、上梁、封顶盖瓦、装板壁八个程序。首先是选址,在农村地区,村民坚信木房的选址与整个家庭的兴旺密切相关,一般建房前会请风水先生来负责选址。第一看山势,常选择撮箕形,又称"U"字形,即背面、两侧均靠山,或者选择山脊延伸的方向;第二需考虑采光条件,主要根据太阳的东升西落是否会照射到房屋的背面和正面进行选择;第三看望向,房屋一般以堂屋为正,望向东南或东方，一定不能朝向北方。当地有这样的说法，"北风照堂，家败人亡"，而且也不能望向笔直的白岩，村民认为堂屋望向白岩壁，家中的人会不精壮，因而会避开白岩修建房屋。选好地址后，东家便和掌墨师一起设计房子，包括房屋的建筑风格、面积、房间数、高度、柱棋数等。接着就是动土仪式，其中木材的砍伐非常重要，尤其是中柱和屋梁，需请先生看日期，分析哪些日期适合修建房屋，接着对这些日期的喜神、财神等的方位进行测算，确定合适的时日。再就是砍木材，头一天东家需好酒好肉招待砍伐师、风水先生，并提前准备香、纸、肉。第二天砍木材时，中柱和屋梁木必须又大又直，且四季常青，砍的过程需一鼓作气砍断，寓意东家一帆风顺。其他的木材没有特殊要求。将屋梁和中柱抬回后，需放在木马上，用刨子、料锯锯掉多余部分并磨平，遵循"住房尺寸不离八，畜房尺寸不离六"的原则。然后将木材按照用途进行分类，并根据长短再用凿子打孔、榫。木料准备好后，掌墨师开始用墨斗画线，屋梁和中柱的画线顺序由正面向四周展开，根据画线的痕迹，再用刨子修整。主梁通常还需开梁口，在这一过程中师傅边说吉利话边压钱进去，这钱不可再拿出来。梁口开好后开始排扇，一般情况选择五柱三棋：前檐柱、前金柱、前大棋、中柱、后大棋、后金柱、后小棋、后檐柱，按照这样的顺序排好扇子。第二天开始立扇子，这个过程非常隆重，木匠 ZH 说：

> 立扇子大概需要三十几个人，师傅一边说话，其他的帮工有的拿梯子，有的拿木头齐力立。接下来就是上梁，上梁过程是非常喜庆的，梁上了后师傅开始抛各种吃的和铜钱。周围的邻居也会前来拜梁、贺梁。到这里房子建造大部分已经快完成了，接下来就是封顶，装楼梭，一间房大概需 12 根楼梭，装好后开始盖瓦。剩下就是装门、夹板壁、铺楼板、地板和屋内部的装修。①

## (二)砖房修建过程

修砖房的过程大致分为选址、挖地基、立柱子、砌墙、倒板、砌墙、封顶盖瓦、装修。主要用到的工具有钢卷尺、挖刀、搓板、大锤、钢剪、锄头、刨子等工具。修砖房也需看风水选址，和木房的选址原则一致，背靠山，向阳，沿着山脊走向。此外，砖房选址还需测量土质，收集选址地的泥土并烘干，看其重量是否发生了变化，变化小的承重力则较好，适合打地基。地址和日期选

---

① 访谈对象：ZH，男，58 岁；访谈人：杨红艳。2021 年 7 月 17 日，栗子坪村浩浩农家。

好后，然后便开始动工挖地基，基坑整体长大概18米、宽8.5米，用钢卷尺量好再用木桩和石灰做标记，接着便用锄头沿着标记挖槽，一面墙挖一个长槽，挖好后需用水泥、石头、沙混合搅拌将其填平，在每个槽的棱角用砖和石头打柱子，外部用钢筋做圈梁。随后开始砌墙，长短不一的砖块需用挖刀锯齐整，每两个砖的衔接处都要敷水泥，一面墙大致12块砖的高度，宽6米。底层的墙砌好，并打好梯间后，接着倒

图 5-18　搅拌水泥

图 5-19　盖　瓦

板，大概一个月后开始砌第二层的墙，然后把水泥、石灰水混合搅拌（图5-18），用搓板对墙进行抹面。房间上端用沙木架棱，每间房13根。棱架好后封顶盖瓦（图5-19），主要是盖瓷瓦，木房有的盖琉璃瓦，有的盖手工瓦，屋脊常会用双龙抢珠、富贵花装饰。接着就是装修刮涂料，颜色一般选择白色。屋内的门多为木制，大门则是铝合金制。二楼客厅需进行吊顶，在这之后就是安装水电。待所有程序结束后，屋主就开始乔迁新家，整座砖房修建也就

告一段落了。①

## 二、仪式活动

民居建筑在修建过程中，一般会举行一些仪式活动，尤其是木房的修建过程常会涉及动土仪式、上梁仪式，主要是为了庇佑屋主在建房、居住的过程中一帆风顺。以前一些屋主在新房竣工后还会举办乔迁庆祝活动，现在由于移风易俗工作推进，竣工乔迁的庆祝活动多已取消。

### （一）动土仪式

动土仪式一般是在房屋准备挖地基的前一天举办，在这之前必须请师傅来选择日期和地址。日期选定依据二十八星宿，即井、鬼、柳、星、张、翼、轸、角、亢、氐、房、心、尾、箕、斗、牛、女、虚、危、室、壁、奎、娄、胃、昴、毕、觜、参，其中好的星宿有角、箕、斗、尾、房、毕。二十八星宿代表二十八种动物，星宿好就是好的动物，它们做好事就代表好日子。选好代表好日子的星宿后，然后从十二建日（除、建、满、平、定、执、破、危、成、收、开、闭）中选出建、满、平、执、成、开这几个好日子，其中被、破是坏日子，称为"壁日和破日"。再根据选好的星宿和建日，分析出哪几个日期适合动土。接着便是确定某个日期中的方位，房屋的方位朝向，尤其是堂屋的朝向是非常重要的。师傅们选方位根据宅西有路，财神光顾；宅北有龙，前程无穷；宅旁有砂，财富到家；屋前绿化，有利开运；西北有树，财运光顾等原则。所以大门朝向东、东南、南、西北表示吉利方位。住宅一般选择在坡路之上，象征着高端。坡路之下一般表示末端，接近尽头，所以即使地势低，人们也会选择在坡路之上建房，保证在本方位内能够一览无余。师傅选好动土的日期和地址后，还根据房屋样式用石灰在选址处做上标记，然后东家便在动土前一天设供桌祭拜、上香祭祀。贡品主要有猪肉、酒、豆腐，用来敬鲁班师傅，当地称为"楼板师傅"。有的还会祭拜财神、喜神等神灵。供桌摆好后，师傅们就需上香叩拜，并说些祝语，有条件的还会燃放鞭炮。第二天便请工人开始动土，即使当天下大雨也需确定好的方位用锄头挖一挖，预示着一切顺利。②

---

① 访谈对象：WXQ，男，68岁；访谈人：杨红艳。2021年7月17日，栗子坪村竹屋山庄。
② 访谈对象：ZYM，男，67岁；访谈人：杨红艳。2021年7月19日，栗子坪村猕猴桃合作社。

### (二)上梁仪式

在木房修建过程中,上梁是最重要的一环,主要有伐青山、收青山、刨梁、开梁口、升梁、抛梁七种步骤。在不同阶段,师傅会说不同的仪式语。首先做屋梁的木材必须高大、粗壮、通直且四季常青,一般沙树或椿树是首选。砍梁树也称为"伐青山",砍之前东家需在树下烧纸和香,以示对楼板师傅的敬仰。据 WXM 介绍,砍梁木时师傅会说:

> 走在青龙山上,长在八卦头上,张郎拿斧砍,楼板拿尺量。楼板先生下凡来,将将一丈八尺八长,正好做东家的主梁。①

砍的过程中必须一气呵成,预示东家整个修房过程一帆风顺。砍完梁木后将其抬回,称为"收青山"。抬回家中时不能直接放在地面,需用木马架住,一方面是由于屋梁是堂屋的主干,堂屋又是供奉祖先和神灵的地方,不能受到亵渎;另一方面,在当地主梁是整栋房子的"信仰核心",即使分家也不会分堂屋,所以常常会有几兄弟共用一个堂屋的情况。然后师傅开始用短刨和长刨修整屋梁,此时师傅边刨边说:

> 此梁此梁,生在何处?长在何方?何人看见你生?何人看见你长?别人拿去无用处,唯有东家做主梁。一对木马两个桩桩,一把斧头灵镜反光,一把改锯来来晃晃。木马一对恰似鸳鸯,曲尺一把横量直量,斧头一把铲得四四方方,刨子一去刨得平平坦坦。墨线一根弹在中央,大尺量来三尺三,小尺量来丈把长。②

用刨子打整好后,有的家庭如果设看梁,师傅就需要用料锯把屋梁一分为二,一块做主梁,一块做次梁,主梁面积大于次梁。接下来就是主梁开梁口,这时候需要两个师傅分别站在主梁两端,再用凿子在各端凿一个孔,然后将用红布穿好的铜钱放于洞中,表示万年牢固,两边的师傅边放边念道:

> 凿子斧头拿到手,东家请我开梁口,你开东来我开西。梁口开得深,子子孙孙坐朝廷。梁口开得窄,子子孙孙坐朝客。③

---

① 访谈对象:WXM,男,78 岁;访谈人:杨红艳。2021 年 7 月 17 日,栗子坪村 3 组 8 号。

② 访谈对象:WXM,男,68 岁;访谈人:杨红艳。2021 年 7 月 17 日,栗子坪村 3 组 8 号。

③ 访谈对象:ZYM,男,67 岁;访谈人:杨红艳。2021 年 7 月 19 日,栗子坪村猕猴桃合作社。

这是对子孙后代升官发财的祈愿。梁口开好后就是排扇、立扇,在立扇前一天,堂屋中间需摆上八仙桌,并设三杯酒、槽头肉,第一杯酒敬楼板师傅,第二杯、第三杯酒敬楼板师傅的徒弟。当地还有一种说法,第二杯酒代表东家,第三杯酒代表周围的邻居。此时师傅需要捉一只公鸡并将鸡血分别滴于三个杯中,鸡血呈圆状或者直线寓意是比较好的。第二天开始立扇,立扇子开始前,师傅左手拿着公鸡,右手拿着斧头,然后开始说道:

> 东边一朵祥云起,西边一朵紫云开,楼板先生下凡来。楼板先生拿起一只鸡,此鸡、此鸡不是非凡鸡,别人拿来无用处,弟子拿来止煞气。一止天煞归天去,二止地煞土里藏,年煞、月煞、日煞、凶煞、恶煞、有雄鸡来止煞……①

然后将雄鸡的鸡冠掐下来,在中柱上写下一个28笔画的字,由雨、车、斤、耳和另外两笔组成,一个笔画代表一个星宿。接着师傅又开始说话:

> 日出东方一朵莲,东家请我来起扇。先起东来后起西,子子孙孙穿朝衣,万力发堂一齐立。②

说完之后,师傅立即用斧头一敲,喊一声“起”,其他帮工便一齐发力立扇子。立好扇子后,接着就是升梁,为了体现东家对主梁的重视,还会邀请亲朋好友、左邻右舍前来观看道喜,整个场面鞭炮齐鸣,唢呐高响,热闹非凡。升梁一般选择家庭兴旺的,没有落单的人。主梁的两端用绳子套住,师傅说一句,升梁的人就上一步梯:

> 一步天长地久,二步地久天长,三步荣华富贵,四步金银满堂,五步五字登科,六步六合成双,七步齐声恭贺,八步状元回乡,九步久久长寿,十步万年成双。③

这些上梁仪式语有着“家庭幸福美满,子孙后代当官发财”的寓意。上完梁后,师傅则站在梁上“抛梁”,主要有梁粑粑、喜糖、铜钱、饼子。据悉,饼子在当时是一种珍贵的食物,若抛梁时有此物,可判定屋主的经济条件较为宽裕。铜钱多为一块八、八块八、十八块八,总之,不离八,寓意大家都能

---

① 访谈对象:WXM,男,78岁;访谈人:杨红艳。2021年7月17日,栗子坪村3组8号。

② 访谈对象:ZYM,男,67岁;访谈人:杨红艳。2021年7月19日,栗子坪村猕猴桃合作社。

③ 访谈对象:ZYM,男,67岁;访谈人:杨红艳。2021年7月19日,栗子坪村猕猴桃合作社。

"发"。当师傅朝着四周抛撒时,会说:

> 站在梁头高又高,手拿粑粑把梁抛。一抛五谷大丰收,二抛四季把财招。抛了东头抛西头,左抛左发财,右抛右发财,不抛自发财。①

此外,师傅还会对东家说一些话:"快过来,主人家,送你一对大金瓜,自从今日落成后,坐进华堂好发家。你要富还是贫？要健康还是疾病?"在这个过程中,众人会弯下腰低头捡钱、糖、饼,故又称为"拜梁"。抛梁完成后,师傅们开始下梁,这也是整个上梁仪式的最后一幕。师傅们先谢东家,再谢众人,然后便翻身下梁。

待师傅们下来后,开始放鞭炮、吹唢呐,以示上梁结束。木房修建过程中举行的上梁仪式既能够展现出人们对美好生活的向往,同时又体现了人们对辛勤劳动成果的珍视。仪式过程中的笑声、喝彩声以及祈求庇佑的语言更是增添了乡村生活乐趣,也是维系邻里情谊的重要媒介。但随着现代化进程的不断加快,人们建房观念的改变,各地民居建筑样式、风格趋于雷同,建房仪式的功能逐渐弱化甚至消失。

# 第四节　建筑保护

近年来,栗子坪村许多木房由于年代久远,出现了漏雨、房屋倾斜、柱子腐坏等问题。在政府帮扶下,村民开展了修缮维护、危房改造、厕所革命等活动,不断美化乡村生活环境,加快美丽乡村的建设步伐。

## 一、日常维护

在日常生活中,村民会根据房屋出现的具体问题采取一些保护措施。早些年,家庭经济条件比较好的,会购买桐油对木房进行刷漆。桐油使用前需用火加热到一定温度才可使用,但现在桐油成本较高,且桐子原料也较稀少,大部分的村民都是用市售漆,加水按一定比例稀释,然后涂在房屋表面,或者直接打农药,达到防虫的效果。此外,以前地板多是木质,随着年代增加,地面逐渐变得凹凸不平,因而一些村民铺地板时,会先将地板用料锯、刨子等工具修整好,并通过高温蒸、煮,干燥冷却后再铺,这样既牢固又不易变

---

① 访谈对象:WXM,男,78岁;访谈人:杨红艳。2021年7月17日,栗子坪村3组8号。

形。最近几年,许多家庭都对木房内部进行了装修,大部分地板改成了水泥地或铺上了瓷砖,既美观又易于打扫,还可防潮。

## 二、建立保护区

据 HKT 介绍:"最初栗子坪村发展的整体规划是在 2009 年提出的,主要是保护传统板壁屋。如有漏雨、倾斜等现象,便重新捡瓦、换瓦或拆除重建。"① 为了村落整体协调、美观,有些家庭即便是修了砖房也会要求贴上一层木板或树皮。随后连续几年都在进行大大小小的木房维修、建造。为了突出村寨的特色,提高整体的视觉效果和美观感,各家各户在维修房屋时,政府还会提供一定的指导和资金补助。

图 5-20　捡　瓦

2016 年,栗子坪村开始建立木房保护区,主要是针对瓜蒌湾一带现有的 38 户木房。首先,是整体维修,有损坏或存在危险性的房屋,如木柱有严重腐朽、裂缝,房屋出现严重歪斜,较大范围塌陷,墙体严重开裂,漏雨则需要进行重新修建。其他情况只需换柱、换瓦、捡瓦(图 5-20),并进行喷漆、防腐、防潮处理。其次,是尽可能保持现有木房的堂屋、火炕、卧室、厨房的原

---

①　访谈对象:HKT,男,73 岁;访谈人:杨红艳。2021 年 7 月 16 日,栗子坪村委会。

貌。最后,严格按照美丽乡村和清洁家园的建设原则,对房前屋后进行打扫、种花、除草。经过维修和改造,瓜蒌湾一带共有 32 户土家木房得以完整保存下来,另外几栋由于破损严重,为安全起见已被拆除。此外,在村干部的带领和倡导下,村民们积极保护现存木房,为整个村寨的发展打下了良好基础。随着新农村建设逐步推进,乡村旅游日益兴旺,村干部与村民还将会为整个村寨的发展做出更多的努力。

## 三、危房改造

据 XDD 介绍:"栗子坪危房改造主要是针对精准扶贫工作中确认的贫困户。大致从 2013 年开始,到 2016 年 3 月,共完成民居保护、维修、木板屋改造 90 户。"[①]危房改造首先是需确定房屋的基本信息,包括结构形式、层数、墙体材料、瓦片材料等。其次是根据房屋各个部分:地基基础、承重墙、木柱、梁、木架屋、混凝土柱、梁、屋面等,对房屋整体危险状况加以评定,分为 A、B、C、D 四个等级。房屋危险状况为 A 级时,表示整体没有损坏,各个部分基本完好;为 B 级时,表示轻微破损,轻度危险;为 C 级时,表示中度破损,中度危险;D 级严重破损,严重危险。然后对房屋抗震构造进行评定,分为基本完备、部分具备、完全没有三个标准。最后对房屋整体评定等级,建议房屋是否加固重修或拆除新建,C 级应加固修缮,D 级应拆除重建。危房改造分为自建和统建,但主要是以自建为主。如果家庭确实困难且有统建意愿,则由政府挑选施工队统一改造。重建部分根据当地习俗、气候等实际情况,制定细化面积标准。改造的资金一部分为农户自筹,另一部分是当地政府根据房屋改造的方式、建设标准、成本需求和补助对象自筹资金的能力,并严格按照相关规定进行分类补助,改造完成后还需要相关工作人员进行审查、验收,达到验收合格的标准才能得到资金补助。危房改造还包括 2017 年灾后受损的砖房和木房。自受灾后,村干部和全体村民上下一条心,积极投入灾后房屋重建工作中,全面排查受损房屋,清除房前屋后淤泥,修复破损的墙壁,尽最大努力恢复村民的正常生活。[②]

## 四、厕所革命

为解决农村厕所污染问题,改善人民群众生产生活环境,提高生活质

---

① 访谈对象:XDD,女,31 岁;访谈人:杨红艳。2021 年 7 月 23 日,栗子坪村委会。
② 访谈对象:XDD,女,31 岁;访谈人:杨红艳。2021 年 7 月 23 日,栗子坪村委会。

量,加快美丽乡村建设步伐。2016 年至 2020 年间,栗子坪村对化粪池、厕所进行了改造。实施原则主要有三点:第一,广泛宣传,积极引导村民养成良好卫生习惯,提高环保意识;第二,强化分类指导,尊重村民意愿,积极宣传发动有条件却无意愿建厕的村民,做到应改尽改;第三,切实保证质量,严格按照统一设计、统一施工、统一验收的程序。[①] 厕改方式分为新建和改建,地下部分主要为出土开挖,用材有砖、沙石料、钢筋、水泥、过粪管等;地上部分包括大便器、冲水箱以及衔接部分安装等,需支付安装工资、工资运费、措施费、税费。村户如有精力和时间可采用自建方式,修建完成后由政府进行验收,验收实行"实地精确评分"和"一票否决"制,同时强化资金保障,验收合格则提供一定的资金补助,最高不超过 2000 元。此外,为建设美丽乡村,栗子坪还积极开展庭院建设和清洁家园建设活动。庭院建设主要为了提高农家乐的基础设施和配套服务功能,对农家乐新修的鱼池、走廊、花台等进行改造;清洁家园活动由村干部带头,积极号召宣传,鼓励村民争做清洁家园建设者,自觉清理自家房前屋后杂草杂物,保持干净,屋内物件摆放整齐,随时能够接待游客。这些环境治理活动由局部到整体循序渐进,有效地改善栗子坪村的人居环境,促进了美丽乡村的建设。

总之,栗子坪村民居建筑具有明显的地域特色和浓厚的乡土气息。建筑艺术别具特色,展现了土家人民的民风民俗,是土家民族文化的重要载体,更是栗子坪村乡村旅游发展的重要资源。

---

① 五峰土家族自治县"厕所革命"工程建设指挥部办公室文件。

# 第六章

# 饮食服饰

　　饮食、服饰作为人类物质文明发展过程中的产物,是民族文化的重要组成部分,在人们的生产中占有十分重要的位置,它在一定程度上满足了人们的精神和物质上的需求。土家族在历史发展的长河中,由于受到自然环境和生产力水平等多重因素的影响,逐渐发展形成属于自己本民族的特色饮食以及服饰文化,反映了土家族人民的智慧。随着社会经济文化的不断发展与变迁,人们生产生活水平的不断提高,栗子坪村的日常生活也发生着重要的变化,其中在饮食、服饰等方面有十分明显的体现。

## 第一节　饮食文化

　　每个民族、每个区域都有自己独特的饮食习惯,且经过长期的演变而形成独具特色的饮食文化,如特色菜、酒桌礼仪以及饮食的禁忌等。栗子坪村受地理环境、气候以及海拔等各方面因素的影响,在长期的生活中形成了以玉米、土豆为主,小麦、荞麦等杂粮为辅的饮食结构。除此之外,他们还喜食酸食、腌菜以及干菜,几乎每家每户都有腌制好的各种酸食,如藠头、泡菜、炸广椒、豆豉等,一般是当配菜或下饭菜食用。除此之外,农户还会囤积一些能够加工和晾晒后便于储存的蔬菜,如黄花菜、四季豆、青菜、洋芋果、洋芋片等,以备不时之需,或冬季用于煮火锅。中华人民共和国成立以后,随着国家发展日新月异,栗子坪村民的生活水平也逐渐提高,日常饮食也由单一向复杂、种类稀少向种类丰富发生转变。当地村民的饮食结构由过去以玉米、土豆为主到以大米为主食发展,并且在长期的饮食文化习惯和生活经验下,形成具有本区域特色的饮食习俗。

### 一、奇异的玉米

玉米被称为"苞谷""玉蜀黍"等,大约在 16 世纪中叶,玉米传入中国并在中国的饮食结构中占据着重要的地位。由于玉米具有惊人的繁殖能力与强大的适应能力,很快被引入本地区。随着玉米的迅速传播,其种植范围也逐渐增大。在很长的一段时间里,玉米在该地区的饮食结构中享有重要的地位。《长乐县志》载:"邑人多以苞谷酿酒喂猪。"①,可见玉米作为这一地区重要的粮食作物,不仅可以食用,还能够用于酿酒喂猪。经过民众勤劳与智慧的摸索,将玉米的用途发挥得淋漓尽致。

玉米是高海拔地区的重要粮食来源,人们所种植的玉米大多数时间都是自给自足,鲜少出售。早期栗子坪村民种植过水稻、小麦、荞麦等,但是因产量不高,以及小麦、荞麦制作、食用过程复杂等问题,种植面积逐渐减少。玉米跟其他农作物不同,它的生长能力和适应性极强,适合在高山上种植。其营养丰富,味道也香甜可口,方便加工又容易贮藏,在食物匮乏的年代,可直接代替大米饭来食用。尤其是改革开放以前,村民的一日三餐主要吃的就是苞谷饭。在日常饮食中,他们将单一的玉米转化为各种各样的吃法,其中烧、煮、蒸、炒、炸等是当地比较常见的吃法。在夏秋之交,还未完全成熟的玉米的吃法就很多样,新鲜的嫩玉米取下来后,人们可以煮食整个玉米棒或者掰成几个小节煮火锅,或者玉米直接烧着吃,或者烤着吃。另外,玉米粒长得比较饱满之后,村民还会将其做成玉米粑粑食用:一般是将玉米粒剥下来后,磨成玉米浆,和面时与灰面或者其他黏性的面粉混合,然后使用芭蕉叶或者玉米叶子包裹着,制作成三角形或圆形饼状的"粑粑",可以直接煎食。当村庄里有人拉着炸爆米花的机器过来时,很多村民都会拿着自家的苞谷去打爆米花,或是赶集时拿到镇上打。农闲时节或临近过年的时候,村民都会熬玉米麻糖食用,或者将完全成熟后的玉米粒剥下来,晒干磨成玉米面,或是玉米渣儿食用。直至今日,当地村民仍有在烹制米饭时加入一些玉米面的习惯,这样的米饭也被称为"金包银"。过去能够吃得起苞谷蒸大米饭的都是经济条件比较好的人家,普通人家一般直接蒸玉米面饭食用。玉米叶子或杆子主要用来喂养羊、鹅等家畜,也可以用来包裹制作食物,或是

---

① 长乐县志校补编纂委员会编:《长乐县志》,宜昌:三峡电子音像出版社,2014 年,第172 页。

晒干后作为燃料使用。平时,人们还会使用青玉米须煮茶喝,具有较强的利尿作用,同时也有祛风除湿的功效。可以说,玉米浑身都是宝。

图 6-1 玉米粑粑

图 6-2 金包银

玉米除了充当主粮,还可以酿苞谷酒或做甜玉米酒。甜玉米酒一般在临近冬天的时候制作,因为如若夏天制作,天气炎热,则不方便保存,放两三天就会变质。所以甜玉米酒在冬天制作,可存放较长时间。甜玉米酒的做法并不复杂,首先把玉米粒推磨成玉米渣,然后放到锅或笼上蒸,熟后加入酒曲捂两天就可以食用。当地一般是加水煮食或者炒来吃,以吃热食为主,夏天也会做成冰酒。同时,栗子坪村人还喜饮苞谷酒,遇红白喜事或有贵客来访时,多用苞谷酒来招待客人。但

图 6-3 甜玉米酒

随着社会的发展,当地除了苞谷酒,还有其他白酒、啤酒、猕猴桃酒等。如《长乐县志》所记载:"邑惟产苞谷酒,上者谓堆花烧。又土户张、唐、田、向四姓家酿咂酒,其酿法:于腊月取稻谷、苞谷并各种谷配合均匀,照寻常酿酒法酿之。酿成掺烧酒数斤,置大瓮内封紧,俟来年暑月开瓮,取糟置壶中,冲以

白沸汤,用细竿吸之,味甚醇厚,可以解暑。"① 又如《五峰县志》中提到土家族人很喜欢喝苞谷酒,即使遭遇饥荒,也会用一种叫"丁芭蔸"的东西代玉米酿制苞谷酒。他们喝酒十分的豪爽,将一根细竹竿插入坛子,直接用嘴吸食,而称之为"咂酒"。② 在今天的栗子坪村,只有一户人家还在酿酒,已经不是传统的酿制方法,使用的是现代酿酒机器代替传统制酒方法,主要酿制高粱酒。村民平时在祭祀或宴席上都会以苞谷酒祭拜或招待宾客,例如村民 WXY 表示,儿女结婚前一天晚上,会邀请与儿子或女儿相好的青年男女,也叫陪十弟兄或陪十姊妹,围桌行酒令。以前的老人还会边咂酒边唱歌,一般是在喜庆节日或有贵客来访时表演。如今已经失传,如演出则要外请专门的班子来。③

随着经济的快速发展,玉米已由过去的主食逐渐转换为现在的辅食。以前置办酒席常吃的是苞谷饭,现在都是煮食大米饭。但是玉米依然还是备受当地村民的喜爱。玉米面在他们的餐桌上是最常见的,比如会使用玉米面做炸鲊广椒、裹上猪肉做粉蒸肉等。除此之外,像玉米粑粑、金包银等特色食品被搬上了当地农家乐的餐桌。总之,当地村民在长期以玉米为主的饮食结构中,哪怕其作为主食已经被大米替代,但人们却也习惯性地将这种食物制作成新的食品来食用,并且保留着对玉米特殊情感记忆。

## 二、百变的土豆

土豆在 1650 年传入中国,在我国又称洋芋、马铃薯等。其中关于土豆传入土家族地区的时间,有学者认为其于嘉庆或道光年间被引种到武陵地区,之后于咸丰至同治年间,土豆在武陵地区广泛种植,基本完成推广。随着土豆在武陵地区的广泛种植,其逐渐成为当地重要的粮食作物,与玉米等其他杂粮构成民众的主要粮食来源。如鄂西南地区,"邑境山多田少,居民

---

① 长乐县志校补编纂委员会编:《长乐县志》,宜昌:三峡电子音像出版社,2014 年,第 172 页。

② 湖北省五峰县地方志编纂委员会编:《五峰县志》,北京:中国城市出版社,1994 年,第 583 页。

③ 访谈对象:WXY,男,77 岁;访谈人:王祖英。2021 年 7 月 30 日,栗子坪村 8 组 844 号。

倍增,稻谷不足以给,则山上种……洋芋、荞麦、燕麦,或蕨蒿"。① 又如《长乐县志》载:"洋芋有红、乌二种,红宜高荒,乌宜下隰。高荒二月种,六月收。下隰腊月种,四月收。"②可见当时土豆不仅可作为一种粮食补充,同时人们也已熟悉土豆习性以及其种植的时间和方法。

栗子坪村在清代已经普遍种植土豆。在日常生活中,栗子坪村人对土豆保持着一种特别的执着与热爱,土豆是他们日常饮食和餐桌上必备不可少的一道美食。因此,在栗子坪村大多数人家都会种2至3亩的土豆,种植的土豆基本是自给自足的状态,很少有售卖的情况。6—7月份是土豆最佳的成熟期,村民们大多会于这个时间段开始挖土豆。在土豆的贮存方式上,村民们根据生活的经验与饮食实践,创造出了许多独特的方式和方法,确保来年收成前还有可食用的土豆。在物资匮乏的年代,土豆是高海拔山区的主要农作物,也是当地村民的主粮之一。

随着社会发展,村民们对土豆的利用方式从单一走向多元,不仅把它当成主食,还将其变为餐桌上独具特色的菜肴。如《长乐县志》所述:"洋芋本蔬类,日久则一坏渐次皆坏……洋芋打粉市布棉杂货,以有易无,于民较便,故烧熬之禁只宜行于歉岁。洋芋打粉售卖,例无此禁。"③可见当时土豆不仅是主食,还是菜类,由于不易存贮,人们利用土豆淀粉量充足、黏性较强的特点,制作土豆淀粉拿到市集上进行售卖或是交换布匹。时至今日,栗子坪村人依然保持着制作土豆淀粉的传统技艺,当地村民大多是在七月中下旬的时候开始制作土豆淀粉。例如村民FKJ所述:

我们种植约2亩的土豆,挖好存贮的土豆有2000多斤,一般是选取一部分新鲜的土豆制作土豆淀粉。用来加工的土豆一般都比较小,其他比较大的主要用来制作干土豆片或炒土豆丝等。其中土豆淀粉的制作过程是,首先是把土豆洗净备用,再将洗好的土豆一勺一勺地投进粉碎机或石磨中打成粉,但现在石磨皆已被弃用,基本使用的粉碎机。在打粉时,要边放水边打,这样粉不容易卡住机器,而且浆水更浓郁。

① 长乐县志校补编纂委员会编:《长乐县志》,宜昌:三峡电子音像出版社,2014年,第171页。

② 长乐县志校补编纂委员会编:《长乐县志》,宜昌:三峡电子音像出版社,2014年,第171页。

③ 长乐县志校补编纂委员会编:《长乐县志》,宜昌:三峡电子音像出版社,2014年,第171页。

其次是过滤。一般事先将准备好的纱布、糖架、绳子系好，做成一个过筛器。一般需要四至五个人帮忙，一个人负责过筛，一个负责倒土豆浆，另外一个人负责倒清水。过滤时，要掌握一定的技巧，必须力道均衡地往同一个方向上下打圈、摇匀。而且每倒入一次土豆浆，至少需要5盆清水，以此循环往复；直到把所有浆水过滤。过滤完毕，需要静置沉淀2个小时，之后把黄水倒掉，加入清水搅拌均匀，进行二次过滤。经过第二次过滤后，就需要开始漂洗，一般要漂洗4至5次，直到没有黄水即可。最后，是沉淀成型的土豆淀粉用刀切成块状，然后将一整块的土豆淀粉拿到铺有塑料薄膜的木板上进行晾晒。大概需要晒一周后弄成粉末状再继续晒干，干了的土豆淀粉可以存放一两年。①

图 6-4　制作土豆淀粉

经加工后的土豆淀粉更加耐放，容易贮存。并且制作好的土豆淀粉可以用于售卖、送亲友，或是作为日常的菜品食用，如洋芋粑粑炒腊肉、溜溜粉、鸡蛋皮子、土豆粉条、土豆淀粉糕、冲粉等，或是在酒席上做成肉卷。同时，土豆淀粉还可以熬成糖，需要加麦芽子一起熬煮，熬出来的糖呈白色，一般在过年的时候制作，如今已经很少有人家会自己熬糖食用。制作土豆淀

① 访谈对象：FKJ，64岁；访谈人：王祖英。2021年7月20日8点30分，栗子坪村7组723号。

粉时过滤掉的土豆残渣也会被利用,一般当作猪食或肥料。而加工后的土豆粉已成为当地的土特产之一。

图 6-5　晾晒中的土豆淀粉

图 6-6　洋芋粑粑

　　在栗子坪,土豆的吃法多种多样,最常见的吃法有炕、炸、炒、煮、蒸等。当地村民除了将土豆制作成淀粉食用之外,还会做干洋芋片和洋芋果。其中干洋芋片的吃法丰富,而且易于保存,较受当地村民的喜爱,一般是油炸或煮食,最常见的吃法有炸三样(洋芋片、花生米、干辣椒)、煮火锅。不论是在自家日常餐桌,还是红白喜事宴席上,都常会炸一份洋芋片。干洋芋片的制作方法简单,主要是将新鲜的洋芋去皮、切片,后下水煮六七分熟,再使用清水漂洗干净,经晒干后即可制作成菜肴。洋芋果与干洋芋片的制作过程一样,都需要去皮洗净,下水煮,然后拿到太阳下暴晒一至两天的时间。在日常饮食中,洋芋果多在冬天时用来炖腊排骨,新鲜的土豆大都会切成丝或片炒来吃,常见的有青椒炒洋芋片、炸广椒炒洋芋片和炒土豆丝。或者直接切成丁,用油炒后再加上水焖熟当作主食,也有把土豆与玉米一起蒸来吃的,俗称洋芋苞谷饭。其中黄金土豆又称炕土豆,是当地的传统美食,因土豆淀粉量充足,其味道香甜软糯、可口。有些时候,村民会炕上一大锅黄金小土豆,直接食用。总之,一个小小的土豆,经过村民的智慧开发,将其创造成了各种各样的美食吃法。比如村民 YXZ,[①]经营着一家农家乐,在其满目琳琅的菜肴中,仅土豆一种食材就有土豆糕、土豆饼、土豆丝、番茄土豆丝汤、夕阳红火锅、黄金小土豆锅等十来种做法。又如村民 TL 曾经做十八道

--------

　　① 访谈对象:YXZ,女,55 岁;访谈人:王祖英。2021 年 7 月 11 日,栗子坪村兴鑫农家。

全洋芋宴用来招待客人,据其表述,当时的客人认为比较特别,大鱼大肉也经常吃得到,他们入乡随俗,品尝大山里的味道。①

图 6-7　晒干的洋芋片

图 6-8　晒干洋芋果

图 6-9　炸三样

---

① 谈对象:TL,男,50 岁;访谈人:王祖英。2021 年 7 月 17 日 10 点 32 分,栗子坪村 6 组。

### 三、烟熏的腊肉

腌腊,是古代流传下来的一种加工技艺,有十分悠久的历史。因为人们大多于农历腊月时候杀年猪,并且腌制熏制猪肉,因而称之为腊肉。在中国,腊肉是贵州、四川、湖北、湖南、云南等中南、西南地区的特产,主要是将新鲜的猪肉、鱼肉等食物通过烟熏或者风干的方式进行加工处理,以此达到对食物的防腐和贮存作用,但不同地区熏制做腊肉的口味也不尽相同。

肉食文化是各民族饮食文化中的重要组成部分,其中猪肉作为一种常见的肉类,在大多数民族的日常饮食、民间信仰或礼俗等方面都扮演着重要的角色。栗子坪村人肉食主要是以猪肉为主,日常生活中多食用腊肉,但在特殊或重要的场合中主要使用新鲜猪肉祭祀,如春节一般都以新鲜的猪头肉祭祀门神,其他的节日如元宵、端午节、七月半等也都会使用猪肉祭祀祖先。其中杀年猪,又称"宰猪节",是当地的传统习俗。随着时代的发展与变化,栗子坪村仍然保持着杀年猪的传统习俗,基本每户人家都会养年猪。每年到农历腊月的时候,村里的家家户户都开始张罗着杀年猪的事宜。杀年猪期间,村子里置办的宴席都比较隆重、热闹、喜庆。当天,男女都会各自分工,在男同胞忙活着切肉、剔骨的时候,妇女们则穿梭在厨房内忙着准备杀猪宴的饭菜。抬格子是杀猪宴的一道特色菜,每逢杀猪节,村民都会制作粉蒸肉。此外就是用猪的不同部位各做一道特色菜,如使用猪肝、猪血、猪肠、五花肉等煮豆腐心肺汤或是爆炒猪肝,再配以其他素菜。剩下的猪肉就用来制作腊肉与腊肠。在以前,家里如果没有年猪会很没面子,很可能会被别人瞧不起。因此,在栗子坪,几乎每家每户都至少喂养一两头以上的年猪,以储备足够一年食用的腊肉。过去杀猪时,基本上是亲戚或邻里之间相互帮忙,但现在,人们会直接按头来计算,雇请杀猪人帮忙宰杀。每家每户一般都会至少宰杀一两头肥猪,大多数是留着自家食用,较少用于交易。例如村民 WXQ 家中饲养的有六七头的猪,全部都宰杀后熏制成腊肉,由于经营着一家农家乐,平时这些肉是提供给客人或自家食用,但有客人想要购买时也会出售。[①] 栗子坪村村民十分喜食腊肉,并且依然保留着熏制腊肉的传统。

---

① 访谈对象:WXQ,男,65 岁;访谈人:王祖英。2021 年 8 月 2 日 10 点,栗子坪村竹屋山庄。

《五峰县志》载:"土家族人喜食腊肉,入冬将鲜肉腌制后,挂于火炕上,以柴烟熏干,挂通风避光处风干,制成腊肉,可经年不坏。"①笔者在调查期间,发现栗子坪村几乎每户人家都有一个火塘,上面挂满了熏制好的腊肉。

其熏制的腊肉,色泽鲜明,肉质鲜红或暗红,味道奇香。腊肉的制作方法如下:把猪肉切成数块,再将切好的肉块抹上花椒和盐,放入一大盆中,盖上盖,盖子上再压上重物。大概一周后取出,挂在灶头或火塘上。一般先使用柏树枝或松树枝熏烤几天,因为柏树枝熏烤出来的腊肉特别香。肉熏好后,再取下来挂到屋梁上。挂在灶头上的腊肉一般不会取下来,天天用烟火熏烤,要食用时就直接割下来。腊肉放一年以上也不会变味,可以供家人日常之需。腊肉除了日常自食外,很大一部分

图 6-10　熏制的腊肉

是用来招待客人。村民常以"砣砣肉"待客为敬,且以腊肉多少论贫富。家人干活劳累归家后,亦吃砣砣肉,俗称"打牙祭"。

随着旅游业的发展,栗子坪村大多数村民都会养猪,到年底仍会杀年猪,制成腊肉过年,也有少部分土家人不杀猪,而是到镇上买猪肉回家熏制腊肉。同时,现在的栗子坪村村民的生活逐渐富裕,其食物也变得丰富了起来。除了食用腊肉,鸡鸭鱼肉等也是土家人日常喜爱的菜肴。

---

①　湖北省五峰县地方志编纂委员会编:《五峰县志》,北京:中国城市出版社,1994 年,第 583 页。

## 四、土家特色菜

### (一)十碗八扣

十碗八扣是土家族地区最隆重的筵席,是指十碗菜用大碗装的,其中八碗属于"扣菜",出菜讲究顺序和方位。例如在《王氏家谱》里,专门记载着十碗八扣的菜名和出菜顺序,传统的菜名主要有扣肉、扣粉蒸肉、扣豆腐、扣糯米或粟米、扣排骨、扣鱼块、扣土豆丝、扣粉块、豆芽菜、黄花菜。出菜的顺序为,一炒,二辣(羊肉和牛肉),三圆(丸子),四蹄(猪蹄子),五花(黄花菜),六粉(粉条),七心(肚、肝),八肺(心肺),九蒸(蒸肉),十扣(扣肉)。一般

图 6-11　十碗八扣

逢年过节,以及红、白事时才请厨师师傅烧制。据村民 WXY 所述,十碗八扣摆放的桌子必须使用八仙桌,桌面一般是三镶,用单数的板子镶起来,两边的板子宽中间的板子窄,然后桌子摆在堂屋时要横着放,不能竖着放。吃席时,有专门负责烧菜的师傅,出菜也有负责托盘和撤席的人,每次只能托两盘,负责撤席的人守在八仙桌旁负责摆菜,端菜的不能放菜。分上席、下席,一般上席摆三道菜,中间四道菜,下席三道菜。[①]

我们通过村民 WYF 得知,现在跟以前做菜已经不同,使用的是圆形桌子。以前红、白事的时候基本是做十碗八扣,其中结婚和办满月酒十分讲究餐桌礼仪。摆菜时,十碗八扣的口子要对着堂屋,如果不对着堂屋那就是关门席,相当于贵客来了还没吃上饭就赶人走,容易引来的闲话。同时,座位也十分讲究,需要按身份的高低、辈分的大小来区分座位,身份比较高和辈分比较大的长辈坐在上席或下席,其他陪客只能坐旁席。结婚正席,当天丸

① 访谈对象:WXY,男,77 岁;访谈人:王祖英。2021 年 7 月 13 日,栗子坪村 8 组 844 号。

子、糯米要放上席，第二天撤席换到第十个，据说是这颗圆子落了的意思，意蕴着所有的事情都圆圆满满，象征新郎、新娘婚后的日子里都生活美满、幸福，不会有任何遗憾。猪蹄子也要换到下席，因为猪"肘"带有谐音"走"的意思，正席摆在上席有欢迎亲朋好友到来的含义，撤下席那就是欢送亲戚好友，希望他们回家路上可以平平安安、顺顺利利。另外的扣肉、头子、猪肝、猪肺四碗摆放中间，正所谓"碗碗不离中，碗碗不离东"。也就是上第一碗菜时，要先摆到中间的位置，待第二碗上来，就要把第一碗菜向东边移动。上第三碗菜的时，第二碗也要往东边放，而第一碗此时摆在东边，其余的菜也是按同样的方式摆放到其对应的位置中。

在十碗菜当中，还有一碗头子菜。头子菜主要是从八碗扣菜中每样取一点，合在一起煮。先做好这一碗菜，然后端去给客人们吃，吃完就立刻收回厨房，再上十碗八扣。一般比较富裕、讲究体面的人家才会上这一碗头子菜，普通人家基本不会弄。头子菜先上有两个方面的原因：一是安席；二是让大家知道今天的席都有哪些菜，这席办的好不好。上席时，头子菜一般先放到桌子的边角，而不放中间，如果是结婚当天，还会有司仪主持，上头子菜时司仪就会带着新郎站到桌子旁边，然后念一句："茅屋边宅，座位不恭，新科（新郎）敬仪（鞠躬），各位客人一起用菜。"念完才把这碗菜推至桌子中间，请所有客人用菜，在出第二碗菜时，要把头子碗撤回厨房。

在栗子坪村，如今不论是办红事或白事，都已经不同于过去使用方桌、上菜讲究顺序方位和菜品。笔者调查期间，有幸参加栗子坪村的满月宴，满月宴前一晚，东家主要是请来一些帮忙的乡邻用餐。由于当地把主人家称作老板，后面也就以老板相称。以前，村子里大大

图 6-12　满月宴酒席

小小的事情是请乡邻厨师帮忙做菜，现在一般是请专业的厨师团队。这次满月宴，老板家请的是五峰县城叫南门乡厨的专业服务团队，共 4 人，负责

正席和撤席的菜肴。正席当天，一点钟接到外公、外婆后开席。厨房挂着一块锣，每上一次菜都要敲打一次锣，此时坐在正门右侧的唢呐队开始吹上席的曲子，当有人结束用餐撤席便吹撤席的曲子。酒席上的菜肴十分丰盛，仅火锅就有三个，另外还有扣肉、扣糯米、扣南瓜、粉蒸肉、炒牛肉等十三样配菜，以及一些饮品如苞谷酒、饮料等。可以看到，现在的栗子坪村在饮食上还保留有十碗八扣的一些菜谱，但是此时的他们已经不再使用八仙桌，也没有了繁琐的饭桌礼仪，很多人是随意选择座位直接坐下，同时基本改用碟子盛菜而不使用碗装。

## （二）抬格子

图6-13　抬格子

抬格子，又称"蒸笼""粉蒸肉"，是土家特色菜之一。栗子坪的村民都比较热情好客，每当有贵客来访时，他们就会拿出土家最具特色的抬格子来招待贵客，他们认为客人远道而来，不能怠慢，只有做上好的饭菜才是最好的待客礼仪。因此，在栗子坪几乎家家户户都会制作粉蒸肉。其中村民 YXZ 开着一家农家乐，菜单上写着土家特色菜"抬格子"。据其所述，以前由于经济条件不好，村子离县城又远，很难有新鲜的猪肉，所以只有杀年猪的时候才弄抬格子，以宴请帮忙的亲戚好友吃顿好的饭菜。现在除了杀年猪做抬格子，平时如果家里来了客人，也要做抬格子招待，有的时候也是有客人主动要吃这道菜。

抬格子的配料有新鲜猪肉、洋芋、苞谷面、南瓜、红薯、料酒、花椒粉等。制作过程如下：(1)将蒸笼洗净，泡水待用。以前多用木制的格子，使用前都要先用水泡，现在也有买不锈钢的。(2)新鲜猪肉切成大片，倒入料酒、花椒粉、辣椒等搅拌均匀，腌制大约 20 分钟，拌上苞谷面裹均匀。(3)南瓜、洋芋和红薯分别去皮，然后切块，拌上苞谷面。(4)将提前洗好的蒸笼内部垫一层纱布，并将南瓜、洋芋、红薯平铺在格子里，然后再把猪肉片一排一排的铺上，两边放大块肥肉，中间放排骨。（5）待一切准备就绪，开始烧柴火猛蒸45分钟，转中小火继续蒸20分钟即可。

## （三）合 渣

合渣又称懒豆腐。其制作方法简单，首先，是把黄豆用水浸泡半小时，等待其完全泡发之后，再将黄豆掺和着水放倒进石磨口中，然后慢慢研磨，直至磨出液体状的黄豆浆；其次，是将磨好的黄豆浆倒入锅里，烧柴火煮开，并搅拌至浆汁变浓稠时，加入切好的白菜叶，小火慢熬。之后可根据个人口味加入适量的盐或者油等其他佐料，或者不加任何佐料，做素的合渣菜。合渣一年四季都可以制作和食用，所以很受当地村民的喜爱。

过去，合渣是当地村民的主要日常菜肴之一。现在，合渣作为农家特色菜也被搬进了餐馆。在调查期间，房东家时不时就会做一盆合渣，拿作汤菜吃。而在一些村民的家里，会直接

图6-14 合 渣

当作一道菜，配一点炕土豆，就是一顿午餐。据村民说，合渣可以放置几天，让其变酸，叫酸合渣。但多是在冬天的时候才会做酸合渣，因为冬天可以放置十余天，再配上辣椒、猪油、盐等调料，烧火煮着吃，则又是另外一种味道。而夏季天气比较炎热，平时出去干农活回来，就想吃清淡一些的合渣。过去想吃一顿合渣，还得用石磨磨，比较费事。现在只需要用豆浆机打一打，然后放白菜叶煮一下就可以吃了，所以平时想吃合渣了就直接做，吃不完的放冰箱里留到第二天当早餐。

# 第二节 服饰文化

服饰是区分和判断一个民族的重要标志,其承载着民族文化的精髓。土家族人在历史的长河中,创造了丰富多彩的民族服饰文化。改革开放以来,现代文明的飞速发展加快了民族文化之间的融合,随着时代的变迁,如今在许多少数民族居住的村寨里,穿着民族服饰的人越来越少,大多数人都穿上了现代的服装,本民族的传统服饰成为只有在节日活动或旅游接客时才穿的礼仪性服装。随着土家族地区社会、经济、文化等的发展,土家族服饰在民族交往交流交融过程中也发生了巨大的改变。值得注意的是,了解这些传统服饰所蕴含的故事、情感以及制作工艺的人越来越少。

## 一、服饰的历史变迁

土家族人的服饰款式从男女一式到男女有别,逐步被普通服饰所替代,日趋现代化、流行化。在清代改土归流以前,男女都曾上穿短衣、下着长裤或筒裙,赤足椎发,装束一样。此时期土家族人的传统服饰喜斑斓服色,男女服饰不区分。

清代改土归流后至民国年间,伴随着政府改革的推进和外来文化的冲击,栗子坪村村民逐渐与其他民族交往、融合,在此过程中,他们的服饰也发生了很大的改变。其中男女的装束呈现差异化,"男子穿对襟衣,衣袖小而长,不绣花边;裤子短而大,白布镶作腰。女子服饰样式增多,上衣有大襟银沟、三股筋和露水衣等类型,下装有筒裙、百褶裙、背裙等类型"①。可见在外来文化的影响下,区域男女服饰有所区分,女性服饰款式逐渐丰富多样。

中华人民共和国成立至改革开放前,栗子坪村人还普遍着传统民族服饰。当时,上衣主要穿大襟衣、大襟背褂和对襟衣,下装主要为白色裤腰大肥裤,脚穿布鞋、草鞋。随着生产生活的进步,一些比较时髦的服装如制服走进了栗子坪村人的日常生活,部分村民开始逐步放弃自己的传统服饰。在 20 世纪 50 至 60 年代,村中人多穿着传统民族服饰,到了 20 世纪 70 年代,除了一部分老人,已经很少有人会穿土家特色服饰,年轻一代的穿着跟现代服饰已经没有多大差别。例如村民 HGL 老人说:

---

① 王希辉:《土家族传统服饰变迁及其当代启示》,《民族艺术研究》2008 年第 2 期。

在他十五岁以前曾经穿过对襟衣和草鞋，裤子比较肥大，穿的时候需要把裤腰两边翻起对折，再系上绳带，这样裤子就不容易掉落。自从上学后是穿的制服，主要为中山服、青年装、解放服等，其中穿的最多的就是青年装。20世纪60年代以后，穿的服装就跟现在差不多了，只是布料不一样，那时候的布主要是卡其布、天蓝卡，颜色比较单一。当时，何老师的母亲为其缝制了一条松紧裤，老人称当时算是比较洋气的，因此喜欢得不得了。到20世纪70年代的时候，开始使用涤卡、涤良、涤纶等比较好和高级的面料。在此之前会有一些专门从事卖布料的商贩，他们挎着一个包从外面到村里卖布，那些布是他们自己纺的粗蓝大白布。大概只有三四十厘米宽，买回后则根据自己喜欢的颜色，从商店中再购回一些染料，或是直接就地取材使用植物来加工染成蓝色、黑色或是青色的布。①

图 6-15　女子大襟便衣背褂

图 6-16　男子大襟便衣背褂

在村民 WYL 的家中，她依然还保留着传统的民族服饰大襟便衣背褂，

---

① 访谈对象：HGL，男，70 岁；访谈人：王祖英。2021 年 7 月 28 日，栗子坪村 2 组 15号。

衣服颜色为黑色,右边开襟,长布扣。其中衣服内里填充的是棉花,一般是冬天时穿。这件衣服是 WYL 20 岁时请村里的裁缝帮其制作的,现在已经有四十多年了。然而现在她都已经不再穿这种衣服,只是一直存放着,平时都穿现代服装。

又如村民 ZJY① 所述:

图 6-17　土家族男子服饰

　　她十三岁的时候,跟着师傅学习一个月的制衣、修剪衣服和裤子。一个月后,她便开始上手为别人缝制衣物,做有 40 多年的时间。在改革开放以前,村里还很多人找她做衣服,有做便衣的,也有做中山服的。但后来人们不再穿传统的服装,其他的衣服也都可以购买,很多人一般也只是修改一下衣服、裤子,只是有个别的来找帮忙做便衣。后来,便不再专门从事这个职业,只有当有人找她的时候才会做。尤其是到了 20 世纪 90 年代的时候,就也只是帮人缝衣服或者修改裤子。当时,已经普遍流行穿中山服这些,除了一部分的老人穿大襟,年轻人都不喜欢穿。

可见在 20 世纪 50 至 70 年代初,栗子坪村村民还普遍穿着传统民族服装,但随着外界服装的涌入,此时传统民族服装已开始呈现出多元化、现代化的特征。

改革开放以后,土家族地区发生了翻天覆地的变化,人们的生活水平不断提高,栗子坪村作为土家族聚居村寨也随之发生了巨大的改变。因此,进入 20 世纪 70 至 80 年代以后,随着社会生产力的飞速发展和社会供应的日益充足,新一代的年轻人开始改穿现代服饰,传统的民族服饰因为穿戴不方

---

① 访谈对象:ZJY,女,68 岁;访谈人:王祖英。2021 年 7 月 23 日,栗子坪村栗香园。

便被逐渐取代。其中裤子最先被大家所弃用。但当时仍有少量的老人还穿戴传统服装。之后，越来越多时髦的服装传入当地，一些年轻人已经逐步淡化了对传统服装的穿戴，更多地选取了当时比较流行的喇叭裤、牛仔裤、西装等，甚至连先前老人穿戴的头帕，也直接购买机制帽子取代。更是有村民表示，从自己出生起就从未见过传统民族服装，有的很多是老一辈的人在穿戴。比如村民 HX①，他的母亲一直到去世都还在穿戴和保留着传统服饰，主要有绣花的围裙和大襟衣，但在他母亲去世之后便将其所有的衣服按照习俗都烧了。

图 6-18　土家族女子上衣

图 6-19　土家族女子百褶裙

近年来，随着旅游业的发展，人们对传统文化的重视程度不断提高，并对其进行深入挖掘，栗子坪村村民又开始穿土家族服装，但一般也只会在重要节日或者活动的时候才穿戴。但这些服装基本是由集体统一定制和购买的，主要用于表演。平时，村民们几乎没有穿民族服装的习惯，他们普遍觉得这些服装颜色过于艳丽、花哨，穿起来比较别扭。日常生活中常穿戴较为方便和时髦的服装和配饰。村中年轻一辈的土家人已经不知道，甚至没见过自己的民族服装，传统服装制作工艺也已经失传，曾经的裁缝现今也都早已不再制衣。例如村民 FYC，他曾经也是村里数一数二的裁缝，但已有十多年没有制衣。

———————————————

① 访谈对象：HX，男，55 岁；访谈人：王祖英。2021 年 7 月 22 日，栗子坪村 8 组 812 号。

据高三学生 HYZ[①] 的访谈中,她说:

> 从村里开发旅游,村委会在 2014 年时给他们家发了一套现代土家族的服装。在此之前,从未见过土家族的服饰,只有 2016 年村里举办大型活动映山红节、篝火晚会的时候第一次穿上了民族服装。当时,感觉红色的衣服特别鲜艳,穿戴起来很丑,而且与书籍中描述的传统服饰存在很大差异。现代的土家族服饰比较偏现代化和商业化,其服饰在色彩、风格上缺乏朴素。以前,我们土家族还有一种特色织锦"西兰卡普",她们所穿的服装都有这些符号元素,但都已经失传了。平时自己比较喜欢拍照,也会网上购买或者定制比较好看的民族服饰来拍照。但由于村里除了民族节日或活动穿戴之外,没有人会穿这种衣服出去,自己也就只是用来拍照,几乎不会穿出去玩。原因是:一是村里没人穿,衣服不够日常,穿戴出去很别扭;二是服饰过于商业化,面料过厚,没有必要穿戴出去,别人不会在意自己的民族身份或服饰;三是现在的土家族服饰已经不是传统的土家族服饰,是修饰过的,淘宝上都可以随意网购得到的,感觉没那么纯正。现在自己还比较喜欢穿流行服,也会经常买流行服来拍照。日常如果在学校多穿校服,放假期间都会根据自己的喜好选择当下比较流行的、好看的衣服。

综上所述,目前栗子坪村几乎没有人日常穿传统服装,只有在民族节日或是活动的情况下穿,传统的民族服饰已向商业化、符号化的趋势发展。在现实生活中村民们日常所穿着的服装,也已是市面上流行的现代服饰。

## 二、服饰的基本特征

栗子坪村人在漫长的历史发展过程中,创造了属于自己的传统服饰文化。其传统的民族服饰较为朴素,颜色多以青色、蓝色、白色、黑色为主,面料主要是家庭手工自织与染色的粗兰大白布为主,以白虎为图腾。根据《长乐县志》记载:"邑人衣服不尚华丽,富者间有单夹、棉皮、葛夏、绸缎衣服,贫者一年单夹而已。高荒冷地久雨,即暑月亦须围炉,并穿羊皮短褂、棉短袄。

---

① 访谈对象:HYZ,女,17 岁;访谈人:王祖英。2021 年 7 月 10 日,栗子坪村四合院农家。

至妇女,则荆钗布裙,富者首饰亦止银器,无他饰也。"①同时,《五峰县志》中亦提及旧时家织白布用锅灰或化香树熬煮染成"吊灰布"、青布,做衣打粗穿。妇女上衣多大襟衣、圆领、粗袖,襟边、袖口绣以花边,布扣袢子;胸襟扎绣"二龙戏珠"、梅、兰、竹、菊图案,系吊把子围裙。冬间男子均穿长衫,腰扎二幅或三幅围裙。男女裤均宽裆肥裤,且短及臁骨。妇女喜戴手镯、耳环。婚前蓄头或梳辫子,婚后绾转插簪。女子嫁前专习刺绣和彩织,及嫁时两样嫁妆必备:鞋笸及样包。鞋笸须彩篾精编织各种图案,用以装鞋料、针头线脑。样包用丝棉纸裱糊,剪纸装帧,内装鞋样和绣花图案。②

例如村民 HGL 老人讲述:

> 他的母亲曾经有传统的民族服装,大概是晚清后期至民国时期制作而成的嫁衣,在 1961 年时因一场大火被烧毁了。老人回忆道,当时只有一条裙子和围裙。裙子是蓝色的蚕丝绸面料,大约长到脚踝处,裙子的样式为褶皱状(老人讲的应该是百褶裙)。围裙上有绣花图案,底布为蓝色的布,花纹用的白色的纱线,其图案十分漂亮。上面的绣花主要是四角(柱子)和六角的亭子,还有山、有水、有花、有鸟。③

可见土家族人的服饰主要包括头饰、上衣、围腰、裤子及裙子、鞋袜等,喜欢佩戴一些配饰如手镯、耳环、戒指等银饰品。

## (一)头 饰

土家族男女都有包头帕的传统习俗,一般称之为"袱子""包头"。据《五峰县志》所记,"男女喜包'蛮头袱子',或青或蓝或白,宽尺余,长五至七尺不等,呈'人'字形缠头上,左侧垂露寸许"④。可见土家族人喜戴头帕,并习惯通过缠绕的方式包于头上,形成人字形纹路。他们所包的头帕,颜色一般主要有青、蓝、白三种颜色。其头帕长短不一,长的大约有七尺长,短的三尺

① 《长乐县志》校补编纂委员会编:《长乐县志》,宜昌:三峡电子音像出版社,2014 年,第 172 页。

② 湖北省五峰县地方志编纂委员会编:《五峰县志》,北京:中国城市出版社,1994 年,第 583 页。

③ 访谈对象:HGL,男,70 岁;访谈人:王祖英。2021 年 7 月 28 日,栗子坪村 2 组 15 号。

④ 湖北省五峰县地方志编纂委员会编:《五峰县志》,北京:中国城市出版社,1994 年,第 583 页。

多。穿戴时需要折叠成三十厘米的宽度,之后按顺时针方向,一上一下缠绕在头上,多在冬天时穿戴,可以起到保暖、御寒的作用。与此同时,土家族人通过以不同的形式将布包在头上,呈现不同的头饰样式,还具有装饰的功能。虽然土家族男女都有包头帕的习惯,但是包头帕的长度、颜色、缠绕方式等都带有一定的身份标识。比如土家族姑娘婚后才开始包头帕,通常将布对折后包在头上,也有的是包头巾,如村民 WYF 的母亲现今还保存有绣花头巾,白色的头巾底子上面正中间是由菊花图案绣成的正方形边框,并且四角也做正方形,绣着"福禄寿喜"四个字。外边四只角上皆绣有三角形图案以及一些其他符号,但因年代久远已经看不清是什么纹路。另外,土家族女性平时还喜佩戴一些银饰品,主要有镯子、戒指、簪子和耳环,戒指上还雕刻有花纹。还会佩戴假发套,然后在背后把头发盘起,用网子套住,插上簪子。过去女性对盘头发十分讲究,现在都比较随意。

图 6-20  传统绣花头巾

图 6-21  传统儿童瓦帽

土家族服饰文化特征最明显的当属土家童帽,一般有菩萨帽、虎头帽、冬瓜帽、瓦帽等。土家族人相信万物有灵,崇拜白虎,认为小孩佩戴虎头帽,可以驱邪避灾,保佑平安。在栗子坪村村民 XMZ[①] 家中,存有一顶儿童"瓦头帽"。据老人所述,这顶帽子是她的父亲在 1 至 2 岁时所佩戴的,距今已有 80 多年的历史。帽身两侧分别绣有龙图腾、云朵纹样,帽前额头处绣有一动物头像,其图案十分美观。

在栗子坪村人的日常生活中,已经鲜有人会包头帕和佩戴饰品,包头习

---

① 访谈对象:XMZ,女,77 岁;访谈人:王祖英。2021 年 7 月 24 日,栗子坪村 6 组 604 号。

俗基本已经消失。过去佩戴的一些银饰品的习俗也都已经消失,取而代之的是各式各样的配饰,人们也不会过于关注头部的装饰,而是随心所欲。但从过去土家族人包头、小孩佩戴虎头帽等习俗,能够体现土家族人对白虎的崇拜,它们是土家族传统服饰文化的重要组成部分,反映了土家族长期以来的文化信仰和风俗习惯。

## (二)上衣、围腰

土家男性上衣多穿对襟衣和无领襟衣,包括上衣、裤子和头帕,以青色、蓝色、黑色为主,服饰款式简单朴素,没有过多繁杂的装饰。热天男性通常穿着对襟衣和背褂对襟衣,冬天穿长衫,对襟短衣绣有

图 6-22　传统绣花肚兜

七对布扣,长衫一般是十一对布扣,衣襟下部的左右两边各缝制有两个口袋,衣服袖子瘦长。女子服装款式比较多样,上衣穿右开襟的满襟衣,领口处、衣襟、袖口等处均绣有花边栏杆,其中领上镶有三条花边,以布扣锁襟。同时,还佩戴绣花围腰,系上花腰带,这是土家族女性日常生产、生活中最常穿戴的方式。围腰是判断一个女性婚否的标志,不只是用于做家务时防止衣物弄脏,并且是一种装饰品,土家族的围腰分为挂式和扣式两种,传统的土家族围腰常为蓝色、青色的土布。但栗子坪村民普遍印象都停留在大襟衣、大襟裤,另外还有绣花肚兜。在栗子坪村 WYF 家中,他的母亲拿出了20 岁时绣的肚兜,黑色的底子上面绣着鲤跃龙门的图案,这种具有土家文化的图案元素,正是典型的土家"西兰卡普"图案元素。然而西兰卡普在栗子坪村并没有传承下来,村中的妇女不会编绣"西兰卡普",基本已经面临着失传。

## (三)裤(裙)

土家族男性下装主要以裤子为主,没有老年、青壮年之分,大多数穿白色裤腰的青色或蓝色长裤,裤腰肥大,裤脚大且短。女性的下装分为长裤和裙装两种,裤装为宽筒绣花栏杆式长裤,它是土家族女性下装的主要款式之一,腰部宽松,裤子肥大,并在裤脚处镶嵌着绣花栏杆。裙装主要有百褶裙、筒裙、八幅罗裙、响铃裙等,是土家族女性下装的重要组成部分。在栗子坪村,目前的民族服饰主要是从市面上定制购买而来。虽然在颜色上较传统服饰更鲜艳,但大多也是继承传统服饰的元素,并结合现时代的服装元素,以符合大众审美、舞台表演进行设计而成的。

## (四)鞋　袜

鞋袜古称"足衣"。土家族的鞋履种类,比较有特色的主要是草鞋、千层鞋、气口鞋、绣花鞋垫等。土家族草鞋,过去一般由草、麻混合编制而成,比较粗糙,不耐穿,夏天男性喜穿草鞋进行日常的生产劳作和上山打猎。但现在,随着生活水平的提高,人们基本不再穿草鞋,而是穿上了市场上流行的皮革鞋、凉鞋、板鞋等。在栗子坪调查期间,我们在 WXY 老人家看到一双草鞋,这双草鞋不同于过去常见的那种草编鞋,它从鞋底

图 6-23　草　鞋

到鞋跟、鞋鼻、鞋耳等是使用麻绳,比草编的草鞋更加耐用。WXY 老人平时多穿着干农活,主要因为穿起来舒适、方便。另外,还可以把鞋子两边的耳子拴在一起,当作拖鞋。

在栗子坪村,目前所能够看到的传统布鞋主要有千层鞋、气口鞋。鞋子的颜色大多为青色、蓝色和黑色,基本是纯色的布鞋。鞋子内里都镶有一块带有纹路的图案,看起来更加漂亮、美观,同时也有防止磨脚的功能。

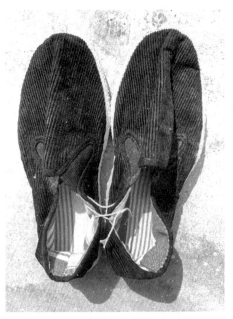

图 6-24　千层布鞋　　　　　　　　　　　图 6-25　绣花鞋垫

　　千层鞋无男女的区分，只是过去女性的鞋子会在上面绣花，但现在保留下来的布鞋基本都为纯青色或黑色的。千层鞋的制作分为鞋底子和鞋帮子，纳鞋底的做工最复杂且费时间。一般用麻线搓制成麻绳，同时还需要从山上捡回一些桐棕叶或竹叶，按照脚板的大小裁剪出鞋样，用魔芋打成浆糊，粘上浆糊后贴上一层布，如此叠加至五六层。千层底鞋比较硬，具有防滑的功能，鞋底的花纹主要分为六针法、四针法和九针法，鞋底的纹路为人子路或百花果。鞋底后脚跟多锁底和锁边，也有些会全锁底。之前村里大多数人家会做千层宽口鞋，后来逐渐流行做松紧鞋。土家族的小孩子一般都穿虎头鞋，他们认为虎头鞋可以驱灾辟邪、保佑小孩平安吉祥。

　　民国时期，受到传统观念的影响，部分土家族女性还保持着裹脚的习俗，为此还有穿过都跟鞋（当地方言）的。例如村民 HGL 老人说：

　　　　那时候他的母亲还裹脚，穿的是都跟鞋，鞋子上都绣的有花纹图案。现在还保留有扯鞋子用的鞋耙子（方言）呈钩形的，由于很难穿上去，需要借用鞋耙子才能穿得上去。[1]

_____

　　① 访谈对象：HGL，男，70 岁；访谈人：王祖英。2021 年 7 月 28 日，栗子坪村 2 组 15号。

现在村民都紧跟时代的步伐,穿上时髦的鞋子。像穿千层鞋、气口鞋的人群也基本是老年群体,年轻一代已不再穿了。

### (五)刺 绣

刺绣是民间女性手工艺的体现,展示着土家族女性的勤劳、心灵手巧。在栗子坪村,大多数中年女性都还会挑花、刺绣。她们常常会在农闲时或是休息的空隙制作绣花鞋垫、荷包、绣花鞋等。

一直以来,土家族女性将绣花鞋垫作为展示自己聪明才智的载体,常以此做定情信物赠予心仪的对象或是亲友。鞋垫通过刺、挑、钩、扣、锁、扎等传统的手工技艺制成,其色彩鲜艳、线条流畅,非常精美。如村民 HCY,现在依然坚持自己制作绣花鞋垫,据其所述,她平时绣的鞋垫多为平针,绣的花纹图案都比较随心所欲,一般看到好看的图案就会将它绣上去。①在过去,绣花鞋垫往往也是最能展示土家族女性品位的物品,人们并以此判定这位姑娘的手工技艺如何,因而绣花鞋垫的图案风情浓郁,常有喜鹊闹梅、鸳鸯戏水等各式图案。

图 6-26 绣花荷包

---

① 访谈对象:HCY,女,55岁;访谈人:王祖英。2021 年 7 月 12 日,栗子坪村村委会小卖部。

荷包主要用来装针线，但荷包的绣花往往也是观察一个姑娘是否心灵手巧的标准。WXY老人至今珍藏他母亲留下的荷包，他表示荷包是其母亲出嫁时的嫁妆之一。但过去，送荷包是暗示未出嫁的姑娘要学会刺绣，以后可以当作定情信物送给心仪的人，展示自己的针线才艺。

综上所述，民族文化变迁是由于民族社会内部的发展，或是不同民族之间的接触，从而引发民族文化的改变。饮食、服饰文化作为人类物质文化和精神文化的需求，因社会的发展以及各民族间的长期相互影响，悄然发生着改变。从上述情况看，栗子坪村人在与其他外来文化的长期接触与互动下，他们的衣食住行等生活方式也随时代逐渐变迁。民以食为天，栗子坪村人在长期的历史发展和与周遭人群接触的过程中，有关饮食的习俗也不断丰富。但"靠山吃山，靠水吃水"的自然环境对于当地的饮食文化也有着较大的影响，他们依靠地方生产的食物材料，创造出了各种美味。在饮食结构中，栗子坪村村民喜欢吃洋芋、玉米、合渣的习俗一直流传了下来，同时他们还以吃腊肉、坨坨肉，以待客为敬，这是传统文化的一种延续。另外，随着历史的发展，人们生活质量的不断提高，在衣食无忧的现代，服饰对于广大人民来说，已经上升到了为精神生活的一种追求。因而在现代文化的冲击下，栗子坪村人日常已经不再穿戴民族服饰，许多技艺失传，土家传统服饰，现代化、流行化，乃至商业化趋势明显。但相信随着近年民族文化的提倡和经济的进一步发展，民族饮食、服饰文化也会进一步发展，相应的保护措施也必定会提上日程。

# 第七章

# 乡村教育

百年大计,教育为本,乡村教育是改变乡村命运的重要途径。中国是农业大国,农业是我国经济命脉之所在,而乡村教育是促进农业发展的关键,只有对乡村教育把好关,才能正确引导中国亿万农民走向致富和发展的道路。同时,办好乡村教育也是服务广大农民根本利益的基本途径,从农村儿童上得起学到接受高质量教育,党和政府始终在积极探索真正符合乡村发展步调的乡村教育模式。乡村教育的目的,不仅在于提高千万户农村家庭的幸福感,更是为祖国的未来培养人才,让国家在一代又一代的努力建设下屹立于世界之林而不倒。栗子坪村历来高度重视教育。1949 年以前,这里开设私塾,中华人民共和国成立后,则积极响应五峰县"五七"教育网计划而兴办小学。进入 21 世纪,随着城镇化的发展趋势,栗子坪村学生在党和政府的政策关怀与支持下纷纷到县城读书,实现了适龄儿童 100% 的入学率。这正是中国乡村教育发展的一个缩影。

## 第一节 家庭教育

### 一、父母教育

父母对孩子的关爱是最无私的,这一点在教育上体现得淋漓尽致,毕竟教育直接关乎孩子的未来。在栗子坪这样的村庄,父母们一方面要对孩子在道德和常识上言传身教,另一方面当孩子成长到该上学的年龄时,他们要从家庭经济实力的角度出发,思考如何在力所能及的范围内为孩子提供更优质的教育环境。

在城镇化的影响下,栗子坪村的绝大多数父母都会把工作重心从农村转移到城镇,使得他们一方面有了更充分的经济来源,另一方面受到城镇教育观念的影响也越发重视孩子的教育。这些父母往往是在城镇边工作边负责照顾孩子，也有父母中一方在外打拼，另一方则在家全程负责带孩子。住在栗子坪村 5 组的 HMJ 女士就是一位全职妈妈，她的丈夫在外务工。她有两个孩子，女儿在城关实验小学上一年级，儿子在城关上幼儿园。为了更好地照顾孩子以及家里的老人，H 女士一家经过慎重考虑选择前往相对比较近的五峰镇租房，到了孩子放寒暑假则回到栗子坪的老家中。根据她的介绍，在城关租房一年房租 4000 多元，孩子上学的费用平摊到日常生活开销中，一家人省吃俭用，一个月 3000 元，孩子学习上的成本全部由她的丈夫来支付，而教育的事则是由她来操心。在对孩子的教育上，她不仅辅导两个孩子的功课，还根据女儿的爱好为她报了舞蹈班。她认为这种全程陪读的模式尽管牺牲了自己的时间，且成本较高，但对于孩子成长是有利的。她给出了两个理由：一是在孩子的幼年时期，人生观尚未定型，他们不仅要在校学习普适性的知识，也需要性格上的培养，这时候家长在孩子课堂外的生活中潜移默化的引导是十分必要的；二是年幼的孩子还不能完全照顾好自己，社会上的不良诱惑又太多，若过早地送孩子去学校寄读，她会担心孩子误入歧途，而家长在外陪伴孩子能够及时发现孩子的问题，从而尽早根除。总之，H 女士认为家长是孩子最好的老师，她希望自己能在孩子的成长中扮演重要的角色。①

栗子坪中还有一些家长尽管对孩子始终保持关心，但由于自己常年忙碌在外，无暇亲自指导孩子学习，为了弥补对孩子的教育，他们会花钱聘请家教在孩子放学后辅导孩子的功课。极少数条件很好的家庭，家长则是将孩子托付给专门的老师从学习和生活上来进行全方位的管理，即托管。据调查，请家教辅导孩子课后作业以及课程答疑解惑的费用为每学期 2500 至 3000 元不等，而全程托管的费用则高达一个月 4000 至 5000 元。据 HXX 一家人反映，HXX 的父亲在工地做工程，母亲常年在武汉务工，爷爷也有农活要做，其生活起居全由奶奶来管，而在城里工作的姑妈也会在其生活和监管上给予一定的帮助。由于奶奶精力有限，无法完全顾及 HXX 的学习，父母又担心下学期即将在渔洋关上小学一年级的女儿跟不上课堂节奏，于是除了租房外，他们聘请了家教为 HXX 辅导学习。这也意味着一家人不仅要付房租，还要额外支付请家教的费用。尽管无形中增加了教育成本，但为

---

① 访谈对象：HMJ，女，30 岁；访谈人：刘行健。2021 年 7 月 9 日，栗子坪村 5 组。

了 HXX 的未来,她的父母认为这样做既是大势所趋,也是无奈之举。因为自己无法陪伴孩子,而孩子又处于一个懵懂的年龄段,更需要正确的引导,所以只能通过家教进行一对一的辅导来确保孩子在放学后能够安心学习而不至于贪玩成性,让远在外地的家长多少能安心一些。另外,HXX 的母亲在武汉工作期间也看到一些身边的同事在为孩子请家教,而且那些上过家教的孩子在成绩上的确是有所提高,于是她也希望家教能帮助 HXX 提高成绩,不要让她输在起跑线上。①

总之,栗子坪村的家长都有着相同的心声,那就是教育的投资是必须的,孩子只有通过良好的教育才能走出农村。为了孩子,自己打拼辛苦一点无所谓,但孩子的教育必须得到最大程度的保障,这是身为父母最基本的义务和责任。

## 二、祖辈教育

在栗子坪,由于一些孩子的父母需要在外打拼事业,因而家庭教育的重任由家里的长辈来担当。祖辈的教育相对传统和直接,使得长辈与孩子之间难免产生代沟,但孩子在生活的日积月累中会逐渐认识到,老人对于他们的教育是基于大半辈子的生活履历总结出的人生经验,对于他们是终生受用的。

在走访栗子坪的老人时,老人们纷纷表示,对孙辈的教育首先要让孩子珍惜现在的读书环境。由于他们小时候上学期间家境不富足,父母又要同时供养好几个孩子,家中难免会出现无法负担读书费用的情况,一部分老人小时候实在没办法,只能辍学务农。另外,以前资源有限,学校办学条件比较差,几十个学生往往挤在一间老旧的房子里上课,课本和教学设施都难以保障。随着国家的发展,教学环境大为改善,多媒体、双语教学等很多设施是祖辈小时候连想都想不到的。老人进一步认为,孩子一方面要感恩党和国家为他们提供的绝佳教育环境,要知恩图报,将来走上工作岗位了就要报效祖国;另一方面则是要发愤图强,在这么好的教学环境中更要刻苦学习,不能让资源白白浪费。这些简单的话语几乎是栗子坪村所有长辈对晚辈的谆谆告诫,他们会在给孩子讲的故事中提到自己上学是多么不容易,在孩子

---

① 以上材料源于 HXX 一家的访谈。访谈对象:HKC,男,71 岁;HKC,女,68 岁;HXX,女,7 岁;HHY,男,37 岁;访谈人:刘行健。2021 年 7 月 14 日,栗子坪村 8 组。

不听话时则苦口婆心地劝诫。孩子有时候会觉得叨叨絮絮,但时间长了也就慢慢接受,并贯彻到日常的学习生活中,让老一辈的智慧照亮他们的人生道路。

栗子坪村的老人曾经靠着勤劳克服了生活中的磨砺,所以在对孙辈生活上的教育也离不开"勤劳"和"自立"的观念。很多孩子小小年纪就在爷爷、奶奶的教育下,学会了基本的家务活,有的还能承包一些农活。居住在栗子坪村8组的CSH就是个典例。由于母亲远在广东发展,她很小的时候就留守在爷爷、奶奶身边。为了应对寄宿在校的生活,爷爷、奶奶在她上小学以前就教她洗衣服、生火做饭等。她从小就没让爷爷、奶奶操心,甚至在奶奶查出"三高"后,每逢节假日回家,她都要主动帮忙做家务,养猪、种菜等农活对于她而言也不在话下。爷爷、奶奶对此认为:"让CSH小时候就学习家务活还是由于父母不能长期在身边,她必须学会独立生存。这培养了她独立自主的能力,面对困难,她比不会做事的孩子表现得更从容一些。"①

栗子坪的老人中有的曾经做过乡村老师,他们对孙辈学习的管教有着自己独特的模式。退休小学老师HGL是村子里颇有声望的老人,他从教40余年,是栗子坪村教育兴衰的见证者,几代村民中有很多人是他的学生。他循循善诱的教学方式和体贴入微的关怀呵护在村中有口皆碑。退休后,由于儿子远在山东打拼而无法照顾孙子HJY,HGL便成了孙子的监护人。他们住在五峰城关,节假日才回老屋。老人不仅在生活上悉心照料孙子,在学习上更是严格把关。

据HJY介绍,爷爷每天傍晚都要给他辅导功课,从未停歇。爷爷会在一个单元的学习结束后进行单元测验,题目的难度有所拔高,还有时间限制,因为爷爷讲究效率和劳逸结合,只有在规定时间内完成后允许他能出去玩,玩耍结束后爷爷会把卷子中的错误指出来让他自己订正。② 对此,老人有自己的看法,"我也是跟教学生一样教他,严格要求,从学习和做人两个方面都要严加管教,有时候我还会出卷子考他。如果遇到他不会的,我会告诉他方法,但不会直接告诉他答案,让他自己去想。他完成的情况还可以。"③ 老人还指出,对孙子负责一方面是为了让远在外地的孩子父母安心工作,另

---

① 以上材料源于CSH一家的访谈。访谈对象:CXY,男,59岁;ZQ,女,57岁;CSH,女,16岁;访谈人:刘行健。2021年7月14日,栗子坪村8组。

② 访谈对象:HJY,男,11岁;访谈人:刘行健。2021年7月15日,栗子坪村2组。

③ 访谈对象:HGL,男,70岁;访谈人:刘行健。2021年7月16日,栗子坪村2组。

一方面是为了孙子的前程,自己既然还有这种精力去做这件事,就要认真履行这种职责,让多年来的从教经验发挥余热。其他从事过教学事业的老人对孙辈的教育与 HGL 老人在方法上存在差异,但他们对于孙辈认真负责的态度是一致的。

在栗子坪村的一些家庭中,孩子与爷爷、奶奶生活的时间比与父母相处的时间长久一些,祖辈的教育也就比父母教育更直接一些,但孩子的接受程度是因人而异的。另外,在调查中也有不少老人指出,自己知识面有限,加上年纪大了,精力也不好,所以在对孙辈学习指导上会感到力不从心。因此,最好的家庭教育还是要将二者结合,这就需要这些留守儿童的父母回归到孩子身边,但付出的代价又相对沉重。如何权衡利弊不仅是家庭需要考虑的问题,政府以及相关部门也要帮助这些家庭做好安排和规划,让孩子享受到完整的家庭教育。

## 三、家风传承

良好的家风传承是家庭教育的主干。在栗子坪村,每家每户都承袭着祖上的家风。归结起来,栗子坪村的传统家风在为人上强调严于律己,真诚待人;在事业上重视辛勤劳动,爱岗敬业;在家庭上要求和睦相处,尊老爱幼等等。正是在这种家风熏陶之下,栗子坪村的民风纯朴,村民也非常和蔼友善。

在家风传承的话题上,笔者印象最为深刻的就是 TYL 和 TL 父子。TYL 是栗子坪村资深的老师,扎根基层的他为栗子坪村的乡村教育兢兢业业,奉献了 35 年。TL 老师子承父业,先后在苦竹坪中学、宋家河小学、长乐坪大松树小学、五峰镇实验小学教数学,并于宋家河小学任职以来就一直担任学校校长,现任五峰镇幼儿园园长,如今也有了 20 余年的从事教育生涯。谈及父亲,TL 老师不仅对父亲的从教生涯如数家珍,而且评价说:"我父亲是'老三届'的高中毕业生,教学水平很高,为人为师是我的榜样。他对我们的教育是要勤俭节约,要热爱劳动,要懂感恩,要务正业,做正事,也就是不要做坏事。"① 这种家业的传承正是受到良好家风的感召才得以实现的。

家风的传承也并非一成不变。随着中国特色社会主义进入新时代,

---

① 访谈对象:TL,男,49 岁;访谈人:刘行健。2021 年 7 月 9 日,栗子坪村 4 组。

家国情怀也逐渐融入栗子坪村家风传承的主旋律。谈到对下一代的家风教育时,TL 老师说:"我对我孩子的教育也在我父亲教我的基础上增加了一部分,一是要身体健康,一是要努力学习文化知识,最重要的是要积极入党,要爱党爱国。我不是党员,但他后来当了党员,要永远跟党走。"[①]朴素的话语中传递出"家是最小国,国是千万家"的道理。

# 第二节　学校教育

## 一、私塾教育

栗子坪村办学的历史可追溯至清代乾隆时期。在清代,适龄的学童会到私塾研习四书五经,而后参加科举考试。科举考试分为乡试、会试、殿试三种等级,考试内容主要包括四书五经及八股文等。若考生通过考试,则按等次从低到高依次分别被称为举人、贡士及进士。科举考试是古代选拔人才的重要方式,古人在经过了层层选拔,考取进士后授予官职,可入书院掌教授予官职。据调查,栗子坪村有位名叫 WDF 的农户家里保存着一块清代嘉庆年间的进士匾。

图 7-1　进士匾

该匾距今已有两百多年历史,由于年代久远且缺乏专业维护而不可避免地出现了腐蚀。据介绍,该匾是其丈夫 ZZY 的先辈周大成于清嘉庆十六

---

① 访谈对象:TL,男,49 岁;访谈人:刘行健。2021 年 7 月 9 日,栗子坪村 4 组。

年(1811年)考取进士后颁发的。周大成又被称为周贡老爷,是湖北省长乐县栗子坪人,师从敕封例赠征仕郎王朝永。王朝永祖籍江西吉安庐陵县,生于清乾隆元年(1736年),由于家乡遭遇水灾,最终于乾隆丙戌年(1766年)迁至如今的栗子坪村,以从教为生。在教书期间,若碰到孩子家庭困难,他都免了学费。王朝永于嘉庆十七年(1812年)逝世,葬于栗子坪村7组金盆附近,周大成为其撰写碑文①。王朝永和周大成的事迹是栗子坪村教育史上传颂至今的一段佳话。

图7-2 至圣先师牌位

图7-3 《孟子》读本

早期的教育模式为私塾教育。据在私塾上过学的 HGH 老人回忆,早先栗子坪办私塾处处可见,从山下到山上都有。他前后累计读了大概八九

---

① 访谈对象:WDF,女,66岁;访谈人:刘行健。2021年7月22日,栗子坪村10组。

年的私塾，先在冯鹏程办的私塾里受启蒙，而后转到条件更好的瓜蒌湾，即何海川①自家办的私塾里上学。当时教书先生一年教二十几个学生。② 当时比较出名的几家私塾主要集中在大槽、尚州槽、何家岭、染铺和尚湾等地，私塾先生主要包括何海川、何德顺、唐金阶、冯鹏程等人士。另据 HGL 老人描述，他的父亲何德顺，在尚州槽办了近 20 年的私塾。他每年招十几个到二十几个学生，基本上是一个学生读四五年。其父亲对学生相当严格，如果学生不听话，还要用戒尺打板子。另外，何海川在何家岭办的私塾由于"办得早，办得好"，加上何海川本人是当时的乡民代表，很有威望，其在瓜蒌湾何家岭办的私塾是当时规模比较大的私塾，办了十几届。③ 该私塾后来由何德祥（何海川弟弟）的孙子 HYX 改建为农家乐。

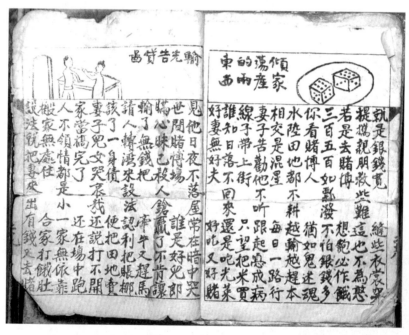

图 7-4 《劝世歌》读本

栗子坪村的私塾教育以儒家思想为核心，以四书五经以及《三字经》《百

---

家姓》《增广贤文》《育儿经》等为主要教材。在村民 XKF 的家中摆放着的至圣先师孔子的牌位,表明当地人很早就十分注重儒家文化的熏陶。还有一些栗子坪村民家中仍保留着一些珍贵的教材及相关教辅资料,有的是民国时期开办私塾时的读本,有的是栗子坪村扫盲教育的教材,还有学生自己保存的上学时期使用的教材,其中亦不乏儒学经典。

私塾早期主要以教学生识字及朗诵古籍为主,之后发展为古诗文诵读、识字、珠算、道德教育并举的教学模式。该村办私塾需要由乡长和保长出面,请村里有文化、有威望的人做私塾先生。学生大多来自本村,也有是从周边村慕名而来的,大多数学生的入学年龄集中在 7～12 岁。学生上学以玉米、黄豆、肉、鸡蛋等物品充当束脩。据 HGH 老人回忆,"那个年代,我们用黄豆及苞谷抵学费。一个学生一年要出 4 斗苞谷,1 升是 4 碗,1 斗就是40 碗"。①

表 7-1 栗子坪村私塾教育留存教材情况

| 书名 | 出版社 | 出版日期 | 藏书地点 | 备注 |
| --- | --- | --- | --- | --- |
| 详解二论引端 | 上海鸿文书局 | 不详 | 王勋尧家 | 1930 年王勋尧祖父读私塾期间使用的教材 |
| 三字经(古本) | 不详 | 不详 | 王勋尧家 | 1930 年王勋尧祖父读私塾期间使用的教材 |
| 孟子 | 不详 | 不详 | 王勋尧家 | 1930 年王勋尧祖父读私塾期间使用的教材 |
| 鸿宝斋考正字汇 | 鸿宝斋 | 不详 | 王泽献家 | 著书时间为民国元年（1912年）壬子夏 |
| 朱子治家(格言) | 不详 | 不详 | 王泽献家 | 增注、绘图 |

① 访谈对象:HGH,男,90 岁;访谈人:刘行健。2021 年 7 月 20 日,栗子坪村 3 组。

续表

| 书名 | 出版社 | 出版日期 | 藏书地点 | 备注 |
|---|---|---|---|---|
| 劝世歌 | 不详 | 不详 | 王泽献家 | |
| 新注唐诗三百首 | 上海文化出版社 | 1957 年 11 月第 1 版 | 王泽献家 | 朱大可校注 |
| 文化大跃进同音字课本 | 五峰县文教局 | 1958 年 7 月 10 日初版 | 王泽献家 | |
| 历史 | 人民教育出版社出版，湖北人民出版社重印 | 1958 年 11 月第一版 | 王泽献家 | 高级小学课本 |
| 三字经 | 岳麓书社 | 1986 年 8 月第 1 版 | 王泽献家 | 王应麟撰 |
| 语文（第八册） | 人民教育出版社 | 2001 年 4 月第 2 版 | 王何平家 | |
| 数学（第八册） | 人民教育出版社 | 2001 年 4 月第 2 版 | 王何平家 | |
| 社会（第 3 册） | 中国地图出版社、湖北教育出版社 | 2002 年 6 月第 2 版 | 王何平家 | |
| 数学（七年级上册） | 北京师范大学出版社 | 2003 年 4 月第 3 版 | 王何平家 | |
| 语文（三年级上册） | 人民教育出版社 | 2003 年 6 月第 1 版 | 王何平家 | |
| 英语（七年级上册） | 中国和平出版社 | 2003 年 6 月修订第 1 版 | 王何平家 | |
| 物理（九年级） | 人民教育出版社 | 2013 年 6 月第 1 版 | 王何平家 | |

## 二、小学教育

中华人民共和国成立以来,国家高度重视教育发展。早期提出"两条腿走路"的办学方针,提倡公立学校和私立学校并行发展。在该方针的指导下,栗子坪村结合村子的实际情况,兴办公办小学,对儿童普及教育。当时,大树包小学、塘上小学、栗子坪小学等学校先后在栗子坪村开办。除此之外,在五峰全县学松滋"南海经验",办"五七"教育网的时代背景下,栗子坪村各组还兴办小规模民办学校。据 HGL 老人回忆,仅 2 组、3 组就先后在文家塘(土墙屋,何克逊、王明学任教)、二队仓屋(刘成双、何光礼任教)、黄河塘(何克勋家,冯开玉任教)、大槽(何光月家,又叫何恒东,是个老道士先生,何克纯、何光礼任教)、卸甲寨(王勋义任教)、唐家槽(王勋家任教)、尚湾(邓辉武任教)等地方办了一些规模较小、办学时间较短的教学班。老师中有一部分是公办老师,还有民办老师及代课老师。另据 CXY 老人回忆,在栗子坪村 9 组、5 组等地原先也办过类似的学校①。尽管办学时间不长,有的甚至只有几个月,但是其作用不仅在于把学校办到学生家门口,方便适龄儿童上学,而且是为了提高整体文化素质。② 总之,历年来栗子坪村积极贯彻国家教育政策,高度重视教育的普及,并取得了诸多实质性进展。

由于诸如文家塘、大槽、唐家槽等小规模的办学时间太短,缺乏翔实可靠的历史记载,故选取最具代表性的三所学校进行介绍。

### (一)大树包小学

中华人民共和国成立初期,私塾办学模式逐渐退出历史舞台。为积极响应《共同纲领》提出的一系列文化教育政策,栗子坪在 5 组的大树包开办小学。该校建于 1952 年,由国家出资承办,在一所仅 10 余平方米的土房子内办学,由湾潭调任至栗子坪的樊明星为主要负责人及任课老师。该校办学规模较小,开设的课程基本上以语文和算数等基础科目为主。之后因学生人数增多,学校办学资源紧张,学校于 1955 年 7 月停办,学生与老师转移至塘上。

大树包地区于 1968 年恢复办学。由当时的峰山大队出面,各小队安排

---

① 访谈对象:CXY,男,59 岁;访谈人:刘行健。2021 年 7 月 24 日,栗子坪村 8 组。
② 访谈对象:HGL,男,70 岁;访谈人:刘行健。2021 年 7 月 26 日,栗子坪村 2 组。

劳力、资金，在大树包所在的染铺建立了一所新的学校。该学校有两层，第一层有四间大教室，第二层是老师办公室及住房。教学条件和学风相比之前的大树包小学大为改善。据时任大树包学校校长 ZYX 老人的描述，为了学校的基础设施建设，他上任后不久就专门召开家长会，要求家长将之前拖欠的学费一并交齐。收到学费后，他亲自到公社购买了高音喇叭、三用机、篮球等各种设施以及教材，并为学校老师购买了面粉、粮油等。ZYX 校长还规定，老师周一至周六如非紧急情况，务必留在学校教学和住宿，学校为老师专门置了田地，而且为了提高教学质量，他对老师和学生是严格要求。对老师，他要求必须认真备课，白天教学，晚上就要批改作业，及时查漏补缺，如果一道题 10 个里面有 3 个做不对，那就是说老师在讲课的时候没讲清楚。对学生，他不仅多次督促学生认真学习，还要求学生要爱劳动，每年农忙的时候，他要求学生在家锄草、摘茶等，力图培养德智体美劳全面发展的学生。他在任教期间，代小学三年级的数学课，考试时连续三年是全公社第一名。在他教的 25 个学生里面，有 24 个是 80 分以上，还有一个是一个重读生，也考了 64.5 分。① 可以说，在张志蒿、向开朗、余典春、钟远学、唐永林、何光礼等老师辛勤付出下，大树包学校的教学质量在当时稳步攀升，成绩斐然。

### (二)塘上小学

1955 年 8 月，由于学生数量增多，十几平方米的大树包小学已经不能容纳太多的学生，故大树包小学整体搬迁到现在 10 组的塘上。1958 年 9 月人民公社成立，栗子坪改为峰山大队，故塘上小学又名峰山小学。相比较 1952 年的大树包小学，塘上小学的规模有所扩充。据 HGL 老人回忆，在师资力量上，洪传美、刘顶汉、谭道明、王月言、张克贵、邬永珍等老师先后在此任教。② 另外，在塘上小学上过学的 ZYS 老人谈到，塘上小学一共有三间房，其中两间房作为教室，还有一间房是老师办公和休息的房间。一个年级一般是十几个人，上课时往往与其他年级的学生共同挤在一间房内。③ 老师在上课时采用复式班的教学模式，即把多个年级的学生编成一个班，上课

---

① 访谈对象：ZYX，男，76 岁；访谈人：刘行健。2021 年 7 月 11 日，栗子坪村 8 组。
② 访谈对象：HGL，男，70 岁；访谈人：刘行健。2021 年 7 月 15 日，栗子坪村 2 组。
③ 访谈对象：ZYS，男，72 岁；访谈人：刘行健。2021 年 7 月 23 日，栗子坪村 8 组。

时,一位教师往往需要使用不同年级的教材,在同一节课里对不同年级的学生进行授课,而且在上课过程中,老师对其中一个年级的学生讲课的同时,要安排其他年级的学生自主学习或完成作业,要做到有计划地交替进行。由于当时的塘上小学在校学生多达100人,而教室和师资力量有限,因此采用复式教学是应对当时教学资源不充分的权宜之策。这所学校一直开办到1968年,后因学生人数扩充等原因又迁回至5组大树包。

然而由于年代久远、办学规模相对较小以及相关书面材料记载缺失等缘故,除了年长的退休村干部及年近70岁及以上的老人对大树包小学第一次办学的历史尚且知晓以外,部分村民仅知道大树包小学的第二段办学历史。

### (三)栗子坪小学

1979年,随着学生人数的进一步增加,栗子坪峰山大队将大树包小学迁至现在7组的金盆,并修建了新的校园。新建成的栗子坪小学占地面积约1400平方米,能够容纳更多的学生与老师,教工宿舍和教室亦分开建设,教学设施也进一步完善,各项教学工作井然有序地开展。

20世纪90年代中期,正值国家"希望工程"扎实推进的阶段,由于栗子坪村上学的适龄儿童数量增多,加上学校土墙近乎塌陷,容易发生安全事故,栗子坪村的领导班子开始筹备兴办希望小学。曾在五峰县人大常委会任职的WXY老人首先向栗子坪村委会书记ZZH、村主任WXQ提出建议,希望能通过建设希望小学,改善学生的学习环境。① 另外据时任栗子坪村书记ZZH描述,栗子坪村于1996年正式筹备栗子坪希望小学的建设工作,村委会本着"砸锅卖铁也要把这所希望小学建成"的想法,动员政府和退休的党员,号召大家齐心协力想办法,一方面要联络相关部门给予一定的支持,另一方面要找施工单位,同时也要发动群众参与到希望小学的建设中。② 由于工程量较大,开销超过了村子的经济能力,村委会一方面找到团县委、县烟草局等部门,希望能给予支持;另一方面深入村民中开展动员大会,号召大家齐心协力支持建设希望小学。五峰县烟草局不仅在第一时间捐资4万余元,后续的一些资金空缺也是由他们补上的。团县委等各单位

---

① 访谈对象:WXY,男,77岁;访谈人:刘行健。2021年7月11日,栗子坪村8组。
② 访谈对象:ZZH,男,60岁;访谈人:刘行健。2021年7月19日,栗子坪村10组。

部门及 219 位热心人士也相继捐资，总捐资累计达到 11.8 万元。而栗子坪村 11 个组的村民累计组织了 3000 余劳动力盖房子，与施工单位一道投身于栗子坪希望小学的项目建设中，为孩子的未来付出了大量的心血与汗水。该项目于 1997 年 4 月正式开工，历经半年多的光景，于同年的 11 月 8 日竣工。之后，村委会立功德碑，将捐款方及捐款个人的姓名刻在碑上，以此来答谢各方的支持与援助。

功德碑

栗子坪希望小学在县人大、县烟草专卖局和团县委等三十二个单位的大力支持下，共二百一十九名个人热心相助，农民投工近三千个，兴建该校，建筑面积五百九十八平方米，总投资十一点八万元。于一九九七年四月动工，同年十一月八日竣工。经验收为良好工程。现立功德碑以示纪念。

图 7-5　功德碑（长约 59.5 厘米，厚度约 11 厘米，高约 112.5 厘米）

捐资单位：

县烟草专卖局

四万一千元，团县委一万元，县建安总公司五千元，采花乡政府五千元，城建局一千元，乡财政所四百元，教育局捐书折款近一千元，乡教育组捐物折款五百元。

捐二百元的有县政府、乡农技站、工商局、乡供销社。

捐一百元的有县运管所、法制办、县自来水厂、开发公司、乡派出所、林业站、苦竹坪中学、乡信用站、烟草站、付家堰乡政府、乡国税分局、苦竹坪小学,县体委捐物折款一百多元。

捐五十元的有鱼泉河小学、过沟河小学、唐家河小学、宋家河小学、云山小学、水管站、土管所。

捐资个人:王勋朗二千五百元,王勋尧二千一百元,钟远美二千元,周庆云二千元。

捐资五百元的:周大英、何克廷、周大春、关文乐。

捐资二百元的:王勋家、王勋平、陈兴家、陈茂文,沈厚锦捐物折款二百元。

捐资一百元的:王勋全、周照华、苏振洋、王维、王春江、王慧玲、王菊艳、何清华、何吉红、何健、王士兵、何宇锋、陈兴义、何克训、陈建民、王林、黄良贵、胡绍华、李秀军、何克文、王勋国、王琼芳,冯秉龙六十元。

捐款五十元的:冯运海、冯丽华、王晓芹、钟远敏、王勋良、何银星、王勋龙、何海英、王勋佑、王锋(10组)、周照学、左东海、王卫、张远杰、何克宇、唐龙、王勋让、邬永珍、王释新、何光礼、王明银、苏振东、王丰(城关)、覃孟鲜、席永平、何克明、唐永凤、薛荣。

捐款三十元的:李以官、谢东海、胡方清、周祖吉。

捐款二十五元的:何克诚、钟家银。

捐款二十元的:陈选政、王勋政、邓忠直、何绍先、何贤灯、何光符、冯圣寿、王勋交、钟华、邓跃伍、汪顶云、冯开国、王明礼、王明旺、刘兴华、向述堂、周照旭、简定伍、王明红、胡定兰、陈选清。

捐款十五元的:王勋作、王明伟、陈选林、邓恢朗。

捐款十元的:王勋圣、何光阶、冯明朗、周照文、冯剑波、王明朗、王勋见、何光华、冯圣康、周德丛、何克友、王明东、王勋丕、何光先、冯圣海、周凌云、何克清、王茂华、王淑珍、王勋培、王勋友、王勋官、王明俊、王明双、王明清、王明凡、王明午、王明朗、王明强、王勋贤、何光新、何光科、何光贵、何光丕、何光平、何德春、何克满、何克锋、何克云、何克元、何克坤、何克超、冯圣焕、冯运超、冯运伏、冯开云、冯开松、冯开华、冯开望、冯美志、冯美政、冯美平、张定明、张永贵、张永太、张执松、张志诰、沈绍月、张华、钟远翠、何述清、田科平、蔡德伍、何克俊、何康、田科菊、何克玲、邓宏奎、邓德平、邓德显、邓德俊、何涛、李志勇、李俊峰、王太山、王奎、王远进、陈选培、简永芳、李杰、唐培用、王祥瑞、王鹏、王远超、陈选松、马玉娇、江孝勇、唐永东、王俊明、王魁、何绍山、陈选东、胡士望、江诗华、唐平、王明久、王勋策、隗传银、江传望、何绍红、王华明、薛先励、朱近平、何贤清、刘先明、何贤发、彭仲林、何贤胜。

　　捐款五元的:王明苕、王娟、向小敬、向小孟、冯海波、王明琼、冯晓芹、何金环、何贤俊。

　　何贤军七元。

采花乡栗子坪村党支部

采花乡栗子坪村村委会立

一九九七年十一月十八日

建成后的栗子坪希望小学,总占地面积近1600平方米,教学条件大幅度改善。入学人数达到200多人,师资人员包括何光礼、唐永林、周照耀、余大清等。当时开设一到四年级,五六年级需要转到宋家河小学继续读书。

图7-6　原栗子坪小学

　　在2000年以后,入学人数逐年递减,到2004年,学校人数将至历年最低。栗子坪村为此召开党代会,经过村委会领导、党员干部、村民代表集体商议,考虑到学校现状,遂联名写了信寄给政府部门,请求将栗子坪希望小学改建为村委会办公地点。经上级部门同意后,栗子坪希望小学遂合并至宋家河小学,原校址改建村委会。究其原因,一方面由于计划生育的政策落实,栗子坪村新生儿童数量减少,导致栗子坪希望小学常年招不满人,为避免教学资源的浪费,进而将学校拆点合并至宋家河。另一方面,随着村子经济的发展,栗子坪村的家庭也逐渐认识到教育的必要性,相比较乡村教育,家长更倾向于将孩子送往教育资源更好的城镇学校,享受更完善的教育,加之国家"村村通"工程的稳步推进,以往栗子坪村通往周边地区的泥巴路得以全面翻修,路况较往年提高,学生出行更加方便。综合上述原因,栗子坪村自此不再办学。

## 三、寄宿学校

为了解决农村孩子上学路途遥远的难题,也为了便于学校管理,五峰县很早就推行建设寄宿制学校。栗子坪的绝大多数中学生都选择在校寄宿,而自从栗子坪不再办学后,小学生中选择寄宿在外的人数也一度陡增。坐落于邻村的宋家河小学是当时很多家庭的首选,该学校离栗子坪村相对比较近,且具备学生在校住宿的基本条件。栗子坪村里很多高中生和大学生都有在宋家河小学寄宿的经历。据 WHP 同学回忆:"我从小学三年级开始就寄宿在宋家河小学。当时每周星期一上午 6 点就要从家里起床,然后动身去学校,中间还要走半个多小时的泥巴路。星期五中午就放学回家了。往后上四五年级时学校周日安排了晚自习,所以星期日傍晚我们寄宿生就要到校。"①宋家河小学条件有限,加上栗子坪小学刚停办不久,学校要容纳两所学校的学生,所以当时他们在校寄宿的生活是比较艰苦的,"我们一间寝室要睡很多人。有的同学因为床不够用,得和其他同学挤一张床睡觉"。② 后来,随着农村生活条件的改善,加上 351 国道的全面修缮与拓宽,通往城镇的班车陆续增多,栗子坪村的学生上学也有了更多的选择。为了给孩子提供更好的教育环境,家长选择将孩子送到五峰城关,甚至更远的渔洋关上学,这也导致了宋家河小学生源的流失,最终于 2011 年停办。如今,栗子坪的寄宿生通常坐班车到学校上学,如非必要和节假日,平时周末放学后不回村中。

由于寄宿办学的受众面广,栗子坪的家长对寄宿制教育也是各持己见。结合他们的观点来看,寄宿制教育对于农村家庭来说,其优势主要有两点:一方面减少了家庭开销,在国家教育政策的保障下,学杂费的减免、农村学生在校住宿优惠及餐补等针对性举措的落实,帮助农村家庭节省了教育开支;另一方面培养了学生独立自主的能力,让孩子从小就学会如何在不依赖父母的情况下独自应对一些挑战,有助于孩子成长。但也有家长指出,让孩子在校寄宿其实也是无奈之选,这种无奈是多方面的。一是因为村里现在

---

① 访谈对象:WHP,男,21 岁;访谈人:刘行健。2021 年 7 月 25 日,栗子坪村 6 组。
② 访谈对象:WHP,男,21 岁;访谈人:刘行健。2021 年 7 月 25 日,栗子坪村 6 组。

不办学,孩子上学只能去城镇,来回坐车既耽误时间,又不方便;二是家长由于要务农或是在外务工,非常忙碌,实在没有多少时间和精力管孩子,长期寄宿在校的孩子缺少家庭的关怀,与父母之间的亲情会逐渐淡薄。此外,家长也非常担心孩子若是在人生观尚未成熟的年纪就长期独自在外生活,很难保证他们面对社会上的不良诱惑能够明辨是非。这种矛盾也是乡村教育发展中比较突出的矛盾之一,社会各界仍在积极探索着解决这种矛盾的途径。

## 四、城镇集中办学

进入 21 世纪,随着社会的快速发展、城镇化的不断推进,农村的社会文化发生了翻天覆地的变化。乡村教育作为农村社会文化的主要形式之一,也融入城镇化的发展进程中。"农村教育城镇化就是在农村教育衰败的前提下,通过学校撤并,农村教育各要素向城镇转移的过程,即农村学校进城",[①]显然,栗子坪村以及周边的村落就在经历着这种转移的过程。伴随着人口不断从乡村向城市迁移,农村学校学生流失严重,栗子坪村办教育逐渐落幕。经过几次学校的拆并,栗子坪村及宋家河村已经停止办学,目前全村的适龄儿童均全部转移到城关及渔洋关等乡镇地区上学,有条件的家庭还会把孩子送去宜昌城区。根据栗子坪村 WHP[②]、WJC[③] 等同学及 HGL 老师的介绍,2006 年,宋家河小学一个年级 20 多名同学,其中有七八位来自栗子坪。到了 2009 年,宋家河小学一个年级的学生缩减为 14 名,其中 4 名来自栗子坪。而到宋家河小学拆迁前夕,整所小学只有 8 名学生。这正是城镇化背景下农村教育变革的一个缩影。相比较乡村办学,城镇集中办学在政策支持、经济支撑、教育资源等方面占据着得天独厚的优势,吸引着乡村教师往城镇发展。另外,随着乡村扶贫政策的推进及经济的发展,农村家长在经济条件允许的情况下,更倾向于让孩子走出农村,到城市接受更优质的教育。综合而言,当前栗子坪村的教育现状反映了农村教育城镇化的基本态势。

城镇集中办学是当前解决乡村适龄儿童上学难问题的主流形式,但学

---

① 刘秀峰、代显华:《以城镇化的思维解决农村教育城镇化的问题——兼谈农村教育城镇化之争》,《教育与教学研究》2020 年第 9 期。

② 访谈对象:WHP,男,21 岁;访谈人:刘行健。2021 年 7 月 25 日,栗子坪村 6 组。

③ 访谈对象:WJC,男,17 岁;访谈人:刘行健。2021 年 7 月 13 日,栗子坪村 7 组。

术界对此众说纷纭,其中也包含一些反对的声音。胡俊生教授在《农村教育城镇化:动因、目标及策略探讨》一文中提出,农村教育城镇化是"基于农村优质教育资源短缺,教育质量低下,教师流失严重等实际,拟将农村教育的主阵地由乡村逐步转移至办学条件相对优越的城镇地区,最大限度地缩小城乡教育差距,借离乡进城之手段,达到城乡教育均衡化之目的,为完整意义上的城市化及城乡一体化创造条件"。[1]邬志辉教授在《城乡教育一体化:问题形态与制度突破》中则指出,教育城镇化思维简单地把"城乡教育一体化"等同于"教育城镇化",不仅导致城镇超大规模学校和超大班额现象,还使居住偏远的农村弱势群体承担了教育集中化所带来的额外交通、食宿成本。这既损害了农民兄弟的教育利益,也违背了教育自身的发展规律。[2]在栗子坪村,随着农村学校的拆点合并,学生与老师纷纷转入城市,彻底改变了原有的农村教育模式。这种改变,一方面使得教育资源集中在城镇,让农村孩子与城镇孩子享受到了相对公平的教育。但另一方面却让农村年轻人大量流入城市,加剧了农村人口的老龄化。截至 2021 年 7 月 31 日的数据显示,在栗子坪村,3～5 岁儿童 22 人,6～12 岁 74 人,13～15 岁 21 人,他们均在外地享受学前教育和义务教育。这就让老龄化严重的栗子坪村更为缺乏活力,使得乡村振兴的推进变得举步维艰。城镇集中办学对于农村教育带来的不利之处主要有两点,一是城镇化导致了栗子坪村留守儿童与随迁儿童的出现,加大了管理难度的同时,对于孩子的成长也不利;二是城镇化使得栗子坪村的家庭在教育上往往需要投入更多的成本,例如交通、房租等,对于农村家庭来说,显然徒增了不小的经济压力。

　　宏观而论,乡村教育与城镇教育应当是共存互惠的关系,而不是由一方向另一方的简单替换。从乡村振兴的角度而言,政府、各职能部门以及教育工作者不妨考虑将部分产业从城镇转向农村,带动乡村地区的经济发展,这样能一定程度上吸引城镇老师到乡村任教,为乡村孩子提供在家门口就能享受到的教育,促进良性循环。比如邬志辉教授提出了田园城市的概念,"随着新科技革命和产业革命的到来,新型生态观光旅游产业的发展,许多产业不必再像过去那样聚集于城市,完全可以向农村聚集与转移,城市与乡

①　胡俊生:《农村教育城镇化:动因、目标及策略探讨》,《教育研究》2010 年第 2 期。

②　邬志辉:《城乡教育一体化:问题形态与制度突破》,《教育研究》2012 年第 8 期。

村融合的田园城市才是未来发展的方向"。① 新兴产业由城市拓展到农村也必然会带动原本入驻到城镇的农村人口的回流，进而让学校教育回归农村，届时城市与农村将实现真正意义上的教育平等。总之，结合栗子坪的例子来看，城镇集中办学只是相对合理的形式，对于乡村教育而言，如何将其与城镇教育有机结合，更好地服务于广大农民，仍是一个亟待解决的问题。

## 五、教育政策的推行

党和政府历来高度重视乡村教育的发展，大到国家层面的宏观调控，小到乡村基层的贯彻落实，各项工作稳步推进，使得乡村教育的大环境得到了明显改善。党的十八大以来，随着《教育部等 5 部门关于加强义务教育阶段农村留守儿童关爱和教育工作的意见》(2013 年)、《国务院关于统筹推进县域内城乡义务教育一体化改革发展的若干意见》(2016 年)、《教育部等四部门关于实现巩固拓展教育脱贫攻坚成果同乡村振兴有效衔接的意见》(2021年)等文件的相继出台与落实，农村适龄孩子在享受公平教育的同时，生活也得到了良好的保障。正是由于党和政府的关怀，栗子坪村入学率达到100％，每个栗子坪村的孩子是教育政策的最终受益者。

五峰县扶贫工作扎实开展，2020 年 4 月，经湖北省专项评估检查核实，正式实现脱贫摘帽。仅就教育扶贫而言，五峰县教育局早在 2017 年 3 月 1日就发布了《五峰脱贫攻坚教育扶贫政策操作办法》，使得包括栗子坪村在内的所有贫困孩子按照各年龄段均享受到相应的助学金。另外，为确保国务院扶贫开发领导小组办公室发起的"雨露计划"顺利实施，五峰县政府办于 2016 年 10 月 28 日发布《县人民政府办公室关于认真做好雨露计划支持农村贫困家庭新成长劳动力接受职业教育的通知》，对全县范围内的农村建档立卡贫困家庭中，有子女接受中、高等职业教育的给予补贴。2015 年至2020 年，栗子坪享受雨露计划的学生人数为 70 人，总资金 195000 元。笔者在栗子坪村走访期间，对村委会最新公布的 8 个 2021 年栗子坪村"雨露计划"资助家庭均进行了走访或电话访谈，了解到在村委会的帮扶下，这些家庭均已受到资助。

---

① 邬志辉：《城乡教育一体化：问题形态与制度突破》，《教育研究》2012 年第 8 期。

表 7-2　五峰土家族自治县 2020 年脱贫攻坚巩固提高

扶持政策清单(教育扶贫巩固提高工程部分)

| 项目名称 | | | 补助对象及条件 | 补助标准或内容 | 责任单位 |
|---|---|---|---|---|---|
| 教育扶贫巩固提高工程 | 教育扶贫助学金政策 | 学前教育阶段 | 建档立卡家庭在园幼儿 | 每生每年 1000 元助学金 | 县教育局 |
| | | 义务教育阶段 | 建档立卡家庭小学生 | 免学费、免费发放教科书,小学每生每年 1000 元 | |
| | | | 建档立卡家庭初中(特校)学生 | 免学费、免费发放教科书,初中(特校)每生每年 1250 元助学金 | |
| | | 普通高中教育 | 建档立卡家庭高中学生 | 免学费,每生每年 3000 元助学金 | |
| | | 职业教育 | 建档立卡家庭职业教育学生 | 免学费,每生每年 2000 元助学金(仅中职一、二年级) | |
| | 助学贷款 | 职业教育(全日制高职高专) | 建档立卡家庭学生 | 可申请最高限额 8000 元的助学贷款(含生源地信用助学贷款)。在校期间,财政给予全额贴息 | |
| | | 本科教育(全日制) | | 可申请最高限额 8000 元的助学贷款(含生源地信用助学贷款)。在校期间,财政给予全额贴息 | |
| | | 研究生及以上教育(全日制) | | 可申请最高限额 12000 元的助学贷款(含生源地信用助学贷款)。在校期间,财政给予全额贴息 | |

续表

| 项目名称 | | 补助对象及条件 | 补助标准或内容 | 责任单位 |
|---|---|---|---|---|
| 教育扶贫巩固提升工程 | 雨露计划 | 农村建档立卡贫困家庭子女接受中等、高等职业教育，且在国家职业教育主管部门学籍管理系统注册正式学籍学生（全日制） | 每生每学年 5000 元（分春、秋两学期申报，每学期补助 2500 元） | 县政府扶贫办 |
| | 资助参保 | 计划生育特殊困难家庭中的特困夫妻及其伤残子女 | 全额资助个人缴费部分 | 县卫健局 |
| | | 丧失劳动能力残疾人、严重精神障碍患者 | 全额资助个人缴费部分 | 县残联 |
| | | 特困供养人员、孤儿、最低生活保障家庭成员 | 全额资助个人缴费部分 | 县医保局 |
| | | 低收入家庭中 60 周岁以上老年人和未成年人 | 按 100 元/年的标准给予个人缴费部分资助，个人缴费 150 元 | |
| | | 普通精准扶贫建档立卡贫困人员 | 按 100 元/年的标准给予个人缴费部分资助，个人缴费 150 元 | |

当前,随着"双减"政策的出台与落实,乡村教育也在新的政策下逐渐改革。据五峰县政府办工作人员 HHY 介绍,五峰县当前除了通过精准扶贫在学费上为农村贫困学生予以保障外,也专门针对他们的身体健康实施"营养餐计划"。就小学生而言,除了日常的三餐供应,家庭相对贫困的孩子还能在中餐与晚餐享受额外的牛奶供应,而对于中学生则是发放用餐补贴。该政策已在包括来自栗子坪村在内的农村贫困生范围内全面铺开。[①]

为了进一步实现教育的均衡化发展,五峰县政府、县教育局联动五峰县各个小学试点开展"课后晚托",即帮助孩子在校时间内就消化当天所学的知识,并开展课余活动,丰富孩子的学习与生活。其目的在于,一是为了规范义务教育,整治教育乱象,杜绝教育行业中的黑色产业链;二是让孩子在学校内就能完成当天的学习任务,及时查漏补缺,不让遗留下来的问题拖延下去,从而切实提高教学质量;三是帮助家长减轻孩子的管理负担,既让家长从检查孩子作业并签字的繁琐任务中解脱出来,也让家长不必担心孩子放学过早而无人看管的现状。该举措于 2021 年 9 月在城关实验小学、渔洋关镇小学及渔洋关幸福小学试点推行,然后根据实际情况,再在全县全面推行。

# 第三节 社会教育

## 一、扫盲教育

扫盲是我国教育史上尤为重要的大事,旨在提高农民素养,科学引导农民发展农业。早在 1945 年,毛泽东就明确指出,在 80% 的人口中扫除文盲,是中华人民共和国的一项重要工作。1950 年 9 月,教育部和全国总工会联合召开第一次工农教育会议。会议明确指出:"推行识字教育,逐步减少文盲。"1952 年 5 月 15 日,教育部发出《关于各地开展"速成识字法"的教学实验工作的通知》,强调:"在全国范围内,在广大的工人、农民中间普遍地推行速成识字法,有计划、有步骤地扫除文盲,已是当前刻不容缓的重大任

---

① 访谈对象:HHY,女,43 岁;访谈人:刘行健。2021 年 8 月 1 日,栗子坪村 8 组。

务。"①由此,扫盲工作在全国范围内全面铺开。栗子坪村积极响应政策,分阶段深入贯彻扫盲教育。

栗子坪村第一阶段的扫盲是 1952 年到 1965 年,以集中办夜校的方式来向村民普及教育。据调查,夜校主要集中在塘上、何家岭、大树包等地点,教书的人由村主任来请,既有以前的私塾先生,也有懂文化的村民。夜校根据学员的劳动时间定期安排上课,开课时间大部分安排在冬天的晚上,一方面是考虑到时间充裕一些,另一方面是冬天属于农闲时节,上课时间相对集中。一般农忙的时候一周只有两三个晚上才开课,农闲的话则是天天上夜校。白天的时候,村民要在田里劳动,晚上吃了晚饭后,7 点就到夜校上课。在夜校主要学习识字与算术,所使用的教材既有全国统一的识字课本,也有像《三字经》《百家姓》等经典读物。② 村民学习氛围十分浓厚,他们上夜校都十分自觉,除了个别时候因为农忙没法到场外,基本上都能按时到校学习。经过努力,以前没接受过教育的村民基本上都能掌握 1000 多个汉字和常用的算术。1965 年以后停办了一段时间,主要原因在于:一是随着小学教育的普及,村子几乎都上过小学了,入学率达百分之百;二是经过这么多年的夜校教育,文盲基本上没有了。这也从侧面反映了第一阶段的扫盲工作成效显著。

1982 年,栗子坪村发起第二阶段的扫盲教育。据调查,在这次的扫盲中,由政府及县教育部门出面组织协调,从宋家河调用潘亚东老师来到栗子坪小学进行扫盲教育。扫盲教育涉及的知识面较第一阶段扫盲有所扩充,加了历史、地理常识、政治等等。③ 另外据村委会 WZC 同志的回忆,栗子坪小学专门开设了扫盲班,当时招了三四十个人,有的来自其他村子。这些学生基本上是十几岁到二十多岁的年纪,以前几乎没有读过书的。他们在这里上课,结业时参加考试,考试合格后颁发结业证书。④ 这次扫盲办了大概3 个月。之后,文盲全部扫除,扫盲班也就停止办学了。

从栗子坪历史上的两次扫盲来看,农村地区早期的扫盲教育是社会教育的重要组成部分,是农村发展中最为基础的保障。文字和算术是知识的

---

① 吴珏:《毛泽东与中华人民共和国的四次扫盲高潮》,中国共产党新闻网:http://cpc.people.com.cn/GB/64162/64172/85037/85038/6925135.html,2021 年 7 月 27 日。
② 访谈对象:WXY,男,77 岁;访谈人:刘行健。2021 年 7 月 11 日,栗子坪村 8 组。
③ 访谈对象:WXY,男,77 岁;访谈人:刘行健。2021 年 7 月 11 日,栗子坪村 8 组。
④ 访谈对象:WZC,男,47 岁;访谈人:刘行健。2021 年 7 月 14 日,栗子坪村委会。

载体,扫盲不仅让村民交流更加方便,维护和谐的社会环境,而且叩开了知识的大门,使他们切实接触到各类知识和技术,科学生产,极大提高了农村的生产力。

## 二、农业培训

农业的发展离不开技术的突破,而将技术普及至乡村的每家每户是提高产能的关键步骤。为了进一步增加栗子坪村村民科学从事种植和养殖,提高经济收入,栗子坪村曾经邀请上级部门和农业专家到村里组织开展农业培训。

1976年,村民HKT在五峰县农业部门的指导下引种杂交玉米,科学种植,实现了全年个体玉米产量突破400斤,引起了广大村民的关注。次年,在技术部门的大力支持下,他在栗子坪村8组办了一座农科所,专门培育玉米杂交种子,帮助村民提高玉米产量。

1985年起,上级部门和专家多次到栗子坪研究和普及地膜覆盖技术,全村村民积极参加相关课程的学习与实践。对于一般地区的村民而言,这项技术帮助他们在原有产量的基础上增多了近三分之一,而对于住在栗子坪地势较高地区的村民来说,这项技术让他们也能够种植杂交种子,打破地域限制,实现产能突破。到了1988年,栗子坪村在林业育苗、烟叶种植、蔬菜种植等方面广泛推行地膜覆盖技术,农田年平均产量较过去增长30%。

到了20世纪90年代,为扶持本土的中药产业,栗子坪村邀请专家开办专题培训班。据村治保调解委员会主任TP回忆,他本人参加过五倍子种植培训班和天麻培训班,其中印象最为深刻的就是天麻培训。他谈道:"当时为我们讲天麻种植是宜昌的望宏端老师,他在天麻种植界是响当当的人物。基本上全村的人都去听了。课程结束后,望老师还多次到村子里调研天麻种植情况,非常认真负责。我现在种药材的经验是以那个时候学的知识参考的。"[①]栗子坪村本身就有着良好的中药品种和得天独厚的气候条件作为基础,加之早期科学种植技术的引进和后续的实践和创新,使得中药产量稳步提高。

综合来看,栗子坪村的农业培训以本土产业为基础、以农业科技为主干、以广大村民为对象,扎实推进,不断优化,让村民在实践中感受科技的魅

---

① 访谈对象:TP,男,49岁;访谈人:刘行健。2021年7月13日,栗子坪村7组。

力,极大地调动村民的积极性,从而引导他们迈向科技致富的康庄大道。

## 三、农闲教育

乡村社会教育不仅反映在农业生产中,也反映在日常的农闲生活中。所谓"生活处处皆学问",如今随着农村物质条件的日益改善,栗子坪的村民在农闲中也开始学会回归生活、调剂生活,从而追寻属于自己的价值与幸福。

栗子坪村是典型的土家村落,这里保存着土家族特有的乡土气息,比如抬格子、唱山歌、办喜丧等等。村中年长的人在日常生活中遵循各种传统,而且会把各种礼节和禁忌等传授给新一代人。作为村中现任的都官先生,WYF先生就在访谈中提到过村中习艺的传统。以操办丧事为例,五峰、长阳一带的土家族人在丧事中要搞"撒叶儿嗬",即"跳丧"。村中组织有专门办丧事的团体,一般新人想要加入的话,WYF以及团体中有资历的人会教他们怎样打锣敲鼓、舞蹈动作以及"撒叶儿嗬"中需要注意的禁忌。毕竟丧事是一段人生的结束,是一件大事,存在着诸多的讲究,如果不提前知晓这些,就是对已故之人的不敬。经过培训以及几次实践后,新人基本上就能掌握。如今随着城镇化的发展,栗子坪村里的年轻人大多外流到城市,传统乡土文化的学习与传承存在着青黄不接的隐患,少数像WYF这样长期从事乡土事业的人士仍在为栗子坪传统文化的继承与保护而坚守着。

伴随着互联网信息时代的迅猛发展,网络科技也走进了栗子坪的家家户户。栗子坪村的村民为紧跟时代的步伐,也开始接触智能手机和电脑。这时候,家中的小辈就成了长辈的老师。他们不仅要为长辈购买新款智能手机,还要教他们怎样使用。一开始长辈会抱怨手机高昂的价格,慢慢地他们自己摸索到了门道,也就开始享受网络带给他们的便利。有的家庭在有关部门和家人的支持和帮助下尝试网络开店,将本地的药材、蜂蜜、水果等农产品远销外地,带来了不错的收益。有的村民还学会使用"抖音""快手"等视频社交软件,将他们在栗子坪村生活中的点点滴滴拍成视频发在网上,当作生活中的一剂调味品,缓解劳动的繁忙和疲惫。在栗子坪走访期间,笔者碰到过一些有趣的事情。在闲聊中,有的农户会把他们拍的做饭视频发给笔者,还饶有兴致地对照视频讲这道菜的做法。还有一次是和同学到栗子坪2组走访,被路上的村民误以为是抖音中的网红。这些趣闻让笔者在欢乐之余,也不禁感叹网络的普及不仅改变了农村的生活方式,也打破了生活在城市中的人对于农村的刻板印象。以前很多城里人觉得农村不体面，如今看到这些视频后会发现，原来乡村的生活同样能过得有滋有味。

正如栗子坪退休老教师 HGL 老人所说，"栗子坪村单纯从教育方面讲，有个爱学文化、爱办教育的风俗。这是对我们祖先的一种敬仰"。① 纵观栗子坪村的教育发展历程，可以看出，栗子坪村的村民始终重视教育。而乡村教育也确实改善了栗子坪村的社会环境，老一辈的人通过教育摆脱了文盲身份，他们的思想观念和物质条件发生了根本的转变。新一代的年轻人因教育的改革与发展得以脱贫致富，走出大山，在更广阔的平台为祖国的繁荣和自我的价值而奋斗。可以说，乡村振兴的基础在于乡村教育，只有让广大农民接受良好的教育，他们才能用知识更好地建设美丽的家园。

① 访谈对象：HGL，男，70 岁；访谈人：刘行健。2021 年 7 月 26 日，栗子坪村 2 组。

# 第八章

# 民间医疗

鄂西南地区的广大农村,在道路闭塞、现代医疗条件较为落后的时期,盛行民间医疗。① 民间医疗诊治上秉持着"以患者为主体"的思维方式、"天人合一"的诊疗取向、"家族式"的医学伦理。用药上,则以民间医药为主。随着经济发展,道路畅通,西方医学相继传入乡村,现代乡村医疗逐渐占据主位。但是传统民间医疗并未消亡,而是与现代乡村医疗并存。

## 第一节　巫术医疗

1949 年以前,栗子坪村医疗条件落后,对疾病也缺少科学认知。因此,栗子坪村民往往会祈求神灵保佑来治疗疾病,也会将他们恐惧的未知疾病归因于鬼神。这也为巫医的出现提供了必要条件。

### 一、巫术的疗愈作用

栗子坪地处偏僻,1949 年以前巫觋文化盛行,《五峰县志》中有所载:"遇有疾病则酬神愿,大击钲鼓,请巫神以咒舞。"②可见巫文化对栗子坪的土家族人民产生了直接影响,历代史志中都有土家人以巫术疗疾的记载。即便是现今,栗子坪仍存少量信巫习俗,生病后常请巫医画水念咒祛疾,在栗子坪就有这样几位村民曾经历此事。

　　大概六七岁的时候,我走夜路,看见了什么不干净的东西,回家之后一直睡不着觉,总是哭,身体也很虚弱,吃药看医生也不见好。家里

---

① 本章所述的民间医药及其治疗方法为田野调查所得,仅供参考,不宜模仿施用。
② 湖北省五峰土家族自治县地方志编纂委员会编:《五峰县志》,北京:中国城市出版社,1994 年,第 3 页。

人没办法,只能去找"老师"给我看看。具体是怎么看,我已经没太大印象,只记得那个师父在我身边转了好几个圈,画了我看不明白的东西,烧掉后给我喝了下去。从那之后,我的精神就逐渐好了,夜里不再哭,也能睡得着觉。这事儿说起来很玄乎,但是的确我是被"老师"看好的。之前我觉得这种事是在骗小孩儿,但是自从我经历过后,就开始相信这些符啊、水啊的可以帮人治病,不是在害人。虽然我说不清楚这中间有什么门道,但是它治好了我。①

我嫂子因受惊彻夜难眠,看了很多医生,打针、吃药都没有效果,只能去找你们这些娃娃说的巫医去看。说来也奇怪,"闹过"之后,病奇迹般的痊愈,但是没有人可以解释清楚这其中的道理。我觉得,受惊的人大部分是心里觉得害怕,也许这是心理疗法的一种。至于为何用符,也许只是为了让他们相信自己害怕的东西有人或有神可以帮他们镇住,从而达到心理安慰的效果。可能你们觉得这是封建迷信,但是我觉得只是这种文化在现代社会无法进行科学解释。并且他们也没有以此来害人,而是用来做好事,帮助在医院无法医治好的病人痊愈,给他们的家人以心理安慰。虽然解释不清楚是何缘由,但是在某种特殊情况下也着实有效,也成为很多人没有选择的选择。②

以上案例从某种程度上说明,巫医在现代社会仍占有一席之地,时常会成为久病不愈者的心理寄托。不管是否有奇效,至少在患病者,抑或是巫医眼里求助于鬼神、天地是祛病除魔之良方。在笔者与村民FSH的交谈中,他提到至今仍会使用的"九龙水"。

"九龙水"一般是用来化鱼刺用的,比如说谁家有人吃鱼,被鱼刺卡住喉咙咽不下去,就可以试试这种方法。先去打一碗水,念口诀:"请十三吕洞宾,迎南海寺之声,转百碗为东方海,转咽喉为深潭,入九龙洞。我奉太上老君,急如律令,急如律令。"并随着口诀在水碗里画符,然后让这个人喝下去,用不了几分钟就好了。修行比较好的法师,只用端着或看着水碗,心里默念就行。

"九龙水"分"顺九龙"和"倒九龙"等,顺九龙就是把鱼刺顺下去,倒

① 访谈对象:YYL,男,62岁;访谈人:刘晓宇。2021年7月10日,栗子坪村医务室。
② 访谈对象:WXQ,女,57岁;访谈人:刘晓宇。2021年7月12日,栗子坪村WXQ家中。

185

九龙就是把鱼刺吐出来。九龙水练好了是可以远程处理的,方法就是打一碗水,拍个照片或者视频给施法者,施法人对着照片或者视频施,法完后你喝下去效果是一样的。[①]

除了"九龙水",他还提到"走胎"治疗小孩惊魂。

> 把小孩的指甲跟头发剪掉,用七根不同颜色的线把鸡蛋缠起来。然后,在鸡蛋上画一个符,把指甲、头发跟鸡蛋放在一起,用黄纸包起来,再缠上。烧柴火把鸡蛋扔进去烧,直到把鸡蛋烧炸,看蛋黄显示出形状,显示成什么动物就是走什么胎。之后,小孩的惊魂就会痊愈。[②]

这些叙述看似荒唐无稽,但从中折射出村民对自然以及未知力量的敬畏恐惧之心。或许这些事例难以用现代科学进行解释,却给当时处境艰难、医疗条件落后的栗子坪村民提供了某种程度上的心理安慰。

## 二、巫与医结合

《说文解字》:"医,治病工也……古者巫彭初作医。"[③]据《春官宗伯·男巫》中记载男巫的职能之一即是"以除疾病"。可以看出,巫与医关系密切,无法完全分割开来,而这种现象在对栗子坪巫医 HGL[④] 访谈中也得到印证。

> 问:您做巫医多久了？是专职吗？
>
> HGL:我做巫已经五十多年了,不是专门,也不靠这个讨生活,有人来找我,我就闹一下。
>
> 问:那您做巫医主要看什么？
>
> HGL:像惊魂,身体长疮这种我都可以看。
>
> 问:那这些病症怎么看？药去哪儿拿？
>
> HGL:惊魂就是画符或者八卦,但是画出来,看情况分两种办法。
>
> 问:哪两种？

① 访谈对象:FSH,男,56 岁;访谈人:刘晓宇。2021 年 7 月 19 日,栗子坪村 FSH 家中。

② 访谈对象:FSH,男,56 岁;访谈人:刘晓宇。2021 年 7 月 25 日,栗子坪村 FSH 家中。

③ 许慎:《说文解字》,上海:上海古籍出版社,1981 年,第 96 页。

④ 访谈对象:HGL,男,70 岁;访谈人:刘晓宇。2021 年 7 月 27 日,栗子坪村 HGL 家中。

HGL:第一种是让病人贴着心脏,用黑布包裹随身携带。另一种则是烧成灰放进水里,让病人喝掉。

问:这两种方法有什么区别吗?

HGL:说实话,本质上没有什么区别,这些东西听起来好像很玄乎,其实也就是一种心理疗法,对不同病人的情况做出相应的判断,去找到相应的方法。病人的心理障碍解决了,病症也自然而然减轻或者消失。

问:不需要配合药物治疗吗?

HGL:有时候需要配药,除非完全是心理问题,比如受惊,吃药没用,只能靠心理疏导。但是长疮之类的,需要药物配合,符咒什么的就是给病人一些心理安慰。但是我不开药,是让病人自己去药店购买。

可见巫医依赖符咒的同时,也还是会借助药物医治病患。“巫”与“医”始终无法真正的分割开来,这也是为何至今巫医从不真正消亡的一个因素。并且 HGL 的言语中透露出本土巫医行医是以“良心”为根本出发点,并非为了赚钱。此外,笔者还对之前从渔洋关专程过来看诊的患者 LY 进行电话访问。

我之前找过 HGL 给我家孩子治病,也算不上病吧,他就是老哭,整夜整夜地哭,不睡觉也不吃饭,西医看了很多也治不好。渔洋关的医生也查不出是什么原因,开过药,反反复复,就是不见好。实在没什么好办法,孩子受罪,我们大人也心疼,听说 HGL 能治就过来了。本来也没抱什么希望,万幸啊,找了他之后治好了。怎么治的我也说不上来,就看见他给我家孩子摸了摸,然后念了许多我根本听不懂的话,又用黄纸画了一张护身符一样的东西,嘱咐我们用黑布包着,放在贴着孩子心脏的地方戴一个月。喔,对了,中间也有吃药,不过不是 HGL 开的,是我们自己在医院拿的药。我也不清楚到底是医院药的原因,还是HGL 真的能治,但是孩子的确找完他之后好了。这种事情说不好,之前我也不相信这个东西能治病,现在我信。①

这也印证了在疗愈过程中“巫”和“医”没有完全隔离,“巫医一体”才是巫医治疗的显著特点。诊治中巫医通过巫术活动所产生的气氛,对患者进行精神安慰及支持。这种精神疗法对于增强患者对疾病的抵抗力具有很重

---

① 访谈对象:LY,男,53 岁;访谈人:刘晓宇。2021 年 7 月 29 日,电话访谈。

要的作用,再辅之以药物,往往能够药到病除。

随着社会的进步,生产力的发展,科学化及标准化医疗建构日益完善,巫医自然逐渐没落,人们在遭遇疾病时,转而会去寻找正规医疗机构的帮助。在与"00后"HYZ的访谈中,这一态度表现得尤为明显。

> 我之前一直睡不着,每天夜里都心悸害怕,去医院也查不出到底得了什么病,我爸妈着急,就找了村里的FSH给我看。说是看吧也不像,跟跳大神似的,画了张符,做了法,用火烧掉放进水里就让我喝。这哪儿喝下去啊,那么脏。而且我觉得这就是封建迷信,那碗水我也没喝,背着我爸妈偷偷倒了,后面我不也自己好了。现在基本上没人找巫医看病,有病都去医院,离县城这么近,跑着又方便,谁还搞封建迷信啊。①

在受现代教育影响、建立科学知识体系的年轻人眼里,一旦遭遇疾病会第一时间寻求现代医学的帮助而非找巫医诊治,甚至在现代医疗束手无策的情况下,也依然对巫医心存疑虑。当然,具有科学性和先进性的现代医学,并非万能。在健康和疾病领域,人们远未进入"自由王国",当患有疑难疾病或不治之症的人被常规治疗抛弃时,对现代医学的失望会促使他转而求助一些非常规疗法。这时会发生一种奇特的现象,一方面病人在现代医疗机构接受诊治,另一方面,寻求巫医的帮助。而这一现象则集中出现在中老年人身上。

> 我之前病得很严重,在医院输液七八天吗,没见好转。医生说是慢性病治不好,只能慢慢调养,但是这太难受了。后来,听说HGL能看,我就过来找他了。以前我是不信这些的,觉得这东西不就是封建迷信嘛。但是,自从找HGL看过之后,再去医院打针治病,身体就开始好转,应该是那些符水帮我把邪气排出去了。②

> 我家是给我爹看病,他身体一直不好,医院那边儿也在治,但还是想找老师看看,不然他不放心,总感觉这病跟治不好一样。在HGL这儿看对病情有没有帮助我不知道,但是我爹精神头现在蛮好。③

---

① 访谈对象:HYT,女,17岁;访谈人:刘晓宇。2021年7月18日,栗子坪村委会。
② 访谈对象:DDL,女,58岁;访谈人:刘晓宇。2021年7月13日,栗子坪村DDL家中。
③ 访谈对象:HCY,男,47岁;访谈人:刘晓宇。2021年7月14日,栗子坪村HCY家中。

由此可见,无论是寻求心理上的安慰,还是确有其事,巫医在病重者的家庭中扮演不可或缺的角色,为患者及患者家庭带来超出生理程度的心理治疗。本土先民的宗教信仰大致经历了"万物有灵"、图腾崇拜和泛神崇拜三个阶段。因而把诸多的神灵都看成是超自然的"绝对精神"。当人们遭到不可抗力,祈求神灵的保佑以期消灾成为他们的主要诉求。巫术医疗是一种以原始思维为基础的自治体系,将会长期延续下去。时至今日,栗子坪村偶尔还能寻找到巫医活动的踪影,虽非主流,但也并未消亡。巫医使用的药物多为中草药,可为栗子坪中医药文化的发展提供助力。

# 第二节 中医药医疗

中医药文化是以中国古代传统文化理念构建的关于人的生命、健康与疾病防治规律的科学体系。在西医学盛行的今天,栗子坪依然保存着完整的中医药医疗体系,同时以其专有的诊疗手段及良好的临床效果独树一帜。

## 一、药草之乡

栗子坪村地处北风垭独岭关门山下,药草生长环境得天独厚,一颗珠、金盆草、天麻、七叶一枝花、牛膝、贝母等上百种药材遍布栗子坪周围,向来享有"药草之乡"的美誉。因此,不仅为环境闭塞交通不畅缺医少药的栗子坪提供了治病药物,也为中医药文化的发展提供了温床。

在中药材种植方面,栗子坪道路设施逐渐完善为中药材走出栗子坪提供了基本条件。1958年至1979年间,村民仅依靠开春上山采集野生药材获取额外收入,村里行医所用中草药也多依靠上山采集。2008年,当地药草业由每年开春人们上山采集野生药材出售逐渐转变为规模化人工药材种植。药草种植面积6.67公顷以上,总产值约为10万元。2018年,栗子坪村村民WMQ成立主要从事药材种植、加工与销售的药材种植生产合作社,承包土地三百余亩,主要从事独活、木香、牛犀等药材的种植、加工与销售。尽管如此,中药材的种植在整个栗子坪村所占比重也不高。村内也没有药材加工厂,采摘下的药材在本地只能做简单的晒干粗加工,随后作为药品原材料出售。且药材品类较少,仅限于独活、木香、牛膝等本地中医时常用到的药材。产出的药材也大多销往湖南地区或是日本、东南亚地区,并不涉及宜昌周边。

从总体情况来看，栗子坪拥有丰富的中药材资源，具有发展壮大中药材的天然优势，但是栗子坪的中药产业发展水平并不理想。

## 二、中医医治

由于中药草标本兼治，毒副作用小，加之辅以深厚的中医学理论基础，栗子坪的中医药医疗却在诸多冲击之下，保存十分完整。虽然中药有许多优点，但毕竟患者之间存在着一定的个体差异，不可能原原本本地"照方生病"。当中药剂型未能配套开发时，其实用性就会大大降低。比如某患者需要用香砂六君丸加山楂、神曲、莱菔子予以治疗，虽然香砂六君丸有成药，但山楂、神曲、莱菔子却得另煎。在许多类似的情况下，中药因不能完全对症而被放弃使用，若非某些病症西医医治无效，也不会退而转求中医。并且随着时代发展和生活品质的提高，越来越多的人逐渐远离繁琐的家务，开始注重享受生活。在这种情况下，患者治病总是希望治疗方法越简单越好，见效越快越好，服药越少越好。而中药味道苦涩难咽，煎煮过程繁琐，服用量大，不便于携带保存，已经难以适应现代人的生活节奏。在访谈中，不少人都表示："饭都不想吃，谁还想吃中药？""病了以后连动也不想动，哪还有精力去煎中药？""就是把药送到嘴边，我还懒得喝呢！谁还有那份闲情逸致去煎中药？""在学校住读，没有地方煎中药。""要去外地出差，停药一段时间会不会影响疗效？""长期煎中药，药味家里人都闻腻了，邻居也有意见！""煎药的时候，水都溢了出来，药汁煎干了，怎么办？""没有瓦罐，能否用别的东西煎中药？煎多长时间？给多少水？""什么是文火、武火？什么药要先煎、后下、另炖、烊化？"许多人都承认中医治病确实有效，却不愿服用中药。这种认可中医又拒绝中药的现象，已经屡见不鲜。

在栗子坪村，涌现出一批像何祖焕、何德焕、王勋良等中医治疗手段丰富、方法灵活、治病救人的民间医生。

起初，村医何祖智擅长中医疗法，利用中草药医治病患。随后，其子何德焕承袭父业进行中医问诊直至 20 世纪 60 年代末。1965 年，栗子坪村委会在 5 组建立起以中医为主的村卫生室，何祖智将祖传秘方一并捐献给村医务室。彼时医疗条件简易落后，药物缺乏，村医冯明善依然靠上山自采草药医治病患。随后，村大队管委会筹措资金，加之国家补贴，卫生室得以实行社员每年两元年费，挂号五分钱、看病吃药不用钱的合作医疗制度，仍然是以中医药治疗为主体。由于资金问题，合作医疗在两年后被迫关停，王勋良便把卫生室搬到自己家中,继续以中草药医治病患。如此行医,直至王勋良的儿子王志昌从五峰卫校毕业。王志昌虽受过西方医学的系统培训,但仍认为中医不会伤害身体且标本兼治,因此选择子承父业。直至 2019 年,村卫生室由村医 HT 接任,仍是以中药治疗为主。至今中医药虽一直存在,但受现代西方医学传入的影响,采用中医诊治者寥寥无几。村民一旦有身体不适,也大多选择前去医疗条件较好的城关就医。即便有部分选择医务室诊治,也多为他村村民,年龄分布在 47~86 岁之间,以中老年居多,基本没有年轻人。或许这也从侧面体现出科学的发展和现代教育的普及,人们受现代西方医疗的影响渐深,对现代西方医疗技术的信任感逐渐强于中医。

## 三、中医药传承人

栗子坪村悠久的中医药历史和良好的中医药发展环境,使部分村民逐渐成长为中医药的民间医生,成为当代的民间中医药传承人,其中最具代表性的有村民王勋良。

王勋良在医治黄疸肝炎、肺气肿等方面成绩斐然。他自制的药剂,用药少而精,针对病症疗效显著。访谈时他提供中医方剂三十余种,其中涉及治疗中风、痛症、黄疸肝炎及肺气肿等病症。

肺气肿:炙甘草、党参、姜半夏、蒲公英、五味子、瓜仁。

脑梗塞:诗仙、秦艽、五加皮、田七、桂枝、地龙二钱、牛膝、木瓜、黄芪、丹参、乌蛇、庆胡等四两,研末,煎水服用。

以上药剂,均只供参考。医治病患时,王勋良会根据不同的病症做出调整,一些具有毒性易造成身体损伤的药会,尽量免去,或寻找其他药性相近但无毒性的药材替代。病症不同,服用方法也有异,急症,用水剂。需要长期调理的病症,则把中药磨成细粉,做成药丸,用水送服。药材方面:

万年青:可用于多种病症。

支气管哮喘:取万年青煎服,一次服用 8 克。

黄疸:取万年青,捣汁,以陈酒服,连服三次之余。

五十余年,王勋良初心未改,坚持以中医药疗愈患者,遇到家境困难的患者也未曾提及诊金。他坦言:"以前农村太穷了,是赊账来看病,有的欠钱到现在都没有还清,我也不要了。"[①]"我的初心告诉我,社会给予我的荣誉

---

① 访谈对象:王勋良,男,73 岁;访谈人:刘晓宇。2021 年 7 月 17 日,王勋良家中。

图 8-1　万年青

不是我赚钱的工具，而是救治更多百姓、挽救生命的一张名片。"①在多方访谈中，其看诊疗效受到患者的一致好评。

> 我得肺气肿差不多也有一年了，县城里的医生都说这病治不好，只能靠吃药缓解，根治就别想。但是我听说王勋良能治，就想来试试，多条路，说不定就好了，也不用这么难受。差不多三个月吧，已经不怎么咳嗽难受了，夜里也能睡个整觉。当时来的时候没想到能治好，实在没办法，好在结果是好的。王勋良说我这个肺气肿能根治，就是花时间，差不多得一年呢，好歹是有个盼头。②

> 我得胃炎有二十多年了吧，西药我觉得副作用有点儿大，再说之前就是在他这儿拿中药吃好的。最近太忙，饮食不规律，胃病又犯了，吃了点西药也没啥用，治标不治本。还是中药好，老祖宗留下的东西总归是有用的，老人家治病是一把好手哩。③

这些访谈者的评价，正是对王勋良精湛医术的肯定，也正是有如此医术精湛的医者，中医药文化才得以延续。提及癌症这一重大疾病，王勋良认为运用中医的思维结合现代科学技术，研究出攻克癌症的治疗方法，并不是天方夜谭，而是即将实现的事实。扶正固本，正本清源，增强免疫力，唤醒人体

---

① 访谈对象：王勋良，男，73 岁；访谈人：刘晓宇。2021 年 7 月 14 日，王勋良家中。
② 访谈对象：YLJ，男，45 岁；访谈人：刘晓宇。2021 年 7 月 20 日，栗子坪村王勋良家中。
③ 访谈对象：LLM，男，42 岁；访谈人：刘晓宇。2021 年 7 月 17 日，电话访谈。

自我修复能力,达到祛病强身的目的,这是中医的思维,必须坚守。在现代社会,中医药还应与现代科技深度融合,这样才能发展出全新的医学之路。排斥现代医学、墨守成规、不汲取现代科技的养分,中医药的传承发展之路就会大打折扣。如果不能用现代语言诠释中医,不能用现代手段展示中医,不能用现代方法应用中医,怎么能让中医普惠为民,又怎么能让中医药走向世界?

而问及看诊心得,王勋良则表示医者仁心,这一个"仁"字不但体现在治病调病上,更加体现在医患融洽、将心比心上。"中医人需有一颗悬壶济世之心,有大侠之风范,治病的最高境界为心中了然,天人合一,许多疾病甚至可以不药而愈。大多数疾病乃情志因素致病者多,理病先理心,心安则病去大半也"①。

图 8-2　王勋良

这位大山深处的中医世家传承人,无私大爱的天使,洞彻表里的智者深知自己的一生就是为中医药而来,使命也是让中医药传承发展、普惠为民。这是他儿时的志向,也是他一生不变的梦想。

---

① 访谈对象:王勋良,男,73岁;访谈人:刘晓宇。2021年7月13日,栗子坪村王勋良家中。

# 第三节　现代乡村医疗

我国的乡村医疗卫生服务政策，在 21 世纪前后有较大差别。20 世纪六七十年代，缺医少药，国家政策鼓励乡村集体创办合作医疗，低层次地解决乡村医疗卫生需要。栗子坪在此契机下成立了村镇医务室，20 世纪八九十年代，因以家庭承包制度建立的乡村医疗模式出现式微，无力支撑合作医疗运行，农村医疗卫生服务供给短缺，看病难问题就突出。进入 21 世纪后，国家主动推进乡村医疗卫生事业发展，不断提高新农合补助和基本公共卫生投入，基本满足了广大乡村的医疗卫生服务需要。

## 一、现代乡村医疗体系的建立

因获集体经济的支持，栗子坪于 1965 年采取自愿和互助共济的形式解决缺医少药的问题。自此，栗子坪村级医务室正式成立，以家庭承包的形式，自负盈亏。

全国人大一届三次会议通过的《高级农业生产合作社示范章程》规定，合作社对于因公负伤或致病的社员负责医疗，并酌量给予劳动日作为补助。这首次赋予集体承担农村社会成员疾病医疗的责任。1968 年，卫生部亲自批示湖北省长阳县乐园公社办合作医疗的经验并发表"合作医疗好"的指示①。彼时，栗子坪村委会遵照该指示，积极实行"合作医疗保健制度"，实现从只强调个人和集体共同筹资的传统合作医疗向"实行农民个人缴费、集体扶持和政府资助相结合的"新型农村合作医疗转变，进一步增强保基本、防大病、兜底线的医疗保障能力。

中国的医疗体制随着计划经济体制向市场经济体制的转型发生了巨大变化，几乎所有的医疗服务提供者都从原来依赖政府财政拨款的公立机构，转型为以服务换取收入的组织，公共卫生机构也不例外。个人承包的村医务室随着在医疗机构日益面向市场、政府对药品销售环节管理监督较难，农民看病难、看病贵的问题变得十分突出，逐渐走向没落。

2000 年后，政府相继出台许多政策法规，对重建农村合作医疗体系进

---

① 王红漫：《大国卫生之难：中国农村医疗卫生现状与制度改革探讨》，北京：北京大学出版社，2004 年，第 136、138 页。

行规范。2003 年 1 月,国务院办公厅转发了卫生部等部门《关于建立新型农村合作医疗制度的意见》,新型农村合作医疗自此兴办。至此,栗子坪现代农村医疗体系构建紧跟国家步伐日趋完善,并按"一村一室"的要求将卫生室设在村委会附近。为了给群众提供安全、安静、舒适的就医环境,村卫生室与其他单位、个人工作和生活用房间隔适当距离。而村镇卫生室的管理实行统一规划布局、统一建设标准、统一管理、统一药品及材料集中采购供应、统一考核和财务独立核算、责任独立承担的管理模式,为卫生服务一体化模式的实行提供了保障。

近年来,新农合逐渐对接城镇居民医保,医疗服务水平逐年提高,越来越多的农民享受到均等化医疗保障。乡村医疗服务和公共卫生条件有所改善,农民的健康权益得到有效维护和提高。

图 8-3　村医务室宣传册

栗子坪的医疗卫生体系相对之前也日益完善,村卫生室实行乡管村用,卫生服务水平得到显著提高。在此基础上,切实加强村卫生室和乡村医生管理,进一步明确乡镇卫生院村医职能。村医务室目前可提供验证精神障碍患者管理、肺结核患者健康管理、传染病及突发公共卫生事件报告和处理、高血压,Ⅱ型糖尿病患者健康管理、中医药健康管理等基本公共卫生服务项目。

卫生室用药以县为单位,实行集中带量采购,由各乡镇卫生院定期将药品统一配送至村卫生室。每村卫生室配备基本药物在 30 种以上,大幅降低了药品价格。以糖尿病人常用药二甲双胍片为例,0.25g 每粒价格仅为0.083元,极大降低了慢性病患者常用药的开销。同时,对开展中医诊疗的乡村医生配备中成药。以开展家庭医生服务活动为契机,定期前往患者家中,开展健康知识普及和诊疗服务,并建立健康档案。此外,定期免费开展健康体检,为慢性病患者指导用药,实现了"小病不出村,常见病不出乡镇"的目标。调研组成员在去拜访红军烈士后人 GB 时,他也提到现代乡村医疗体系给自己带来的便利:

我今年 72 岁,17 岁入伍,19 岁退役,参加过基层铁路修建,曾被火药炸成重伤,面部植皮多次。虽然身体还算硬朗,但是我有高血压,低压 90,高压 180,需要长期吃药。我能动的时候就不给国家添麻烦,自己骑着摩托车就可以去买药。但是国家政策好啊,照顾我们这些老人,乡镇医院会定期派医生下来给我们做体检,都不收钱的,也会给我们看病开药。像上次打疫苗,老人是第一批打的,村里也是派车接我们这些老人去医务室,不需要自己单独跑。医务室的医生登记了 60 岁以上长期患有慢性病症的老年人信息,会按时上门做检查。买药之类的,医保也能报。①

访谈中不难看出,现代乡村医疗服务体系的推广显现了极强的公益性,人民群众明显得到了实惠,也基本满足了人民所需。

## 二、现代乡村医疗的困境

### (一)医疗人手不足

受居住和交通出行条件较差、薪资待遇不好和资金支持不足等多重因素影响,广大医务工作者并不愿意选择村镇医务室作为工作地,导致农村医疗人手明显不够。村医在数量和质量上都远远落后于城市,城乡医疗差距日益拉大。②

在对医学生进行访谈时,不乏有人提及不愿去村卫生室工作的原因:"农村太偏了,也没什么生活可言。""经济不好,收入又低,又没什么发展空间。""那儿也没什么设施啊,我去那儿能干啥?"乡村卫生机构"招不到人"和"留不住人",村医队伍补充存在巨大困难。由于整体文化水平偏低,乡村医生接受新的诊疗知识及能力不足,在诊治过程中往往依靠自身经验,给治疗带来了一定的盲目性和不科学性。换言之,广大乡村现有的医疗人才、技术和诊疗知识都很难满足农民的医疗需求。城乡医疗鸿沟由此也可见一斑。

大批农村医护人员的辞职流失,加之学生不愿意到基层工作,导致农村出现医护人员青黄不接的窘迫局面。这使本就人才匮乏的农村医疗困难重重,成为乡村医疗中不可回避的一大困境。

---

① 访谈对象:GB,男,72 岁;访谈人:刘晓宇。2021 年 7 月 24 日,栗子坪村 GB 家中。
② 顾杏元:《中国贫困农村医疗保健制度研究》,上海:百家出版社,2003 年,第 239 页。

## (二)医疗资源分布不均衡

事实上,目前医疗资源日益向高端卫生机构集中,基层卫生机构日益萎缩。笔者通过对村医务室的观察发现:一个正常的工作日,一天只有两人前来看门诊,而且也只是拿常用药。另外,相关的医疗设备也不是特别齐全,使用频率低。本地居民则依据大小病情况选择医疗机构,通常小病首选村社区卫生服务站,大病则直接在县市大医院就医。

在访谈中,当地居民表示:"医务室又没啥设备,大毛病根本看不好,小毛病也不用看,拿点药就行了。""看种小病也挺麻烦的,有时忍忍就过了,或者自己买点药得了。"这些因素使得村镇医疗机构的治疗水平难以达到理想状态。

## (三)村级医疗机构职能未得到应有发挥

原则上村级卫生组织除了承担卫生行政部门赋予的为广大农民群众提供医疗服务外,主要承担着计划免疫、妇幼保健、健康教育、爱国卫生等大量的社会卫生工作。但实际情况并非如此,乡村医生开展诊疗服务还是依靠听诊器、温度表、血压计等"老三件",缺乏消毒、冷链运转设备、儿童体检等基本医疗设备。这在一定程度上制约了基本医疗和预防保健工作的开展。

## (四)地理环境的制约

"开门见山"是对栗子坪的真实写照。村内沟壑纵横,人口居住分散,使得预防、保健、医疗服务难度大。相关部门进行计划免疫、流行病学调查、地方病监测、妇幼两大系统管理等工作时,有因地形限制留有"死角"之风险。

# 三、现代乡村医疗发展的对策

1.加强卫生人员知识培训,普及基本专业技术,提高医护人员基本医疗卫生服务能力;建立由村到镇至乡或县逐级进修学习制度,提高医护人员专业水平。开展乡村医生中专学历教育,鼓励在职人员通过自学考试和职业教育,提高专业学历水平,改善农村卫生人才结构,满足农民群众健康需求。①

2.以政府为主导，调动民间资本和社会力量加大投入。基层医疗卫生服务机构所存在的人力资源、硬件资源短缺的问题，仅仅依靠政府财政支出，很难完全满足。要想方设法拓宽资金来源，以政府为主导，建立一套完善的资金保障制度，吸引医学院校高起点毕业生到基层医疗卫生服务机构工作（特别是临床类技术人员）。同时，制定一些优惠政策，在编制、待遇等方面给予基层医疗卫生服务机构更多的倾斜。②

3.扩大基层医疗卫生服务机构的救治范围，开展必要的、基本的临床手术，使患上大病或突发疾病的居民能及时得到诊治，避免频繁周转治疗，减少路程耽搁、抢救不及时等医疗风险。完善医疗保险报销制度，实现基层卫生服务均等化。从农村居民的视角出发，满足他们的基本医疗需求，改善就医条件，提供更为优质的服务，为农村居民的身体健康和农村社会发展创造更好的基础条件。

4.建立医疗保险和其他保险制度。在解决全省农民医疗保险问题上，政府不仅应调整卫生投入政策，充分发挥政府对预防保健和公共卫生服务的支持作用，加大财政资金向农村倾斜的力度，更重要的是政府和社会应高度重视将农民医疗保险制度逐步纳入社会保障规划之中。以农村合作医疗建设为契机、建立科学合理的农村医疗基金筹集机制，以改善农村医疗保险制度中存在筹资额太少、集体与政府补助不足等问题。③

时光洪流中栗子坪医疗水平及医疗观念呈现出清晰的发展脉络，这一变化与社会经济的发展息息相关。现代乡村医疗的发展在为村民带来便利的同时，也存在某种局限性。当人们遭遇西方医学无法缓解的病痛时，"巫医"及中医在某种程度上依然会成为缓解病患伤痛的选择。无论现代医疗如何发展，植根于栗子坪村落发展历史中的传统观念仍未曾磨灭，虽然隐蔽，却依然存在。

---

① 李伟：《农村基层医疗卫生机构运行中存在的问题及对策的实证分析》，《中国卫生事业管理》2012年第29期。

② 郑晓瑛：《农村人口健康投资新模式的评价——论卫生管理的投资效果》，《人口与经济》2001年第6期。

③ 李伟：《农村基层医疗卫生机构运行中存在的问题及对策的实证分析》，《中国卫生事业管理》2012年第29期。

# 第九章

# 民间信仰

民间信仰是民间社会传承的原始宗教与制度化宗教相杂糅而产生的一种原生态乡土文化,是民间社会中自发形成的一套关于神灵崇拜观念、行为习惯和相应的仪式制度。栗子坪村的民间信仰包含了灵石崇拜、祖先崇拜、俗神信仰、巫道习俗以及风水禁忌等多种内容,呈现出多元并存的格局。

## 第一节　灵石崇拜

灵石崇拜是因为岩石所具有的奇特形状或所处的特殊地理环境,村民们将生活中某种需求与其相联系,将其作为祈愿对象,岩石便被村民们赋予了灵性,由此产生对灵石的崇拜。栗子坪村中的灵石崇拜主要是求子的"打子岩"与祈雨的"天坑"。

### 一、"打子岩"——生育神石

打子岩就是栗子坪村具有地方特色的生育神。其在栗子坪9组卸甲寨脚,当地人认为这块巨石有祈福求子的功效。栗子坪村"打子岩"的求子信仰始自明末清初。在明清交替时期,栗子坪村发生过一场泥石流,从山上崩塌下来一块巨大的石头,滚到沟边便停住了,村民说这是神龙翻身。大石头下脚边有一圆槽,像是龙在里面睡觉。石头中部有一个约20厘米的小洞,洞下面有一间大堂叫正堂,正堂旁边有一间小堂叫偏堂。相传夫妇如果想要个一男半女的话,路过这里时,随便捡一小石子,向那个圆洞中一扔(投掷距离在15米),石子投进上洞就说明有孩子生。如果扔进左边正堂里,那就可能生儿子。如果将石子扔进右边偏堂里,那就可能生姑娘。于是很多不孕不育的夫妇首先上金顶烧香拜祭许愿,下来后都在这里扔石头,有人果真扔进了,并且生下了子女。所以这块大石头就被叫作打子岩,一直流传至今。过去当地人对此十分笃信,一些久婚不育的夫妻上金顶兴隆观祈福求子后,会下山来到打子岩旁再次祈福。由夫妻中的一人从周围捡起一块石头朝打子岩的洞内扔去,丢中的夫妻在一年内大多会怀孕。时至今日,打子岩的岩洞旁仍有香火供奉,有些来这里扔进石头生下儿女的夫妇还会来挂红绸还愿。下面通过一段访谈记录稍作说明:

W:2018年,他们还有给打子岩上红。

问:就是挂条红绳?

W:他扯的一段红绸,给他上红,他许愿已经是实现了。他们是一个久婚无育,无儿无女的夫妇,久婚不育。结婚十五年了,没得怀上娃娃。就是听的讲我们这儿的这个故事(打子岩的传说)以后,他就去了。他上金顶去拜,拜了以后,就下来随地捡了一个石子,随便一丢,就丢进打子岩的那个洞洞里面去了。回去后,当年就怀上了娃娃,第二年生了个姑娘。生了姑娘他就扯了红绸子专门来还愿,还有一把香放在那里。①

图 9-1　打子岩

通过以上访谈可知,人们相信打子岩会显灵,能够实现夫妇怀孕生子的愿望。在现代医疗发达的今天,仍然有人前来投石求子。成功怀孕后来这里挂红上香,进行还愿,一定程度上反映出当地人对这种信仰的坚定之心。

## 二、"天坑"——祈雨神石

雨神是古代中国民间崇拜的自然神灵之一。中国社会生产以农业为

---

① 访谈对象:WXY,男,77岁;访谈人:曹谭。2021年7月13日,栗子坪村 WXY 家。

主,千百年来农民靠天吃饭。在生产力低下,水利设施极少或全无的时代,雨晴对农作物的丰歉起决定性的作用。人们为了能够有个好收成,将自然界的雨奉为神灵。祈雨祭神时,一般用奏乐、歌舞仪式,也有用柴燃烧供物的献祭。栗子坪村以种植业为主,有着浓厚的雨神信仰氛围。与其他地区不同的是,栗子坪村的雨神不是传统的具象化的一位人神,而是物神,就是在金顶的天坑。当天久旱无雨时,村民就会组织队伍,带上祭品上金顶求雨,当地人称"打天坑"。村民WXY讲,栗子坪"打天坑"来求雨的做法由来已久。过去村里有一户人家家里盖屋场,天气

图 9-2　天　坑

干旱无法干活,就停工跑去金顶道观上去玩耍。在天坑旁边玩耍的时候,几个人往天坑里丢了几块石头,结果天上就开始乌云密布,他们几个人刚下到金顶道观的时候就下起了大雨。回去之后,这件事就在村民之间一传十,十传百地传开了,村民们也都知道打天坑能下雨,但是并不怎么信。第二年遇上大旱,几个月不下雨,村民想起去年打天坑下雨的事,于是就专门组织一支队伍,在山下杀黑狗取血,一队人前往金顶打天坑。在道观前一行人上香祈愿后,便背着黑狗血和石头前往天坑,将石头砸进天坑,并在天坑前洒下黑狗血,磕头求雨。在祈雨的队伍快下到山底的时候便下起了一场大雨,缓解了村子的旱情。从此以后,村民都相信打天坑是个"真家伙",能求来雨。①

天坑在金顶大庙兴隆观边端。从兴隆观遗址左侧山路上去,海拔高度1750 米,是一条西北—东南走向的狭长岩坑,两边较窄,中间宽。栗子坪如果遇到了大旱,当地农民就自发地邀约三五人带上香、纸、黑狗血,并在山下

---

① 访谈对象:WXY,男,77 岁;访谈人:曹谭。2022 年 4 月 12 日,三峡大学电话访谈。

背上几块石头上金顶进行祭拜。在天坑前点上三炷香，香前压上纸，向天坑"打躬"，祈求下场大雨，缓缓旱情。然后将黑狗血撒在天坑前，拿出准备好的石头朝天坑砸去。完毕后就赶紧返程下山后。求雨的队伍一般在上去时还是晴空万里，待向天坑扔石头后，约半个小时，就会见天上乌云密布，有时还雷声不断。当他们走下金顶到庙田时，就会打雷下雨。

村民上金顶"打天坑"求雨成功的例子有很多。根据调研时在 WXY 家中收集到的栗子坪村故事手稿记载：

> 在 20 世纪 60 年代初期的一年 4 月下旬，当时久晴无雨，苞谷苗子无法移栽，7 队原队长 WZH 带队上金顶打天坑求雨，结果下了一场大雨，缓解了全村的旱情。1976 年，6 组农民 WMD 和 7 组农民 WXQ 等10 多人在界湾砍木材（俗称搞立方），4 月上中旬天气久旱无雨，沟里的水干枯了。一天上午，他们商议决定上金顶游玩，听说打天坑可以求雨，便商量往天坑扔石头。当把石头丢下天坑后，最初能听到"咚咚咚"的声音，随后便没有响动了。当众人下山走到庙田边的时候，天空就起了乌云，很快就响起了雷声，眼看就要下雨了，在他们跑步到寨上农民CWB 家时，天就下起了大雨，全身上下被淋湿了。当雨渐渐小了后，才回到界湾的工棚里。经过这次打天坑后，他们相信"一打天坑就会下雨的这一奇怪之事确是真的"。1999 年在栗子坪建烟叶基地时，全村计划种 600 多亩烟叶，正值烟苗要移栽到大田的关键时刻，连续二十多天未下雨，全村 620 多亩烟的烟苗无法按季节栽种。就在这关键的时刻，时为村主任的 WXQ 带了几个人，上金顶去打天坑求雨。当天上午，他们上金顶，抱了几块石头扔到天坑后，就返回村里。当走到庙田时，只听到雷声不断，还未到 CWB 屋旁边，就下起了大雨。持续了一天半，缓解了栗子坪的旱情，使全村的烟苗顺利地栽种。在 2009 年 8 月 15日，村里组织的农民 HYF、TL、XJH、YXZ 等人去清理上金顶的路。正值夏天，天气十分炎热。清理到金顶下面时，HYF、TL 二人跑上金顶天坑边，本着试一试的心态，带着打天坑求雨究竟是不是他们说的那么神奇的疑问，找了几块石头去打了天坑。他们两人走下金顶，当走到庙田时，天上就出现了乌云，并不时打雷，不一会就大雨倾盆。①

---

① 访谈对象：WXY，男，77 岁；访谈人：曹谭。2021 年 7 月 18 日，在栗子坪村 WXY 家中。

时至今日,打天坑求雨在村民心中仍是十分灵验。每当山里天旱无雨的时候,村里的老人就会组织年轻人背上石头和黑狗血上金顶去打天坑,有"八成可能会下雨"。

# 第二节　祖先崇拜

祖先崇拜与古代的鬼魂观念有关,古人认为人死后魂魄离开肉体变成鬼,有"人死曰鬼"的说法。人们相信祖先死去后会以鬼魂的方式继续存在,影响到后世子孙。于是子孙便修族谱以明世系,建祠堂以供先祖,逢年过节召集族人在祠堂中朝拜先祖,希望祖先保佑后人。今天栗子坪村的祖先崇拜仍可以从村中的族谱、香盒、"叫饭仪式"中窥见一二。而其中的神秘成分已经被剔除,所展现的更多是孝道与对逝者的追思。

## 一、族　谱

宗族中过世的前辈长者的灵魂可以庇佑本族成员,赐福儿孙,通过定期祭拜的方式,祈求祖先亡灵泽被后代,就要明晰本族血脉支系。族谱就是人们出于祖先崇拜而追溯祖先世系的产物。栗子坪村中的冯家、王家、何家等几个村中大姓各自都修有族谱,从其族谱记载内容也可窥探到当地祖先崇拜的情形。

以冯氏家族为例,清乾隆年间自松滋迁入栗子坪村,遂定居于此,繁衍生息。清末,冯氏家族多次编修族谱,光绪六年(1880年),第十三世祖冯天桂编纂《冯氏家乘》。光绪十六年(1890年),第十四世祖冯启贤补笔《冯氏谱书》,其行为本身就反映了祖先崇拜的观念。在族谱中已清晰地记载了冯家先祖世系及栗子坪村始迁祖的情况:

> 至鼻祖毕公始平肇基,因地为姓,而冯氏之子子孙孙承承继继,盖未有源之裕远而能流之不长者也。况乎国有学,州有序,家有塾,党有庠,庭训屡课,不乏学士才人。朝纲胥匡,岂无公卿大夫?虽史书未考其真,而谱系必核其实也。已洎乎洪武初兴,始有定远冯国用与弟国胜同侍帝侧,名显当时,声震后代,洵不诬矣,又况祖籍诸公云。明有护国将军冯御龙,得内助之贤,妣氏有九,杭、樊、刘、金、毕、郭、卢、单、易等,各产三子,共计二十有七,散居各省。公葬荆州南门外八里山,墓志其谱也。予也生当晚近,亦觉身未亲而目未睹,是其国用、国胜之后欤?

抑亦二公之别名欤?第弗深考。近溯我祖家泗翁,字鲁川,与弟家沉于乾隆年间乔迁乐土。沉宅瓜娄湾,而泗居青岩凸。其祖创业垂统者,迄今已百有余年耳。虽然,而翁之坠绪,屈指盛派,更历八世矣。且思松滋老谱,冯家冈建立祠堂,自一世祖冯道志,云此系毕姚之后也,尤未见其谱牒。而自天字派内,又历十三世矣。但派序虽有二十而无文谱,所谓"天启文明盛,运开美景长。祖德恩光远,儒林定生祥",盖亦足征矣。

同时,冯家的民间文献《昊天罔极》(1904年)也是当地祖先崇拜的一个缩影。这是冯天桂去世后,后人为他做的一场盛大法会的记录文本。在这场法会中,将冯天桂这一支房自进山公以下的先祖一起请来享祭。《昊天罔极》中记载(节选):

> 爰设法筵,谨申条奏。意为大清天下,湖北宜昌府长乐县仁育乡尤溪保括(瓜)娄湾土地下设坛奉儒,焚香炳烛,为超严亲,并荐祖先,诵经礼忏,报本追远……新逝显考冯天桂老大人魂(下略),竭乌私愿,快意于丹台紫府;永升鹤驾,娱情于玉宇琼楼。慎终既切于始死,追远尤殷于今兹。仰干洪慈,并申请荐:故高祖考冯家沉,姚萧老孺人;故曾祖考冯国学,姚杨老孺人;故祖考冯正文,姚苏、陈老孺人。故脉叔考冯天沛,故预逝兄冯启俊,故同胞兄冯启杰。故生祖考李家训,姚郑老孺人;故外祖考万本周,姚万老孺人、龚老孺人;故叔考冯天清,姚万老孺人。以上先灵同申关请,漫辞遥远之劳,齐赴荐拔之会。

因为冯天桂的儿子早丧,这次祭奠仪式由女婿冯启宇主丧,参加仪式的主要是冯天桂的堂侄后辈,包括侄男、侄孙、堂侄男、堂侄孙、侄女、侄婿、外甥、表侄、曾孙、玄孙等共计67人。仪式上用到了大量的陪葬品,有"功德文凭一套,资度簪据各道,贮经宝塔一座,生天香亭一厢,贮财库屋一向,生天灵屋一向,金银衣箱四口,装封大簧四抬,打造小庵十车"。逝者的子孙侄辈参加祭奠仪式,表达对祖先的尊敬与缅怀,举办"荐拔之会",请道士先生为祖先诵经礼忏,是为去世的祖先做功德,以免堕入恶道,使其能超脱苦海。大量的陪葬品则是事死如事生观念的体现,希望祖先在死后的世界能过上和生前一样的生活,或者比生前过得更好。村民们相信灵魂不灭,子孙对祖先崇敬至诚,祖先就会保佑子孙繁衍兴旺。

## 二、香 盒

在栗子坪传统房屋的布局中,堂屋的双合门上设有专门供奉祖先牌位的神龛,当地人称其为"香盒"。香盒设置比较简单,大多与门同宽,呈正方形。上方有一块如同牌匾一样斜挂起来的长方形木板,叫作"火焰板"。上面书写堂号,说明自己家族的缘起。在村中,大姓何氏村民家中的"火焰板"上面写着"庐江世家",说明这是从安徽庐江迁出来的何氏分支;看到"始平家风",就能知道这是冯家堂屋。神龛正面空间安置祭祀祖先的牌位,两侧设有烛台,用来"点灯"。中间放置香炉,用来给祖先"装香"。神龛两旁贴有对联,对联内容村中老人已经难以记起。20世纪50年代后,受当时政治活动的影响,香盒中的祖

图9-3　香　盒

说明:图中是冯天桂的牌位。灵牌是手写而成,因为年代久远,字迹模糊,经过仔细辨认,可看到"先考冯天桂字子芳号月仙之位"的字样。

先牌位换成了毛泽东、周恩来等国家领导人的照片,对联内容也发生了变化,换成了诸如"毛主席恩深似海,共产党德重如山"之类。20世纪80年代后,香盒布局变得多元化。受过去习惯的影响,特别是父辈参加过革命的家庭里的香盒,仍然张贴着国家领导人的照片。除此以外,还有的供奉观音菩萨像,或者在国家领导人像前摆放观音菩萨。对联内容多为"祈祥保泰满门兴,安神赐福全家乐"等祈福家宅平安的内容,家中供奉祖先牌位现在却很少了。

## 三、叫饭仪式

在月半节、清明节等请祖先吃饭,当地人称作"叫饭"。叫饭是栗子坪村民怀念已故亲人的方式。吃饭前,摆好桌椅碗筷,在香盒前装三炷香,饭桌中央"点灯"(点一支蜡烛),然后站在门口大声呼唤祖先来家中吃饭、喝酒。等上半个小时,饭碗不再冒热气,表示祖先已经吃完饭了,这时家中成员才可以上桌吃饭。在每年的月半、腊月三十、正月初一、十五日等重大节日,村民家中都会进行"叫饭"。月半一般指为中元节,栗子坪的月半指的是七月"叫饭"的日子,分为初六日和初十日两天(也有初五日与初十日,初七日与初十日说)。

问：装(敬)香就是给菩萨装香,那家里有供祖先牌位吗?

W：供祖先牌位这个是在堂屋里的香盒。一般的七月初六,有新亡人。七月初十,老亡人。这都要叫饭。要给亡人叫饭,给老人烧点纸钱。

问：他这种叫饭怎么叫?

W：叫饭就是七月份的,我们叫过月半。

问：叫饭准备哪些饭?

W：叫饭就是把那个菜搞好了,一般的是搞个 8 个碗,就是用八仙桌,一方做两个,放两个酒杯,放两套餐具,再放几碗饭。几碗菜没个确定,有的条件好的他搞十个碗,有的搞八碗。

问：一般是双数,好事成双是吧。

W：哎,双数双数。要点个蜡烛。点个蜡烛呐,就要开始叫饭了,就请他们来过月半。老亡人,就是这个祖先,叫"三代公祖,老少亡人,来过月半"。

问：这个七月初六、初十日,这两个都要搞?

W：这两个是开的(分开的),比如去年去世了哪一个亲人,就叫他的名字来过月半。

问：这个老亡人是在十号的时候来也弄一桌?

W：哎,这次叫饭呢,就可以说三代公祖老少亡人,这个包括新亡人。

问：这个新亡人那次怎么叫?老亡人是叫三代公祖老少亡人,七月六号新亡人的话怎么叫?

W：新亡人的话,就是叫他名字。他去世不久。

问：一般是怎么说?就是叫他的名字来过月半?

W：哎,就是叫他名字。

问：那爷爷你能不能举个例子?比如说李四,李四去年去世了,今年七月六号的时候怎么叫他?

W：就说"李四,你来过月半"。他也可以叫"李四的正魂,来过月半"。人有三魂七魄,正魂就是三魂里的一魂。

问：这个新老怎么区分?

W：三年,三年以内死亡的是新亡人,三年以后的是老亡人。

问：这个叫饭把亡人叫回来了,吃完饭了要不要说些什么话送他们走？

W：不会，一般就是吃完饭了把杯子里的酒给他们一撒，请他们喝茶。一般晚上再给他们烧点纸，晚上烧纸的时候点上蜡烛。

问：晚上烧纸是在哪烧？

W：七点钟以后就可以烧纸。

问：七点钟以后是在哪烧纸？

W：就在家里随便哪里烧，只要不引起火灾就行。要注意安全。[①]

正月、月半叫饭的流程没有区别，只是日子不同。

# 第三节　俗神信仰

俗神信仰是百姓根据自己的生活需要，将地方信仰的神灵与佛、道等宗教的神灵结合在一起，经过层层筛选后形成的一个杂乱的神灵信仰体系。俗神信仰是民间社会信仰功利性的一种体现，栗子坪村的俗神信仰有拜菩萨、财神、土地神、地脉龙神、灶神等。

## 一、拜菩萨

拜菩萨在栗子坪村比较流行。菩萨不是特指，而是泛指，许多俗神，村民都称其为菩萨。在金顶兴隆观还没有被破坏的时候，里面并排供着观音菩萨、阎王菩萨、霸王菩萨、岳王菩萨、五郎菩萨、送子娘娘等十数尊菩萨像。菩萨像大小不等，姿态各异，大的菩萨有一人多高，最小的菩萨也有 60 厘米。菩萨神像前有大供桌、大拜台、大香炉、烛台等供香客、信士朝拜。供桌旁有一个四方形的捐钱箱，上小下大。每年农历三月三、九月九是庙会的日子，周边的信士都来兴隆观上香祈福。

这些菩萨的来历我也说不清楚。菩萨就是过去的神仙，给他装香的时候，和叫饭一回事。敬菩萨的时候，双手合十放在胸前，眼睛闭一下，念"菩萨在上，保护我家庭一年到头，百子百孙，和气生财，有吃有喝"。这个没有固定的词，想要菩萨保佑什么就说什么。比如说读书，就说：菩萨保佑我好好读书，升官发财。……一般是敬观音菩萨，观音

---

① 访谈对象：WXY，男，77 岁；访谈人：曹谭。2021 年 7 月 13 日，在栗子坪村 WXY 家中。

菩萨的来历啊，他就是在山上，他就是天老爷，求菩萨保佑就是求天老爷保护。观音菩萨可以代表蛮多。①

1966年"文革"后，全国上下"破四旧，立四新"，金顶上的兴隆观遭到红卫兵的破坏，菩萨像被推下山崖，观中的一口大钟被打碎，拖下山卖掉。随着兴隆观的毁坏，这些菩萨逐渐消失在村民的生活中。1978年改革开放后，村民逐渐在家中供奉起了菩萨像，主要是观音菩萨和财神菩萨，有单独供奉，也有一起供奉。兴隆观遗址也被开发出来，供奉着一尊木质菩萨像，供附近村民和往来游客上香敬拜。虽然菩萨出现在村民生活中，但是村民也只是将菩萨作为一种吉祥的象征，供奉在双合门上的神龛里，平日里并不会去拜观音，到过年的时候会擦拭一下观音像，上炷香。除此之外，几乎没有拜观音的活动。

## 二、灶神爷

栗子坪信奉灶神爷。灶神爷全衔"九天东厨司命太乙元皇定福奏善天尊"，俗称灶君，或称灶爷、灶王、灶君公、司命真君、九天东厨司命主、香厨妙供天尊等。灶神爷掌管人们的烧饭饮食，赐予人们生活上的便利，受到人们的敬重，是家中一位重要的俗神。村中有新宅落成，讲究习俗的人家会请道士来做秉土（或为禀土），安奉家真，奠谢龙神。道士会特地去厨房灶台前贴上"九天司命太乙府君"的神位，以单独的安奉文书安谢灶神爷。每年腊月二十四日是灶神爷回天复命的日子，这一天村民全家做大扫除，将房梁上灰尘打扫干净，同时将烧火做饭的灶台里里外外清扫干净，"这是灶神爷待的地方，要打扫得干干净净，有模有样"。②

图9-4　灶神爷

① 访谈对象：WXQ，男，66岁；访谈人：曹谭。2021年7月11日，在栗子坪村WXQ家中。

② 访谈对象：HGL，男，71岁；访谈人：曹谭。2021年7月22日，在栗子坪村HGL家中。

208

## 三、地脉龙神

栗子坪黄河淌区域信仰地脉龙神。地脉龙神不像土地公公那样有专门祭祀的庙宇。其他地方有龙神庙,在栗子坪没有。栗子坪拜地脉龙神的时候就是去水井前边,基本上是家家户户都有一口小水井,家中用水基本上就指望这口井,为了能在旱灾的时候水井不干涸,家里有水吃,会在腊月三十来水井前拜地脉龙神。

## 四、土地神

在过去,栗子坪村人信奉土地神,称土地神为土地公公。大地负载而生养万物,在栗子坪村民看来,土地老爷和百姓生活息息相关。过去物质资料不丰富,大部分的生产生活用品是自给,这些生产生活用品的来源就是脚下的土地山林。为了保证生产生活的需要,人们将土地奉为神灵,尊称其为"土地公公",进行祭拜,以期土地公公能够保佑一年风调雨顺,物产丰足。因为土地公公掌管土地,村民也会求土地公公保佑出行平安。部分村民在过月半给祖先叫饭的时候还会请土地公一同过来吃饭。

图 9-5  土地庙

栗子坪村民对土地公立庙奉祀。过去村中土地庙颇多,据村中老人回忆,除黄河淌外,村中大小土地庙有五到六座,黄河淌地区更多,有十几座之多,几乎每家门前路边都会有一间土地庙。土地庙大多立在大路边或者路口处,规模大小不一,占地0.6~1.5平方米,形制与当地传统民居相仿,以六块石板砌成,两侧、前后各一块,一块雕刻出房顶形制,一块作为庙的地基。前面的石板开出一个洞,里面供有单人的土地公像。庙前有个装香的小碗,供往来信士装香敬拜。栗子坪村的土地神没有过多的神职划分,除了黄河淌外,没有特定的日子祭拜土地公公。信这个的村民在路过土地庙的时候,给他装上三炷香,祈求土地公公保佑平安。没带香的话,就在土地庙前打个躬(鞠躬),心意到了就行。有的村民出村办事路过土地庙,也会拜一拜土地公公,求土地保佑出行平安,一切顺利。

全国开展"破四旧,立四新"运动后,村中的土地庙被废除,没有留存。现在人们生活渐渐富裕,对生产生活资料的需求不再像以前那样求于土地,看天吃饭,土地神信仰在村民生活中逐渐淡化。

在过去的黄河淌地区,有腊月三十日起祭拜祖先、土地公公、地脉龙神和灶神爷的习俗。在腊月三十日,一般要准备猪头、豆腐,提点酒,点上三支蜡,三炷香。有托盘装着,放在堂屋神龛前,祭拜祖先:"今天腊月三十,请列祖列宗回来和我们团年。"念完之后,在神龛前跪下,恭敬磕三个头。拜完祖先后,端起贡品托盘,走到路边土地庙前,跪下磕三个头,磕头时祈祷:"土地公公造福我家,保佑我家来年风调雨顺、五谷丰登,有个好年成。"拜完土地公公,再带着托盘去拜地脉龙神。把放着猪头香烛的托盘放在水井前面,跪下磕三个头,同时祈祷:"地脉龙神保佑我们家风调雨顺,保佑我们年年有水吃。"拜完地脉龙神,最后把托盘端到厨房灶台前,同样跪下磕三个头,祈祷灶神爷保佑我家生活富裕,有吃有喝。

村民对俗神信仰的根源是为了满足生存与生活的需要。随着栗子坪地区物质条件改善、生活水平提高,过去的这些信仰失去了存在的土壤而逐渐消失,慢慢淡出人们的视野,成为栗子坪村的历史记忆。

# 第四节　巫道习俗

栗子坪地处山区,四面环山的地理环境使得与外界交流不多,村中保存下许多古时的信仰习俗。直到今天,家宅不宁时,村民还是会去请道士先生来家中开坛作法,驱邪祈福。遇到无法治疗的怪病时,也会去请村中会"巫"的先生来看看;建宅修坟时,就要请村里会风水的人来挑个吉地。

## 一、巫术与治病

当家里有人无端生病,或是久病不愈,就会请村里会巫的人来看看,使用巫术祛病消灾。村中会"巫"的有 FSH、HGL、WXP 等,不光村子里的人会找他们,有时候外地的人也会慕名而来,寻求治病。

"走胎"是当地的说法,是被某种动物找到小孩身上,占了他的身体,让他丢了魂,就会请人来做"走胎",把占了小孩身体的动物赶走杀掉。做"走胎"要准备一个鸡蛋,黄裱纸,5根针,7条颜色不同的线,点上一堆火。开始做走胎,从小孩手脚的每个指头上剪一点指甲,头上剪一点头发,把头发和指甲整个包起来。然后在黄裱纸上画一个小孩的形状,再在鸡蛋上画一个符,将剪下来的小孩头发、指甲和鸡蛋放在一起,用黄裱纸包起来,拿出准备好的七色线,把包好的鸡蛋缠起来,再把5根针别在鸡蛋上。一切做好后,把缠了线、别好针的鸡蛋丢进火堆里,把鸡蛋烧至炸裂。这一步不同的人做法略有不同,当地的先生在烧鸡蛋的时候会掐个手诀,然后对鸡蛋吹口气,鸡蛋就会炸裂。其他地方就是把鸡蛋直接烧炸。鸡蛋烧炸后,把鸡蛋拿起来观察蛋黄的形状,就知道走的是什么胎。如果是牛胎,蛋黄就会是个牛头的形状,狗胎就是狗头的形状,羊胎就会是羊头的形状。而鸡蛋烧炸后,占了小孩身体的动物就被赶走,小孩丢掉的魂魄也就找回来了。

这种事在当地先生看来,是"积一德损一德"。这是既做了好事,又做了坏事,救了小孩子的生命,但同时又杀害了另一个生命,所以一般情况下,先生都不会去做这种"走胎"。现在栗子坪村知道这种的都已经很少了,能做的更少。FSH是村里为极少数会做这个的,但是通常情况下不会做。一个原因是在现代科学社会的背景下,这属于"封建迷信"。虽然仍有人相信这种,但终究和现下的社会背景相违背,是一种"不公开"的事情。另一个原因就是前面说的"积一德损一德",毕竟伤害一条生命,有损阴德,所以现在能做、会做的人极少。

HGL老人也曾为别人看过病。曾经有家外地人为儿子治病,走了很多家医院,孩子的病情一直不见好转。后来听说栗子坪村有个老人会"巫",专程驱车来到HGL老人家求医治病。据HGL老人回忆说:

> 他(这个孩子)在宜昌住院住了一个多月,但是病情呢,医生跟他家里人说你们把他弄回去住吧。意思就是病情没得好转了。回来过后呢,孩子的父亲叫LYW,是一个干部,跟他的夫人一起,找到我当时工作的学校。当时他是这么说的:"我们俩这儿子,到宜昌住了一个多月院,没搞出个名堂来,反正就是不好,越弄越沉重了。这个儿子听话不听话,我是心疼的,这病要治。我听说你会治,就来找下你。"他当时是这么叙述的,我就给他看一下子。这孩子当时来的时候,确实是从车上下来要人扶着的。看了过后呢,就给他画了一道符,用黑色的布包起来,让他戴在左边心口上,要戴好多天。完了就让他回去了。结果第三天就又到我家来了,这次来的时候就是活蹦乱跳。这是一种心理安慰,

不见得是我(的符起作用),也有可能是医院药的作用。这是一种心理疗法,但一般来说不见效的确实蛮少。还有些不用画符,就是用诀,掐手诀,念口诀,这个就不讲了。①

如今医疗技术进步,农村医疗也纳入了医保,村民看病成本大大降低,生病了都会去县镇上的医院去看病,来找村里会"巫"的人治病的少了很多。但"巫"是一种心理安慰,医院能解决人身体上的病痛,"巫"则是能给身患疑难杂症的病人心理慰藉,对病痛痊愈更有信心。当碰到医院也束手无策的病症时,"巫"给了病人另一个选择,这也是"巫"能保留至今的一个重要原因。

## 二、道士先生与禀土

栗子坪及周边道士大多为正一派道士,俗称火居道士、在家道士。这一派的道士主要通过符咒、斋醮为百姓祈福禳灾,驱邪押鬼,超度亡灵。每当家中有人去世,或者近来家中诸事不顺,便会请道士先生来家中开坛作法,当地人称法事为禀土。

图 9-6　禀土(1)

① 访谈对象:HGL,男,71岁;访谈人:曹谭。2021年7月26日,在栗子坪村HGL家中。

图 9-7　禀土(2)

图 9-8　禀土(3)

图 9-9　禀土(4)

图 9-10　禀土(5)

禀土是道士先生主要从事的仪式活动。本地道士先生将其写作"秉土"，这应该是道士传承过程中出现的讹误。道士先生解释"秉土"，意为"禀告土神，安奉家真，奠谢龙神"。道士先生解释的"秉"字为向上级、上神报告之意，应为"禀"，而不是具有执持、持有之意的"秉"。从仪式内容来看，秉土是驱灾辟邪的法事，与"禀中央土，为天乙之神，诸神之首，所到之处百恶消散"的意思相合，应用"禀"而非"秉"。另根据光绪三十四年（1908 年）民间道士王静丹记《清微遣送科范全部》中遣送仪式所提到的也是"禀土"。因此，该仪式名应写作"禀土"。

在栗子坪活动的道士先生是没有完全脱离生产活动的民间宗教从业者，平时从事生产活动，村子里的人家有法事需要时，道士先生就带上工具前去操办法事。栗子坪曾经有位著名的老道士 HHD，栗子坪以及周边村子有做法事的人家都会去请他，在这一地区很有威望。现在周边村子的道士当年大多是跟着 HHD 学艺，由他度职的。不过 HHD 已经故去多年。自从 HHD 去世后，栗子坪就没有能够独立掌坛做法事的道士了，现在村中的道士是"陪道士"，平时在外务工，有活动需要的时候负责配合掌坛。现在栗子坪村家里有人过世需要办丧，就会去宋家河村或者白溢坪等邻村去请道士先生。白溢坪的道士先生 LJ 介绍，他们的道士职业大多是师徒传授，需要跟着师傅学习很长时间的专业知识。他这一脉传到他已经是第五代。现在他也收了个徒弟，今年 20 岁，是前两年为他父亲做法事的时候认识的，随后收他做徒弟。平时徒弟在城关打工，附近村子有白事请他，就会带着徒弟去。

当地村民和道士对"禀土"有不同的认识。LJ 说道：

> 禀土，在我们道士眼中，是"禀告土神，安奉家真，奠谢龙神"的意思。龙神就是指五方五土龙神，家真就是家神。里面有细致划分，比如家里经常失火，就是对火神不敬，冒犯火神，这种法事叫遣送。家里有人病了，你给他搞好了，再在家里做的就叫回送。家人去世，最后在家中做的法事，叫打扫。家里不顺，要奠谢龙神，就是禀土。这个用到的符、步骤大多一样，只是要请谢的神不一样。但是普通人他看不出来，就都给这些叫禀土。

关于禀土仪式的具体步骤，LJ 说道：

> 我们收到主家做禀土的邀请后，会根据天干地支，算算这个日子哪天宜做禀土，提前写好符纸牌位，包括福禄寿喜四大星君、土地神符、百

解太岁符、五方龙神符、十个菩萨牌位、九天司命符。准备好三安疏：司命疏文、招将疏文、家真疏文等。等到天黑后起坛作法。

正式作法前，将土地符文贴在堂屋外左侧，百解太岁符贴在双合门右侧的墙壁上，十大菩萨牌位贴在双合门上方的神龛上，九天司命符贴在厨房。天黑后，设坛起法。在堂屋前摆上八仙桌，上奉贡品、香炉、蜡烛，蜡烛两支点上，香炉供香三支。第一步，请师。法师宣：湖北省XXX土地下奉道设供投坛请将移文，奠谢土府，起迁煢殃，安奉龙神，解厄消灾，急救安良，保泰祈祥。信士XX右及合家善眷人等恭诣师帅百神位前上香设拜，行礼鞠躬。伏（主家在法坛前三叩头）。设拜已毕，退步平身（主家起身退到一旁）。第二步，羽师登案，称扬宝号（法师上前开始）。起师（根据老板家的情况，念对应的祷词）。咒水行净，法师用法水清净屋子。第三步，去厨房安奉九天司命星君。在神牌前念一段咒，然后烧掉司命疏文，回到堂屋法坛前。第四步，法师请称职位：臣系天师符大教主长大真人门下……这一步是请神，把后面提到的神都请下来。第五步，招将。念相应的昭告文。上一步请来了神，但不是神亲自干活，而是神手下的部将。因此根据要解决的问题招对应的神将，招将完了之后烧疏文。第六步，安奉五方。根据东南西北中的顺序，安奉五方龙神，然后是家坛香火，就是家真，每安奉一方，有相应的咒词。五方安奉完毕后，烧掉家真疏文。第七步，筛盘，造盘。有念词：已今是夜更，深夜净食也，无味香也。无烟不敢久留圣驾。单遣筛盘一面，恭诣中堂用伸……这个步骤是回奉，将之前请来的神送回天上。造盘也有词，将家中的邪气遣送出去。第七步：遣送，这个步骤法师要走出家门，沿着路走到十字路口才行，这个要走好久的。将瘟邪请上筛盘遣送出去，到这就结束。[①]

禀土是栗子坪村民消灾驱邪的法事活动，村民相信请道士先生来家中做一场禀土，能够安奉自己冒犯的神灵，祛除家中作乱的邪祟，从此家庭平安喜乐，家道兴旺昌盛。也是因为如此，LJ认为："在我们看来，禀土是红事。"

## 第五节　风水禁忌

栗子坪村信风水，守禁忌。村民相信选个好的屋场能够家道兴旺，挑对

① 访谈对象：LJ，男，35岁；访谈人：曹谭。2021年7月24日，白溢坪村LJ家中。

215

了时间做事无往不利,遵守禁忌能够趋吉避凶。与生活有关的事物总会得到民众的重视,风水与禁忌,至今仍是栗子坪村民日常生活的一部分。

## 一、看风水

风水,是中国传统五术中的一种。风水本为相地之术,是临场勘察地理的方法,古称堪舆术。因为风水著作《青囊经》《青乌经》广泛流传,风水也称青乌术、青囊术。风水相地有阳宅和阴宅之分,核心即是人们对居住或者埋葬环境进行的选择,以达到趋吉避凶的目的。

栗子坪村人笃信风水,新宅修建和坟墓选址都会请懂风水的先生来选一处吉地,算好良辰吉日,才能进行。风水先生不是专职,除了道士之外,村里有些老人也会看。去外村请会看风水的道士比较麻烦,所以一般是请村里会看风水的人过来帮忙看。请村里看的人一般不收钱,是同村的,就帮下忙给人看看。村中建新宅,选墓址,在村民看来有很多讲究。位置选好了,能让家庭和睦、人丁兴旺、财源广进。

问:T叔,你会看风水么?

T:不能说会,懂一点点。

问:那您看风水,要不要带罗盘?

T:看风水有的带罗盘,有的不带罗盘,各有各的好处。我不带的。

问:看风水一般是看阴宅和阳宅,这两种有什么区别么?

T:这个阳宅讲究的是向阳通风,规格大。阴宅也讲,讲这个来山去水。他这种基本原理是相通的。就是方位不同、大小不同。房子有南北向,就是坐南朝北的,坟也有坐南朝北的,但是如果不是有特别的环境,不要选这种坐南朝北的,都朝南。朝北的话,北风吹,向阴,有穿堂风,不向阳,老话说,"北风穿堂,家破人亡"。再有就是这种坐北朝南的坟啊,时间长了,你迁坟挖起来,他的头脚方向会对调。其他基本原理大致一样。就是流水啊,流水要平缓,很急了不行。"漂水"也不行,像瀑布那种白颜色的也不行。再有就是不能对着白山(白色岩石山),犯凶,就是犯煞。坟的话,一般男头是打尖(朝向山尖),女的坟朝洼(洼地)。阳宅有的就是沟槽,青山绿水、沟槽,沟就是藏流水。这条沟最好是从屋前过。一般不建议从屋后过,这得看大山的具体走向。

T:我不知道你们那讲究不讲究啊。我们这百分之九十的,读书读得狠的(好的),或者走出去经商,有个一官半职的,他们那堂屋门前都有流水,有沟有流水。要是没有流水的,就是山,山好而且坟地选得好,也能保佑家庭。村里 HSJ 的儿子去世了,他知道我懂点这种,就让我给他儿子选个地方。我就给他儿子找了个好位置。从那之后,他家的日子慢慢好起来了,农家乐的生意越来越好,孩子读书也蛮好。有些东西,你信他就是有效果的。

问:看风水考虑这种来山去水,水是代表财源么?

T:是,是这种意思。

问:水代表财,那山代表什么呢?

T:山代表根基,靠山。背后有靠山,家宅根基稳,家里不容易出事。还有路,路从你前面走或者从后面走,都会对你形成有利或者有害的格局。同样,这条路的形状也会对屋有影响。路一般不建议从后边走。①

村子里的老中医 WXL,除了帮人把脉治病,也会看风水,他说:

做屋场后边要有靠山,前面要有水,有来路,这样这种屋场的气就活起来了。房子选址坐北朝南,或坐东朝西,但不能朝正向。朝正南或正西的,一般是学校、寺庙、官府之类的,要是你命大,也可以这样盖。但是一般人命不够硬,压不住,平常百姓住进去,对人不好。除了这种,房子动工看日子,用天干地支算日子,看哪天宜动土就确定日子。我也给村里人看过,SHY 那家的屋场修好,我去看了,就跟他说,你这种屋不行,方向没望好,那后头没得靠山,前面没得来路。后来他们专门请了阴阳先生来看它,也是跟我一种说法。②

屋场选好了位置,何时破土动工也要经过风水先生测算。除此之外,红事娶亲,白事下葬也是请风水先生算好日子进行的。测算吉日里面大有名堂,需要结合天干地支二十八星宿来算。村里一位会看日子的师傅的手记,对如何选择吉日有所记录:

择吉的基本原则就是八个字:"以事为纲,以神为目。"或者是"以事为经,以神为纬"。意思就是说,选择吉日因事而起,根据所办事情的性质去寻找最能带来大吉大利的善神,同时明确最可能造成大灾大难的

---

① 访谈对象:TP,男,49 岁;访谈人:曹谭。2021 年 7 月 22 日,栗子坪村游客接待中心大厅。

② 访谈对象:WXL,男,74 岁;访谈人:曹谭。2021 年 7 月 10 日,栗子坪村 WXL 家。

凶神恶煞，然后推算出善神所值之日与所理之方，这便是所需要的"黄道吉日"与吉山吉方。然后推算出凶神恶煞所值之日与所理之方，这便是所需避忌的"黑道凶日"与凶山凶方。因此，择吉的第一步，就是要弄清择吉术都有哪些神煞，其运作轨迹、性情好恶、力量大小与善恶轻重之程度怎样等等。接着，根据所要办理的事情，寻找最适宜于它的吉神，以及它最忌讳的凶神，趋吉避凶。从原则上说，每一件事情都有一至若干个最适宜于它的吉神和为它所忌讳的凶神。所办事情明确，所宜所忌神煞清楚，然后根据诸神煞之所从起，逐一推排，即可获得所需的吉时吉方。

所办事情有大小、轻重的不同，所以择吉的繁简难易也不一样。总原则是，小事只择日时，大事则须参详年月。一般寻常小事，只要随手翻捡下历书，或是按约定俗成的规定去办就行了。如入学，成日、开日即可，别无他忌；疗目，不用闭日，大概就可以光明如初。苫盖，只要避开天火日和午日（午属火），大约就不会有火灾之虞。

二十八星宿值日吉凶

房尾箕斗室壁胃，毕井张轸是吉星。

奎娄角亢鬼牛星，二十八宿为大凶。

若遇凶星定不吉，出军定是不还兵。

若还远行逢贼盗，经求财利百无成。

行船必定遭沉溺，买卖交关不称情。

穿井用工难见水，拜职为官剥重名。

婚姻仍主刑损害，出丧冲着损生灵。

角：婚礼、旅行，穿新衣，立柱、立门、移徙、裁衣吉。葬仪凶。

亢：婚礼、播种，买牛马吉。建屋初凶。

氐：葬仪凶。

房：祭祀、婚姻、上梁、移徙吉，买田地、裁衣凶。

心：祭祀、移徙、旅行吉，裁衣，其他凶。

尾：婚礼、造作、裁衣吉。

箕：婚礼、收财吉，葬仪、裁衣凶。

斗：掘井、建仓、裁衣凶。

牛：万事进行大吉。

女：学艺吉。裁衣、葬仪、争讼凶。

虚：不论何事，退守则吉。

危：涂壁、出行、纳财吉，其他要戒慎。

室：祝寿、婚礼、造作、移徙、屈井吉。其他要戒慎，葬仪凶。

壁：婚礼、造作吉。往南方凶。

奎：出行、掘井、裁衣吉，开店、新筑凶。

娄：往南方凶。

胃：公事吉，私事、裁衣凶。

昴：万事大吉，裁衣凶。

毕：造屋、造桥、掘井、葬仪吉。

觜：大恶日，万事凶。

参：婚礼、旅行、求财、养鱼、立门吉，裁衣、葬仪凶。

井：祭祀、掘井、播种吉，裁衣凶。

鬼：婚礼凶，往西方凶。其他无方。

柳：造作、婚礼吉，葬仪凶。

星：婚礼、播种吉，葬仪、裁衣凶。

张：裁衣、婚礼、祭祀、祝寿吉。

翼：百事皆不利，大凶。

轸：买田园、掘井、婚礼、入学、裁衣吉。向北旅行凶。[①]

对于"屋场的风水能够影响家庭运道"的说法，栗子坪村民还是"蛮相信"的。现在因为政府规划宅基地不能自由选择新建屋场的位置，便期望通过为家中逝者选一处好风水的阴宅来保佑家庭诸事顺利。

## 二、行为禁忌

行为禁忌本来是古人出于对超自然力量或是信仰而采取的消极防范措施，作为一种行为规范，在生活中曾经起着一定的约束作用。行为禁忌多与迷信观念有关，随着人们迷信观念的消除，许多禁忌已经消亡，仍有一些行为禁忌作为生活习惯保留了下来。栗子坪村的行为禁忌有如：

1.怀了孕的人不能随便走，怀了孕的人叫四眼人，不能看人打豆腐，不能看人做酒，不能看人熬糖，不然豆腐不成形，糖熬不好。她的丈夫不能摘果子，有人去世不能抬丧，不然生下的孩子没有力气；不能在墙上钉钉子，不

---

① 访谈根据村民 FSH 手抄本的内容整理。

然孩子手会多指。孕妇不能看门槛，不然生下的孩子"缺嘴巴"。

2.腊月二十四，老鼠嫁姑娘，这天不能推磨，动剪刀和刀子之类的器具。不然惊动了老鼠，嫁不出去姑娘会赖在家里报仇。

3.家里来客人吃饭，小孩子不能上桌，要去旁桌吃饭。小孩子上桌是对客人不尊重。女人要等客人吃完了才能吃。

4.女性出门前要在屋里整理好穿戴仪容才能出门。坐下的时候要双腿并拢正坐，双手放腿上。不能敞腿、跷二郎腿。这是不礼貌的行为。

5.不能坐在门槛上，脚不能踏在门槛上，不能坐在堂屋外正对堂屋。堂屋进门就是神龛，上面供奉着祖先、菩萨，踩在门槛上和祖先、菩萨对坐是不敬的。

6.家中有逝者，择期安葬忌讳较多。忌选"重丧日""三丧日""红刹日"出丧。忌压子女、孙儿、孙女、外孙的生辰。如果上述日子无法避免，可以在出殡时，棺木上坐一两个活人，抬出灵堂即可。也有丧家为避忌日，将棺木封好放在灵堂，另择吉日下葬，或者出殡封棺，抬出停放在坟地，另择吉日入土。棺木入井后，忌用抬丧杠拨动棺材，老话讲："拨大头，败大房；拨小头，败幺房。"忌送葬后道士先生、响匠班子返回主家。

7.选择屋场坐向，忌选坐南朝北。老话讲："北风穿堂过，无灾必有祸。"忌朝正向，一般朝正南偏西或偏北。白石犯煞，因此房屋前忌有白岩。如果无法避免，可在屋前蓄一水池，水池为镜，可以挡煞。

8.坟墓忌坐南朝北。老话说："北风扫堂，家破人亡。"

9.栗子坪有"七不出门，八不归家"之说，忌在初七、十七、二十七日出门，初八、十八、二十八日回家。也有"七不葬母，八不葬父"之说，忌在初七、十七、二十七日下葬母亲，初八、十八、二十八日下葬父亲。

10.正月初一日的时候，可以扫地，只能往屋里扫，把垃圾堆起来，不能往外边扫，也不能洒水。不然会破财运。

11.双合门后边的房间，不能睡夫妻，要不是男的，要不是女的。姑娘嫁出门了，带着女婿回来了，是分开了住，不能在同一间房住。

12.忌单手给长辈、客人递茶端酒。

13.年三十做好五天的饭，初六日之前忌生火。

14.月半不能晒被子。

15.吃饭忌在菜盘子里乱搅。

16.吃酒席，辈分最高坐上席，低一辈的坐旁席，辈分最低的坐下席。

17.酒桌上不能喝酒了,忌喝完酒把酒杯倒扣。酒杯倒扣是叫饭时给祖先敬酒的动作。

18.吃饭时筷子忌放在碗上。筷子放碗上那是给祖先叫饭。

19.叫饭时请祖先吃的饭,子孙不能动。需要将饭放回格子里重新打饭,或者留到下一顿才能吃。

20.亲人过世忌穿红衣服。

21.老人去世后,孝子一百天不能剃头。

22.手指忌指月亮,不然烂耳朵。

23.早上起来不能说些不吉利的话。

24.孕妇不能吹风,不能去屋外,不能吃野生动物。

25.给亡人叫饭,碗里的饭不能空碗,也不能太满;酒杯里的酒不能空杯,也不能太满。

26.结婚的时候,抬嫁妆的扁担要选结实,如果抬的过程中断了,暗示着丈夫会中道去世。

27.婚后一方去世的忌去送亲,也不能去婚房。

28.未婚以及要生孩子的女人忌从别人手里接盐,不然生下的孩子没力气。

29.孩子办满月酒需要接娘家亲戚,由唢呐队伍和婆家亲戚去接,其他人不能跟着去。

30.旧时有每月初五、十五、二十五日忌下地耕作的习俗。逢五即"破五",破为不吉,所以忌耕作。三、六、九日和腊月为"土瘟日",不能播种。遇到春种秋播,也要择吉日避开。要避开"属火日""乌鹊会",不然种子不发芽,或者鸟害严重。

总的来看,栗子坪的大部分民间信仰由过去显性的文化转变为内隐于日常生活的一种精神文化需求,民间信仰中对俗神的膜拜转变成了一种符号印记,不再承担过多的社会功能,成为对过去信仰存在的一种记忆。

# 第十章

# 文艺节庆

民间文艺节庆是中华民族辉煌灿烂的文化遗产的重要组成部分,也是最具地方特色的地域文化。栗子坪得天独厚的地理位置和独具特色的民族文化,是当地民间文艺节庆创作的重要源泉。丰富的民间文艺节庆内容,如口传文化中的传说和故事,以及特色游艺活动中的赶杖和九子鞭等,无不体现着栗子坪村悠久的传统文化。

## 第一节 传说故事

传说故事作为一种集体记忆,不仅是对当地人民口述的记载,也是对一个地区古老历史的回顾。当地人民口耳相传的民间故事,承载着深厚的民族文化内涵。栗子坪的传说故事以一种连续的口述形式流传至今,大致可以分为以下类别。

### 一、金顶肖道人

据当地 ZDC[①] 回忆,栗子坪村金顶之上曾有一座寺庙,建成后,有不少村民登山拜佛祈福。后因烧毁,庙里的人全都离开,另谋出路,但因其在当地人民心中有一定影响,仍有部分村民会登山朝拜。

相传以前道教广传,全国各地修了不少的庙宇,海拔 1700 多米高的栗子坪村金顶庙就是其中之一。据当地老人回忆,最早这座庙宇是用楠木和石板为主材修造的,根据地形分为三层,是用石板铺的上顶。一层坐东朝西,叫阎王殿,供有阎王菩萨,菩萨前有供桌、香炉、拜台等,沿石板梯踏步便上第二层。二层坐东南朝西北,叫正堂,是用小青石板垒起的两山墙,宽约

---

① 访谈对象:ZDC,女,70 岁,访谈人:龙群玮。2021 年 7 月 10 日,栗子坪村 8 组。

三米,进深四米,进门正面放有十多个菩萨,有观音菩萨、五郎菩萨、有霸王菩萨、岳王菩萨,还有送子娘娘等,大的菩萨有一人多高,最小的菩萨也高60厘米。进了正堂,堂中放有大供桌、大拜台、大香炉、烛台,桌旁放有一个像"斗"式样四方的捐钱箱。正堂旁边对面墩上有神仙对棋的石台子,石台子两边自生有两个石凳。沿正堂旁边的石板路上三层便是钟鼓楼,钟鼓楼也是用小青石板垒起的墙,楼上放着两口用生铁合金铸造的钟,一口直径约1米,高1.5米,一口直径50厘米,高90厘米,此外还有一面大鼓,这面鼓有半人高,面口有簸箕大,屋面盖的小瓦。

图 10-1　金顶风光

每天早晨六点钟,庙里的和尚先敲钟再打鼓,上午和下午他们就敲木鱼念经。和尚流动性大,时多时少,日常他们来此进庙上香后,将身份文书交给在庙中一个姓肖的道人。此人原来是在四川的一个道观中念经,据说是为其父谋龙脉地,追踪到金顶上来的,故称他道人,实为金顶大庙的主持。自从来了和尚后,这位肖道人就进行简单的安排,和尚敲木鱼念经时,他负责点蜡烛和上香,这位肖道人便成了金顶庙上第一位开山祖师。

这座庙自建成之后便十分热闹,平时为求子、治病、敬神许愿、祈祷、求雨的村民络绎不绝。特别是每年三月初三日和九月初九日的庙会,金顶上尤其热闹。不论多忙,当地的村民会放下手中的农活,上庙敬香祈祷。金顶由于多年未整修,乾隆年间,当地比较富裕的农民开始捐款、捐物,同治年间进行了几次复修,复修后刻有石碑以示纪念。到 1931 年 4 月 16 日,乱军放火将这座庙烧毁，肖道人也一气病故，与其父葬在一起。庙中的和尚远走他乡，现在只能看见几堆石板和石碑等旧制了。后来政府对当地文物进行保护，投资修整了金顶大庙上山的道路，至今，越来越多的游客都喜欢攀登金顶，一睹该村的优美风景。①

## 二、何东柱降龙

很早以前，出生在栗子坪黄河淌的何东柱，从小就很崇拜茅山道法的"高人"。长大后，他不顾家人的劝说，把平时积攒下来的钱用来做盘缠，收拾了简单的行李，不辞辛劳，赶到茅山拜师学法术。在学法期间，他起早贪黑，勤学苦练。经过三年的刻苦努力，他终于得道出师。回到家乡，知道何东柱情况的农民常常请他帮忙看屋场去邪等，每次提起何东柱，村里老人都知道他在茅山学过法，具有降龙伏虎的法术。

在以前，人们知道县城边手扳岩对面有一个龙洞，这个龙洞里流出来的水较大，20世纪50年代，人们将龙洞的水引到高桥下，建了一座蓄水电站。相传这个龙洞里面藏有一条巨龙，巨龙翻身时龙洞里会流出浑水来。

一天，何东柱在小河边碰到了一个朋友，朋友将他接到家里酒肉相待，席间便问他："听有的人说您会降龙伏虎？"何东柱说："有那么回事，在茅山学法时，师傅传授过此术，但未实践。"朋友说："我们这旁边龙洞里藏有一条龙，你能不能降住这条龙？"何东柱是很好强的人，听这个朋友一说，他也不喜欢人家说他无能，于是何东柱夸下海口说："降龙这种事没有什么了不起的，应该说没有问题！"朋友说："我不相信你能有这样的法术。"何东柱经这么一激将，便说："等几天我降给你看就行了！"

酒醉饭饱后，何东柱就去找他的徒弟，安排他等两天与自己一起到龙洞门口去降龙。过了两天，徒弟按师傅的要求来到了龙洞前，何东柱穿着边耳草鞋来到洞口，对徒弟说："你就在洞口守着，我把降龙令牌放在你手里，待我与龙到洞口时你及时给我递上降龙令牌，我拿到降龙令牌后即可降龙出洞制服它。你在洞外千万别开小差，不管发生什么事都别理它，一定要按我说的去做。"徒弟听后便按照师傅的要求，手拿降龙令牌在洞门口守着。何东柱交待完后脱掉草鞋，将草鞋放在徒弟坐的洞边石头上，便淌水进洞去了。不一会，徒弟眼见放在石头上的草鞋却奇怪地"打起架"来了。思索着

---

① 访谈对象：ZDC，女，70岁；访谈人：龙群玮。2021年7月10日，栗子坪村8组。

草鞋为何能在石板上站起来,你碰我,我碰你? 徒弟被这种奇怪现象看痴了,结果师傅降龙到洞口,徒弟却未交予他降龙令牌,这时这条龙调头就驮着何东柱返回了龙宫。他再也未出过龙宫,也杳无音信。

自此以后,这个徒弟认真地回顾了跟师傅学法的经历,亲眼所见师傅何东柱学了法术却做了一些对不起民众的事,致使他无儿无女,最后被法术所害,死后连尸体都未找到。想到这里,这个徒弟好像清醒了许多,决意从此以后不再学法术,而是多行善事,造福人民,最后他做到了他想做的事情。传说这个徒弟后来儿孙满堂,在他临终时,对其儿孙说道:"你们记住,千万不要去学法,多行善事。"由于这个徒弟回心转意早,他平安地度过了一生。[1]

## 三、打子岩求子

最早的时候,栗子坪村上金顶只有一条独路,需经过陡岩口子上去。这个陡岩口子有一米多宽,高几十米,几乎成直角,十分陡峭,全是石头梯踏步,两边是悬崖峭壁。为安全起见,村民在悬崖边绑上粗藤子,人们抓住藤子攀登,这藤子用几年就要换一次,上来陡岩口子,就能看见一座土地庙,经过庙再走上去就能到金顶。

在陡岩口子下面溪沟中间,有近 200 立方米的大洞子岩石。这石头中部有 20 厘米见方的小洞口,洞口左下方有一间约 100 厘米正堂,旁边还有一间比正堂小一点的小堂,人们称它为偏堂。这石头下脚边有一段圆形的槽,传说以前有龙睡在里面,说很早以前有一年夏天,卸甲寨下了几天大雨,山洪暴发,雷鸣闪电,田与路都被冲

图 10-2　打子岩投石

毁了,当时情况十分吓人,灾情非常严重。突然有天,天上出现闪电,接着就是一声惊天动地的雷声。村民惊奇地看见沙石和树木像一座山直朝小溪滚

---

① 访谈对象:HKT,男,73 岁;访谈人:龙群玮。2021 年 7 月 18 日,栗子坪村 8 组。

225

下来,有块大石头滚到沟边便停住,此岩中部的洞口面朝陡岩口子。

金顶上的道观庙非常灵验,相传当地一些久婚不育的夫妇为了求子,便上金顶祈祷。下金顶到陡岩口子下面,随地捡一小石子向前一扔,如果小石子落到那大石头中部的洞里,就说明可能孕育孩子。传说石子从上洞掉进右边正堂里就可能生儿子,如果掉进左边边堂里那就可能生姑娘,大家称之为"打子岩",一直流传至今。直到现在,有些夫妇都会去打子岩投石碰碰运气,有些运气好一扔就进,如愿以偿。还有人因为得子,来给打子岩挂红巾、烧香等以表感谢。久而久之,这个洞口下面的小石子便越来越多。这个岩在坡河上游,东靠溪沟楼子边,两面是陡岩口子,南边是溪沟,北面也是沟。这块大石头周围长满了小灌木和各种杂草。前几年有一对夫妇,结婚后一直没有孩子,村民就建议他们去金顶庙上香求子,试试灵验与否。不到三个月,他的妻子就怀孕了,生下一个姑娘,后来这对夫妻就返回金顶还愿。[①]

## 四、天坑求雨

相传金顶大庙边端有一个天坑,过去听一些老年人讲,栗子坪村祖辈都流传着打天坑求雨的传说,即当地如果遇到了大旱,当地农民就自发地邀约三五人带上香、纸和杀死的黑狗,顺便背上几个石头,上金顶祭祀与投石。他们在上去时还是晴空万里,待向天坑扔石头后约半个小时,就见天空乌云密布,有时还雷声不断。当他们走下金顶到庙田时,就下起滂沱大雨。

当地曾一直流传这神秘的传说,不少人抱着好奇的态度,上金顶打天坑求雨。早在20世纪60年代初期,有一年四月下旬一直干旱,地里的玉米秧苗无法移栽,队长带队上金顶打天坑求雨,结果下了一场大雨,缓解了全村的旱情。1976年,四月上中旬天气久旱无雨,沟里的水干枯了。栗子坪村10多个村民在界湾砍木材,他们商议决定上金顶斗天,等他们把石头扔下天坑后,石头掉落坑里发出咚咚的声音持续响几分钟。打完天坑后,他们下山走到金顶下面的庙田边,便起了乌云,很快就响起了雷声。眼看就要下雨,于是他们一路小跑,到村里时就下起大雨,他们便接着跑到林俊门口做瓦的棚子里躲雨,身上的衣服都被淋湿了。躲了一会雨,见雨渐小了些之后,才回到界湾搞副业的工棚里。经过这次打天坑后,他们相信"一打天坑就会下雨这一奇怪之事确是真的"。

---

① 访谈对象:WXY,男,77 岁;访谈人:龙群玮。2021 年 7 月 20 日,栗子坪村 8 组。

以前村中主要种植的是烟叶,这也是村民经济收入的一种重要渠道。当时,WXQ在组织村民种植烟叶时,很多村民担心雨水不够,怕烟叶种不活,所以有部分村民对于种植烟叶有所质疑。见状,他就对民说:"你们放心,大胆种植烟叶,天旱没雨水到时候我来想办法。"正是因为有了他的全力支持,村民就放心种植。后来真的遇到天旱无雨,烟叶奄奄一息,他左思右想,最终准备与村民一共十几人爬上金顶求雨。选择好时间,他们从山下拿起大石头徒步上天坑,并将大石头砸向

图 10-3　天坑求雨

不见底的天坑。等他们下山还没到山脚,天空就开始乌云密布,电闪雷鸣,而后下起了瓢泼大雨,连续下了三四个小时。在得到雨水的浇灌后,村民种植的烟叶得到了更好的生长。他一共爬金顶天坑求雨六次,并且几乎每次都会下雨。通过这次打天坑,再一次证明这一神奇的传说,与以前打天坑的结果完全一样。"打天坑"这个谜,至今无法用科学来解释这一奇怪现象。直到现在,"天坑求雨"在当地人们的心中仍然觉得非常灵验。

## 五、堰塘金莲

据说在很久以前,栗子坪村堰塘之处长出了一朵带有金光的莲花。莲花时而外露,时而隐藏,人们偶尔才能看到散发着金光的莲花。当莲花盛开之时,如有人去世,将逝者放在莲花上,那么他的后代子孙将会平安顺遂,家族兴旺昌盛。而被放在莲花上的逝者,他的亡灵也会得到金莲的庇护。当莲花盛开之后,第二次盛开时间就需要再等上五十年。①

---

① 访谈对象:HYZ,女,17岁;访谈人:潘清妹。2021年7月15日,栗子坪村8组。

# 第二节  红色故事

红色故事是革命精神的故事载体，它以故事的形式传承和发扬着革命精神，体现和表达了苏区精神，"坚定信念，求真务实。一心为民，清正廉洁。艰苦奋斗，争创一流，无私奉献"的内涵。栗子坪村红色事迹使当地村民树立了坚定的理想信念、坚信革命必胜、坚持实事求是、坚守艰苦奋斗的创业精神。中国共产党成立一百年来，留下了无数感人肺腑的红色故事。

## 一、革命先驱贺龙的事迹

贺龙出生在湖南省桑植县一个贫苦农民家庭。因家庭原因，1909 年，13 岁的他来到五峰地区，后期经常到五峰湾潭、红渔坪、渔洋关、仁和坪等地做事、做生意。1914 年，贺龙参加中华革命党，积极组织"八义团"，开展反对封建军阀的革命活动。以此为基础，贺龙很快就组织起一支 300 多人的武装队伍，对外称"湘西独立军"，活动在湖北省五峰县一带。[①] 从 1928 年到 1935 年，贺龙率中国工农革命军转战五峰地区。近百年间，贺龙的趣闻轶事在五峰流传不息。当地流传不少赞颂他的红色歌谣。

《贺龙办起红军来》：

冬去春来季常换，穷人祖辈灾不断。

贺龙办起红军来，穷苦工农把身翻。[②]

《一心一意跟贺龙》：

桑植出了一贺龙，从此穷人不受穷。

打土豪来分田地，红旗招展遍地红。

红旗一展到鹤峰，遍地撒下革命种。

处处建立苏维埃，穷人心里乐融融。

革命火种传五峰，八方百姓来会拢。

---

① 周世祥、叶厚全主编：《五峰革命斗争史料汇编》，五峰土家族自治县老区建设促进会、五峰土家族自治县史志办公室，2010 年，第 9～10 页。

② 周世祥、叶厚全主编：《五峰革命斗争史料汇编》，五峰土家族自治县老区建设促进会、五峰土家族自治县史志办公室，2010 年，第 209 页。

前呼后拥争参军,一心一意跟贺龙。①

贺龙来五峰传播革命火种的事迹,当地几乎家喻户晓。不少附近的农民在他影响下,加入红军队伍,其中采花乡栗子坪村的关家柏与关家齐积极响应贺龙号召,投身革命事业。二人无私奉献的精神,使红色精神得以延续。

## 二、革命烈士关家柏与关家齐

在栗子坪村一带,一直流传关家兄弟参军杀敌的红色故事。每当清明节和八一建军节,当地村委及党员都会去缅怀关家两位革命烈士。据关家后人 GB 回忆,其叔伯与贺龙一起参加革命。关家松是家里老大,关家柏生于 1891 年,排行老二。关家齐生于 1894 年,是家里的小儿子。长子关家松已婚,生有二子一女,长子关定安,次子关定远,女儿关么,而关家柏、关家齐均未婚,随母与关家松一起生活。②

1925 年,贺龙到鹤峰五峰一带传播革命火种,与关家松相识。贺龙在三板桥办了阳面厂,关家齐帮助管理阳面厂,因而两人关系十分友好。1926年 9 月,关家柏、关家齐、关家松与贺龙在三板桥结为拜把子兄弟,同时参加拜把子的还有陈用之、何凤生、周龙等人。1930 年初,贺龙领导红四军在县城召开群众大会,贺龙在大会上号召大家起来革命,打破旧的不合理的制度,关家柏、关家齐受到很大的影响,自愿加入了红军队伍。1930 年,五峰县委、县苏维埃政府成立之后,革命队伍迅猛发展。1931 年 1 月,关家柏任茶花乡苏维埃政府(设在栗子坪)主席,关家齐任通信联络员和乡苏维埃政府肃反委员。他们参加革命后,在乡苏维埃政府主要办两件事,一是进一步发动群众,壮大红军队伍,经他们上门动员,先后发动了何文章、何文山、何德佩、王芳乾、王芳太、王芳桂、王芳万、刘汉卿、冯文田、冯明仲和胡安寿等12 人加入红军。二是打富济贫,从广大群众中了解地主剥削农民的情况和失地农民的情况等,摸清楚后,苏维埃政府讨论研究措施。当时农民都称贺龙为贺将军,流传着一首歌谣:"红军领导是贺龙,他的人马住两峰。打富济贫为工农,红军一来处处红。革命火种传五峰,八方百姓来汇拢。前呼后拥

---

① 周世祥、叶厚全主编:《五峰革命斗争史料汇编》,五峰土家族自治县老区建设促进会、五峰土家族自治县史志办公室,2010 年,第 205 页。

② 访谈对象:GB,男,72 岁;访谈人:龙群玮。2021 年 7 月 16 日,栗子坪村 7 组。

争参军,一心一意跟贺龙。"①

可是好景不长,1931年春,由于叛徒告密,团防队长带几十人从杨腊岭赶往栗子坪,要杀乡苏维埃政府要员关家柏和关家齐。其母朱柏莲当即叫两个儿子躲到11组的老虎洞里,关家老屋只有朱柏莲、孙娃关定远和关么三人在家,叛徒带的团防队长队闯进关家说:"关家柏、关家齐当了红军,跟着贺龙搞,他们躲到哪里去了? 快交出来!"其母朱柏莲说:"不知道他们到哪里去了。"一团防队员当即就冲向朱柏莲连砍47刀,接着另一团防队员用马刀将关家松儿子与女儿砍死,并扬言要将关家家人杀绝。刘士新就守在栗子坪寻找关家柏、关家齐。邻居刘汉清看见关家老屋的惨案,发现朱柏莲还有一点气息,就约人将朱柏莲抬到关家后坡一岩壳里躺着。刘汉清两口子每天给朱柏莲送饭,但由于朱柏莲伤势太重,没几天还是去世了。

由于叛徒告诉团防队长关家两兄弟躲在老虎洞。1931年1月24日,团防队员赶到老虎洞抓获关家柏、关家齐,并将二人押到乡苏维埃政府旁塘房坪,绑在路旁一棵树上。团防队长等人一刀又一刀折磨他们,据说这种刑法称为"蚂蚁上树"。最终两兄弟壮烈牺牲,关家柏牺牲时仅40岁,关家齐仅37岁。

### 三、抗美援越老兵钟远学

据曾参加抗美援越老兵钟远学回忆,1965年8月,听说五峰在招兵。他便从栗子坪走到老县城,经过层层选拔后,最终成为炮兵。钟远学与当时另外选拔的7个人一起坐车去湖北沙市,然后坐船到湖南岳阳码头。当他们到珠海时,队里分6个人去种植水稻,而他则被分到东莞种藕。

在东莞暂住后,钟远学当时问山东队长:"这什么团?"队长回答说是汽车团。汽车团的主要工作是让老队员带新队员从东莞跑青藏高原,跑三个月,再回来就能出师。几个月后,队长接到上级命令,调动他去了布吉,当地杜连长分配40人,因军事保密,从布吉出发,坐汽车到樟木头。当时条件差,供给科的科长每人发放4个馒头,4个昼夜才能到目的地,所以每天只能吃1个馒头。

他们从樟木头上火车经过广州,下车休息15分钟吃饭。再上火车,经

---

① 周世祥、叶厚全主编:《五峰革命斗争史料汇编》,五峰土家族自治县老区建设促进会、五峰土家族自治县史志办公室,2010年,第31页。

过桂林、南宁、柳州，最后到广西凭祥下车。当时勤务连连长到站接钟远学等人到菠萝山，最后被分到茅草房居住。因人员较多，队长让他们用茅草扎军营，在分配时，被分到三连二排九班。当时排长党得钟远学办事效率高，随后他被任命为九班的副班长，主要任务是管理军用物资，还与班长轮流换班，去检查站岗的哨兵是否站岗以及有无敌人来犯。当时他们与哨兵对接还有暗号，例如当有人过去，哨兵会问口令，站岗的哨兵见有人会说抗美，对方必须就得答援越。如果暗号对不上，当场会被抓起来，带去审问。

来菠萝山的前两天是做一些清洁卫生工作，第三天后，排长带领大家去水仙洞仓库。钟远学与班长被安排在水仙洞协助清点运输越南物资，当时水仙洞是军用仓库，有哨兵看守，排长安排全体人员帮忙搬运物资。在他印象里，物资有子弹、炮弹、衣物等等，用推车一箱一箱地拉，然后给装上汽车送走。最后听排长说原来这些货物会运输到越南，以给军用。

后来钟远学的工作就是每天上下军用物资，因为当时任务重，这份工作不光只是把物资送出去，还要搬运其他地区补给军用物资。日常业余时间，班长会出黑板报，内容是宣扬班里好人好事。印象最深刻的是1967年5月，排长找钟远学谈话："你对党有什么认识？"他当时回答就是："没有共产党，就没有新中国，也就没有我们的今天。"排长又对他说："这句话说很好，就算表现再出色，不写申请书，党组织不接受。"于是钟远学当天写了申请，后被连支部批准成为预备党员。钟学远后来才知道原来入党的同伴很多，有些人甚至写过6次申请也没有通过。在成为积极分子这两年中，因为要查社会关系，当时听排长说可能组织会去他的老家查询家里三代基本情况，看看是否有对党的路线、方针、政策有抵触行为的，是否有受过刑事处分等。

1968—1969年，经过考察，最终通过上级领导批准，钟远学成为一名正式的党员。三月份后，连长根据上级后勤部的指示，连队宣布转业回到地方。当时大家还是依依不舍，相互告别，我也回到自己家乡。1969—1977年，经过层层调动换岗，最终钟学远被调到栗子坪小学当教师。由于身体的问题，最后他提前病退修养。钟远学认为自己这一生最难忘的回忆，就是去五峰县征兵，有幸参加抗美援越的队伍，并在组织带领下发展为党员。今年是建党100周年，感谢国家给他认可，并给颁发在党50周年党员徽章。他会永远谨记"没有共产党，就没有新中国"的道理。[1]

---

① 访谈对象：钟远学，男，76岁；访谈人：龙群玮。2021年7月25日，栗子坪村9组。

# 第三节 传统节日

我国是一个统一的多民族国家，五十六个民族呈现着大杂居小聚居交错居住的分布特点。民族团结进步建立在平等共享的物质生活基础上，根植于满足人们美好生活的精神文化的沃土中。众多民族传统节日文化是中华民族鲜明的文化记忆与文化符号，也是我国精神文化的重要组成部分。采花乡栗子坪村是一个少数民族村寨，土家族人口占 95％以上，节庆较多，但其中较为隆重的有春节、元宵节、端午节、七月半。

## 一、春 节

春节是人们最为期待并且较为隆重的节日。节日前夕，栗子坪村的家家户户都会提前准备过节的事宜，外出的家人也都陆续返回家中与家人团圆，妇女提前一两天整理内务，打扫楼房，除污驱垢，以焕然一新的面貌迎接这一重大节日以及新一年的到来。除了在丰收时节留下的瓜果、蔬菜以外，人们还要准备其他各种食材，有年猪、鸡、鸭、羊、糯米、酒等。早期，当地盛行赶仗活动，是人们为谋取生存资源进山狩猎的群体性活动，由村中的男子背铳、牵猎狗组群进山，相互配合追赶山中的猎物，最后将所获的食物平分。此项活动是早期当地村民节日前夕筹备食物的重要方式，现已不再进行。有时人们为缓解节日当天的繁忙，也会提前将准备好的糯米、玉米、土豆等制作成人们爱吃的糯米糍粑、玉米糍粑、土豆糍粑、土豆饼。将黄豆泡制后打磨成汁，煮好压形做成豆腐块，还会将猪肉和牛肉切碎，放入油锅中炸成肉丸等备用。

大年三十，人们上午吃完饭后，就开始忙碌，他们各司其职，互相帮忙。孩子们张贴春联，悬挂灯笼。男子三五人，一起烧水杀鸡宰羊，烧洗猪头。妇女也开始筹备当晚的年夜饭，这是一年之中最为丰盛的饭菜，一般以"十碗八扣"为主，也有一些人家是十二碗外加火锅，其中"十碗八扣"主要有扣肉、扣粉蒸肉、扣豆腐、扣糯米或粟米、扣排骨、扣鱼块、扣土豆丝、扣粉块、豆芽菜、黄花菜。

待美味的菜肴以及年猪头都准备好后就开始祭祖仪式，当地称之为"叫饭"。首先由家中长者将整个猪头从锅中取出，放置于中堂神龛前方的方桌上，并在猪的鼻孔插入一双筷子。其次在方桌上需摆放八只碗、八个杯子、八双筷子,如有一些人家使用圆桌,则既可以摆放八副碗筷,也可以十到十二副,但碗筷的副数须为双数才行,旨在成双成对、好事成双的美好寓意。方桌上的食物摆放好后,开始点香烧纸钱,家中长者口念祭祀词:"三代公祖,老少亡人,地盘业主,古老前人,内亲外戚,都来吃饭。"[①]随后在堂屋门口外放鞭炮。最后在等待约十分钟后,开始收拾桌上摆放的食物,并在方桌上摆上倒好的茶水,至此"叫饭"仪式才算完成。在整个祭祖过程中,家中的小孩不可进入堂屋看到这一祭祖场面,认为小孩子未到祭祖年龄不能进行祭祖事宜,也有认为小孩子太小不懂祭祖事宜,容易撞见祖先,对其不敬。因而每当祭祀祖先时,长辈往往将小孩叫出堂屋。祭祖仪式过后,就到了一家人吃年夜饭的时候,年夜饭当地也称之为"团年饭"。家人围桌而坐,开开心心地吃着美味的食物,饭桌上时不时传来一片片欢声笑语,这一刻不仅有一家人团圆的喜悦,更有人们迎接新年的美好期盼。

年夜饭后,家中的长辈带着年轻人一起前往亲人的坟山祭拜,随后才返回家中开始守岁。以前,家家户户都有火塘,守岁时,一家人都围着火塘一起聊天,同时也照看着火塘的火。当地有"大年三十的火,十五的灯"的说法,指人们在大年三十的晚上,守着火塘中烧得旺盛的火,确保在新年来到之前不会熄灭,并期盼家人在新的一年里平安健康,事业顺利,生意兴隆。近年来,或随着人们经济收入的提高,生活条件的改善,家家户户都安装有电视机、电脑,身上都带有手机等,因而人们大年三十的守岁活动不仅是围着火塘聊天吃瓜子,而且是在看央视春晚,以及通过手机、电脑等与远方的亲戚视频连线,共同迎接新年的到来。待到晚上十二点后,大人和孩子们都纷纷到门口放烟花鞭炮,喜迎新年的到来。

正月初一日,人们早早起床,点燃新年的鞭炮。当天小辈们给长辈拜年,长辈分发红包,并送上祝福语。当然,人们期盼在新的一年里拥有红红火火的事业,幸福美好的生活,因而常也遵守着相关习俗,有过年说吉利的话语、上山砍柴、不往外泼水、不扫地等。有些人遵守着"初一不出门,初二拜家神,初三、初四拜丈人(岳父)"的习俗[②],也有人认为正月初一日是可以出门的,因而外嫁的女儿当天会回娘家给父母拜年,邻里之间也会相互

---

① 访谈对象:FYG,男,64岁;访谈人:潘清妹。2021年7月19日,栗子坪8组。

② 湖北省五峰土家族自治县地方志编纂委员会编:《五峰县志》,北京:中国城市出版社,1994年,第585页。

拜年。

## 二、元宵节

正月十五日过元宵,当地称之为"把儿年"或"过十五"。在节日当天,人们通常要吃上一碗汤圆,有些人家为讨个好彩头,因而会盛上六个或者八个汤圆,有"六六大顺""发发发"等美好寓意。当地因地形原因,人们主要种植玉米、土豆等作物,因而也常常用玉米、土豆制作成各种美味的食物,如正月十五日这一天家家户户都会蒸上"十五粑粑",有玉米粑粑、土豆粑粑,也会有糯米粑粑、荞麦粑粑等。晚上的主宴,食物种类繁多,通常有猪肉、鱼、豆腐、饺子等,其中饺子是必不可少的,认为正月十五日吃饺子有步步高升的美好寓意。

元宵节祭祀祖宗是当地人一直坚守的传统习俗。当天下午,家中的妇女准备好食物后,需要将其摆放于中堂屋神龛前的方桌上,摆放上八副碗筷和杯子,倒上酒后,将家中小孩支出堂屋。随后家中长者前来点燃檀香和纸钱,口念祭祖词"三代公祖,老少亡人,地盘业主,古老前人,内亲外戚,都来吃饭",等待十分钟后,将桌上的食物收走,并倒上茶水以敬家中祖先,至此整个祭祀祖先仪式才算完成。当地流传着"大年三十的火,十五的灯"说法,其中"十五的灯"指正月十五日的晚上,人们不仅会点亮家中的灯,也会放路灯。放路灯一般由家中长者前往,自家门开始每隔一米就点燃一根蜡烛。对于放多远,主要依据自家情况,有的会放一百多米远。而放路灯的原因,大多数人认为在节日当天为家中祖先点燃路灯,是在为其照亮回家的路。现今,在栗子坪村很少能见到正月十五日放路灯的习俗,但是正月十五日祭祖习俗依然受到人们的重视。

"赶毛狗"也是元宵节的一种至今保持的重要习俗,当地称之为"赶毛九"。关于这一习俗的来源,民间流传着多种版本的故事,流传于五峰采花乡地区的主要有《正月十五赶毛狗》,内容如下:

在很早以前,山里头住着一对兄妹。有一条毛狗认为喝人血酒可以成精变成人,因而它常常在兄妹住处转来转去。有一年正月十五,哥哥在去给父母上坟的路上,看到在河边的石头上躺着一只毛狗。听到毛狗请求他背它过河,哥哥心善,就背起了毛狗,正走到河道中间,毛狗突然咬断了哥哥的喉管并喝光了他的血,以为喝了哥哥的血,就可以变成人。晚上,毛狗乘着月光洒在河面的时候,前去水边观看自己的身影,才发现自己并没有变成人。随后又穿上哥哥的衣服去看,还是没有变成人。第二年正月十五日,由于哥哥不在了,为父母上坟只能由妹妹一个人去。这一天妹妹走到河边,就听见毛狗问自己像不像人,妹妹一看,这哪里是人啊,穿着人的衣服,脑袋又顶着骷髅壳,屁股后面又长一长长尾巴,分明就是人不像人,狗不像狗,像鬼。妹妹走近一看,原来是条毛狗,妹妹觉得很怪异,然后转身就喊人来。住在附近的人听到妹妹的声音,赶紧打起灯笼赶来,毛狗随后赶紧跑走。毛狗认为自己没变成人,是因为妹妹说它不像人而像鬼,为此记恨妹妹。有一年正月十四,毛狗就想去咬死妹妹,让她活不到十五。于是天还没亮,它就来到了妹妹的住处,但是在它刚到的时候,鸡就一直叫。这时人们听到鸡叫了就陆续起床,它不敢对妹妹下狠手,只得灰溜溜的离去。因为鸡叫让毛狗没法咬死妹妹,所以从那以后毛狗就恨鸡,每当它见到鸡就咬。久而久之,越来越多的鸡被咬死,后来人们一听到鸡叫就赶紧提起灯笼出来,有一次看到了毛狗逃跑,才知道原来一直是毛狗所作所为。人们开始一起商量对付毛狗的办法,想来想去也想不出办法,这时妹妹想出了利用火来赶跑毛狗。于是人们到处找干柴、枯竹子等堆放在一起,然后点火,人们一起围着火堆喊着:"赶毛狗,赶毛狗,把毛狗赶到山后头。"从那以后,人们就有正月十五日赶毛狗的习惯,并延续至今。①

目前,在栗子坪村,人们仍然会在正月十五日进行赶毛狗习俗。他们在天黑后,会拿起点燃的干木枝或干竹枝走到门外,而后举起拿着燃火的干木柴棒,向外挥几下,并喊:"去去去!"意为将毛狗赶走。

访谈案例一:

访谈对象:HGJ②

问:赶毛九有具体的时间嘛?是在叫饭之前还是之后呢?

HGJ:正月十五日,一般在叫饭之后。

问:赶毛九的人主要是大人还是小孩?

HGJ:都可以,一起赶。

问:赶的时候,需要讲什么?

①　王永红:《中国民间故事全书湖北·五峰卷》,北京:知识产权出版社,2007年,第22～23页。

②　访谈对象:HGJ,男,78岁;访谈人:潘清妹。2021年7月27日,栗子坪村8组。

235

　　HGJ：没有具体指定要讲哪些内容，一般有"赶走"的意思就可以了。

　　问：赶毛九的动作是怎样的？

　　HGJ：就是手拿火把，举手向前方挥几下。

　　元宵节作为栗子坪村较为热闹的节日，不仅仅是因为当天人们走亲串户，享用美食，更为吸引人的是民间的一些传统娱乐活动，如舞狮子、踩堂戏、皮影戏、采莲船等。

　　舞狮子是我国具有代表性的传统文化活动之一，也是早期栗子坪村人喜庆节日重要的表演项目，元宵节期间较为常见。

　　元宵节的当天，舞狮子队中的领头人敲锣打鼓，提着篮子在队前走，队中的罗汉、狮子、猴子则边走边跳。而有意接舞狮进家门的主人则会提前在自家堂屋中摆放好早已布满了糖果的方桌，有些主人家也会将装好的红包一并放在方桌上。舞狮到达堂屋后一般先跳四大门，分别为东门、西门、南门、北门。狮子分文狮和武狮，栗子坪村人基本舞文狮，所以常带有抖毛和打滚等动作。扮演罗汉的则在旁拿着扇子跳，扮演猴子的则时不时表演抓、挠、跳等动作。但舞狮子重点还是在于狮子，在表演快要结束时，狮子会时不时靠近主人家，主要是为了讨个吉利。当然主人家也会拿起方桌上的红包与糖果，举起来让狮子张开嘴巴过来叼走，而拿到红包的狮子也会开心地跳来跳去，并继续在堂屋里表演，随后才离开，前往下一户接狮子的人家中继续表演。对于元宵舞狮子，当地人认为是喜庆之事，可以讨个好彩头，因而每当有舞狮子的队伍来到家门口时，人们都非常欢迎狮子进家门表演，认为接狮子进家门是新年里家人平安顺遂、大吉大利的好兆头。也有人认为玩狮子可以将瘟神送走，罗汉也是祝兴旺的，十五又是个团圆的好日子，因而各家都想接福气进家门，都会前来观看舞狮子。有些小孩更是会跟着舞狮子的队伍一家接着一家地走。但是近年来，很少有这样的活动，主要是有几点原因：一是会舞狮子的成员逐渐老去，缺少传承人；二是村中的年轻人都外出，留在家中的只是老人和小孩，没人能去舞狮子；三是原先没有重视这一特色的文化，导致传承过程中出现了断层的现象，而后在发展旅游时虽渐渐开始重视，但是掌握此技能的成员少之又少，因此在传承发展的过程中，仍然面临着许多的困难。

访谈案例二：

　　访谈对象：WXQ①

　　问：咱们村什么时候开始舞狮子呢？

　　WXQ：我印象中大概1983年后元宵开始舞狮子，那时候在唐家河（现在的宋家河）表演。后面元宵每家每户都可以各自选择性接玩狮子。

　　问：舞狮子有多少人？

　　WXQ：就比如说，今天要玩狮子，我们就会两个人穿上狮袍，一个人戴罗汉头盔，另一个人表演猴子，还有一个领头人提篮子与打锣。

　　问：我们村是玩文狮子还是武狮子呢？

　　WXQ：这个村一般玩的是文狮子，舞起来比较温顺。因为我们师傅当时年龄较大，也没有受到专业的训练，太过于高难度的动作我们几乎不能完成，并且那时候也没有手机可以学习，是跟着老一辈学艺。

　　问：正月十五日一般几点开始玩狮子？

　　WXQ：一般是早上的七八点开始，然后领头人在前面提着篮子打着锣，罗汉与狮子和猴就边走边跳。来到接狮子的主人家门口，就进主人家堂屋开始玩狮子，一般主人家前面会放张方桌，上面放着饼与糖和装好钱的红包。主人家就在旁边观看，狮子在堂屋一般先跳东西南北四大门。我们舞文狮就会有抖毛、打滚的动作。罗汉在旁边拿着扇跳，而装猴的时不时表演抓、挠等动作。玩狮子的师傅快要结束就会靠近主人家讨利，主人家会把桌上的红包、糖或饼子，用手抬高拿着等狮子用嘴叼走，拿到红包狮子会开心，并继续在堂屋跳一会，然后才离开。

　　问：您是怎么看待玩狮子对当地人有什么意义呢？

　　WXQ：我们这边十五玩狮子有赶瘟神，助兴旺，寓意来年人丁兴旺，五谷丰登。

　　问：现在咱们村还有人会玩狮子吗？

　　WXQ：差不多在我们30至40岁后，渐渐也不玩了。年轻人都出门上班，老一辈师傅早已不在，也没有人学习。我们年龄也大了，身体也跳不动了，也没有人再去提这个事情。

踩堂戏又称为堂戏。"踩"在当地方言中为"演"之意，"堂"即指家中"堂

---

① 访谈对象：WXQ，男，68岁；访谈人：龙群玮。2021年7月23日，栗子坪村6组。

屋",因该戏多在家中堂屋表演,故称之为"踩堂戏"。主要流传于湖北巴东和五峰等地区。逢年过节,人们都会请当地有名的戏班子来表演一夜的堂戏,营造喜庆的氛围。其表演的角色主要有生、旦、净、丑。表演内容取材广泛,不仅有贴近生活的小戏,还有历史故事的大戏,也叫正戏。内容不同,腔调也不同,生活小戏主要用"大筒子腔",也称之为"杨柳调",后者则使用"小筒子腔"。戏台子搭好后,在表演开始前就需要先"定台",由一小旦登场"送字"以及"挂画"。送的字主要为福、禄、寿、禧,而画的内容则需要有"招财进宝"之意,如摇钱树、聚宝盆等内容,以表示向主人家祝贺。当"定台"完成后,整场表演才开始,并一直演唱至天亮,即通宵达旦地表演。

1949 年前,当地的踩堂戏班子数量就极少,如今在当地能够掌握此技能的人更是少之又少,会者多为 60 岁以上的老人。由于没能及时传承与发扬,该项技能正逐渐走入濒危的境地。如调查对象 WYF 和 WXJ 等人也曾提及,在他们很小的时候见过一次"踩堂戏",后来就再也没有见过此项表演活动,而在问及一些年轻的对象时,他们更是反映没见过这一项表演活动。

访谈案例三:

访谈对象:WYF①

问:您见到过有人在元宵节时表演"踩堂戏"吗?

WYF:在我 16 岁见过一次。

问:那当时的表演内容主要有什么呢?

WYF:那时候我记得他们在搭的戏台子或者在堂屋里表演,一般都会有四个角色,有点像现在唱京剧的角色,有生、旦、净、丑。表演内容有古装剧,具体内容我已经记不清了。后面几乎没有看见有人表演踩堂戏,因为能表演的老人早就去世,当时条件艰苦,也没有人去学,渐渐就没有人表演。

访谈案例四:

采访对象:WXJ②

问:爷爷,您在元宵节有见过我们村表演过"踩堂戏"吗?

WXJ:在最早时候见过人家在表演,但是好像也只是一次。

问:您那时候看见的"踩堂戏"是以怎样的形式演出?

---

① 访谈对象:WYF,男,58 岁;访谈人:龙群玮。2021 年 7 月 23 日,栗子坪村 5 组。

② 访谈对象:WXJ,男,65 岁;访谈人:龙群玮。2021 年 7 月 23 日,栗子坪村 7 组。

WXJ：其实我已经记不清楚，反正当时是搭着戏台，然后台上有四个人在表演。因为我没有读过书，当时也只是凑个热闹，后面好像就再也没有看见别人来演了。

问：爷爷你知道是我们村哪些人在表演吗？

WXJ：他们画脸一黑一白，当时没有注意看，具体的人也记不住名字。

皮影戏，当地人也称为"皮影子戏"，曾是栗子坪村节庆表演活动中较为出名的表演活动。一般在天黑之后，表演的艺人撑开一张白色的幕布，手里拿着兽皮或纸皮制作成的人物剪影，然后配合着明亮的灯光，一边操控着手中的皮影，一边嘴里哼着曲调或者讲起故事。有时因表演氛围的需要还会敲打各种乐器。每逢佳节，人们总会找皮影戏班子来村里表演助兴，迎接宾客的到来，为村子带来节日里的热闹氛围。但是据资料记载："中华人民共和国成立之初，由栗子坪村 4 组何祖开、何德春父子传承组织过一个皮影戏班，有一套演唱皮影戏的箱子及乐器……现已失传。"[1]如今栗子坪村过春节以及元宵时，很少会有皮影戏的表演活动，也很难找到能掌握这项技能的年轻人。

访谈案例五：

调查对象：WYF[2]

问：不知您是否在元宵节见过我们村表演过"皮影戏"？

WYF：以前村里过十五的时候表演。

问：那当时的表演形式有什么内容？

WYF：我们这边称"皮影戏"为"皮影子戏"，与现在的皮影戏是一样的，晚上七八点天黑以后，拉一块幕布，就是透明的白布。当时条件有限，所以用煤油灯的火来照亮，那些师傅拿着制作好的小人，两个人在后台表演，模仿人物声音来表演。表演的内容有《天仙配》《白蛇传》等，还有的内容，我年纪大了，也记不住了。

问：现在我们村里还有表演皮影子戏的传承人吗？

WYF：这个村里没有传承人了。我父亲那一代可能还有人会，但

---

[1]　湖北省地方志编纂委员会办公室编：《栗子坪村志》，武汉：武汉大学出版社，2018 年，第 112—113 页。

[2]　访谈对象：WYF，男，58 岁；访谈人：龙群玮。2021 年 7 月 23 日，栗子坪村 5 组。

是我们这一代看到皮影子戏的非常少。我印象里曾经表演过一次，是在1982年。那时候在马蹄岩小队7组姓冯的人家表演，他们大约表演了两个小时。自此就除了还愿时候，有些人家也会请人表演，但是很少。现在这个村没有会皮影戏的人，当时大家也没有人想过把这项技能学下来，因为学皮影戏还需要认字和背书词，那时候能读书的人本来就少，最后渐渐就没有人表演。

正月十五日采莲船活动，在当地不仅有"驱赶瘟神，助宅兴旺"的作用，同时还为人们带来节日的喜庆，因而在以前采莲船也是一项重要的活动。当天早上有意接莲船的主人家会提前在家中摆放一方桌，桌上放三个盘子，盘中分别放入红包、饼子、糖果等。在采莲船的表演队伍中有艄公、艄婆、拿船人等角色，三人会相互配合表演，他们以舞蹈动作来表现行船、撑篙、推船等情节。当采莲船队伍来到主人家时，艄婆会扮起滑稽的样子，并用大蒲扇赶艄公走到堂屋，二人逗趣取乐，吸引更多的观众，给主人家带来喜庆。最后当艄公要与艄婆分开，就需要做出抬轿等一系列的动作，这些动作有代表向主人家讨要红利的含义，比如艄婆故意摔倒，船就一高一低，主人家就会给艄婆红包，艄婆接了红包就会站起来，船就会恢复平稳。当主人家看采莲女在莲船里随意晃动时，也会顺便给采莲女红包。当艄公故意摔倒后，船的那头就开始翘起，此时艄公嘴里喊"这个船真的是太沉啦"，此时主人家会笑眯眯地给艄公红包。最后三人一起在堂屋给主人家祝贺，边跳边唱，直到结束才会离去。早些年里，栗子坪村的人还会在节日当天看到这一项活动，但是现在基本已经不再举办了，如栗子坪村WXQ[①]老人也曾提及，在他四十多岁后基本就很少再看到有采莲船活动了，目前会表演的人也非常少了。

## 三、端午节

端午节在当地方言又称为"端阳"，过端午节也被称为"过端阳"。对于过节的时间，当地常有"五月过端阳，逢五即可"的说法，主要指在农历五月初五、十五、二十五日，在这三天根据自家情况选一天过节即可。

"过端阳，接姑娘"是当地广为流传的说法，指节日前夕，由家中的父母或是哥哥、嫂嫂等人提前去接外嫁的姑娘回娘家过节。在以前，如若父母没有接回姑娘，则姑娘内心会有少许失落，并且不会自行回家过节。但是如今

---

① 访谈对象：WXQ，男，68岁；访谈人：龙群玮。2021年7月23日，栗子坪村6组。

通信工具的普及,以及交通方式的便利,人们通过手机和自家姑娘说一声,出嫁的姑娘就会自行返回家中与亲人过节。除了接姑娘回家过节外,在节日到来之际提前准备所需的食材也是非常重要的,一般人们会准备各种肉制品和糯米等。

节日当天,以前当地人会在门口挂艾蒿,喝雄黄酒等,但如今基本很少。当家中有身体不适的老人或小孩,有些人家也会在他的房间窗户上挂桃树枝,认为当天挂上桃树枝可起到辟邪的作用,为身体不适的老人或小孩挡住煞气,保佑其健康平安。家人也会一起包粽子,并准备相应的饭菜,待到晚上七八点,将煮好的食物放在正堂的方桌上,摆放好八副碗筷和杯子。倒好酒水后,开始由当家人点香,烧纸钱,点灯烧蜡烛,并念祭祖词"某某家下,三代公祖,老少亡人,内亲外戚,上起公公祖,下起玄玄孙,一起概请,都来喝酒。喝酒以后,骑马登程,远走他方"。[①] 随后等待十几分钟,吹灭灯火,并收拾好祭祀食物,最后倒上茶水以示敬祖。祭祖仪式完成后,一家人才开始吃饭。

端午节中"祭祖"与"接姑娘回家过节"的两种传统习俗,前者主要体现祭拜祖宗,祈求保佑家族繁荣昌盛,子孙后代平安健康的求吉心理,后者则体现了亲人团圆的情感意识。现今端午节对人们依然有重要的影响,无论是集体参与包粽子的习俗,还是外嫁姑娘省亲,或是祭祖仪式,人们依然在坚持着。但方桌礼仪有所简化,由原来的方桌简化为圆桌祭祖,并且对于相关食物的摆放位置,餐桌礼仪等也在逐渐简化。

访谈案例六:

调查对象:FSK[②]

问:咱们村通常"叫饭"的时候,都会念哪些话呢?

FSK:一般念"某某家下,三代公祖,老少亡人,内亲外戚,上起公公祖,下起玄玄孙,一起概请,都来喝酒。喝酒以后,骑马登程,远走他方"。

问:"叫饭"念完祭祖词后需要注意什么呢?

FSK:"叫饭"念完祭祖词后等待约十分钟,需要把酒洒出来一点点。先点酒再拿筷子,因为筷子一拿,他就没法吃了。

---

① 访谈对象:FSK,男,57岁;访谈人:潘清妹。2021年8月2日,栗子坪村8组。
② 访谈对象:FSK,男,57岁;访谈人:潘清妹。2021年8月2日,栗子坪村8组。

问：怎么点？

FSK：一方点一点，一方点一点。因为方桌有四方，摆八杯酒，点酒顺序则是上下、左右进行的。有一个大小辈分，一般上是大的老祖。

问："叫饭"需要把饭菜拿出一点放桌上嘛？像点酒一样？

FSK：饭菜不用，只是点酒就行，点好酒就可以收饭菜，然后倒茶示意一下。

问：为什么"叫饭"后要给祖宗倒茶呢？

FSK："叫饭"后沏茶，就好比让祖宗饭后润润喉。

## 四、七月半

七月半又被称为"月半节"。在当地，月半节是较为受人们重视的节日，因而民间常流传着"年小月半大，长工也要歇三天假"的俗语。过节的时间主要根据家庭的具体情况安排。新亡人节，在农历七月初七日，如家中有人在前三年去世就可以在农历七月初七日的时间过。老亡人节，主要是近三年无人去世的人家，一般就选择农历七月初十日。但是现今人们更多的是根据家人的时间，只要在七月十五日前过完就行。

在节庆前需准备相关的食物，并由家人去接外嫁的姑娘回娘家，如父母不在了，就由哥哥、嫂嫂或当家人去接外嫁的姑娘回家。节庆当天，白天将食物准备好后，待到晚上，一般七八点的时候开始叫饭。叫饭又分为家中叫饭与家门外叫饭，家中叫饭主要是祭祀在家中去世的亲人，将煮好的饭菜端至正堂的方桌上，并将碗筷摆放。以前方桌一般是八对碗筷，现在使用圆桌一般放十双碗筷，圆桌对于具体碗筷数量没有特别的要求，但是当地人始终坚持"以双数为主，忌单数"的思想，认为双数为吉利数字，有好事成双的说法。摆好碗筷后，添加酒水。对于酒的种类，以前多使用苞谷酒，现在不局限于苞谷酒，可以使用其他白酒等。食物、酒水布置好后，将小孩从堂屋支开，随后当家人开始烧香、烧纸钱，点蜡烛或者点灯（以前多用煤油灯），点灯的主要目的是为去世的亲人以及在外去世无法归宗的亲人指明回家的路。叫饭的时候一般由当家人在方桌前念祭祀词。而家门外叫饭则设在家的正堂屋门口之外，主要是针对在外去世而无法归宗的亲人，其祭祀的食物以及程序与家中叫饭都大致相同。

七月半与端午节，二者在保留的一些传统习俗上，既具有相同之处，也有所变化与区别。二者一直遵守的传统习俗中都有由家人去接外嫁姑娘回娘家过节的传统习俗和家中祭祖的传统习俗。而在两个节日中的主要变化与区别,主要表现在过节形式的简化与思想的差异,七月半以祭祖为主,祈求家族繁荣昌盛,子孙后代平安顺遂。而端午节则不仅在于祭祀祖先,而且当前更加重视家人间的团聚,以及加深亲人之间感情的联络。

# 第四节　游艺活动

　　游艺活动指通过娱乐和游玩的手段或方式,以满足人们的身心需求,陶冶人们高尚情操的一种精神文化活动。不同地区、不同民族具有不同内容的游艺活动,目前栗子坪村丰富多样的游艺活动主要有赶仗、三句半、九子鞭表演等。这些游艺活动既体现了当地土家族的特色文化,也反映了栗子坪村村民对美好精神文化生活的新期待。

## 一、赶　仗

　　赶仗是栗子坪村人民的狩猎活动。在国家明令禁止捕抓野生动物之前,进山赶仗则是人们获取丰盛食物的重要方式之一。对于赶仗的人,村子里一般称呼为"狩猎人"或"赶猎人",把参与赶仗的这个群体称之为"赶脚"。"赶仗人"在其他地区又被称呼为"赶仗佬",主要源于"九佬十八匠"这一说辞。但在栗子坪村,人们一般不会将"赶仗人"称之为"赶仗佬"。

　　赶仗,往往以村落为单位,众多人聚在一起进行。三五人为一小组,组成若干小组,带着猎狗,备好鸟铳,分头到村寨周围的每个山头上部署机关后,静等猎物到来。参与赶仗的赶脚上山后有着严格的分工,枪法准的坐径(指带枪猎人)守候在野兽出入的山口,野兽出现便瞄准开枪。若头道径没打中,则二道径再补枪。身强力壮的汉子便四处奔走,引导指挥猎狗把猎物从洞中赶出来。年迈的人则负责侦查猎物的踪迹,坐在山头打望,见到猎物出没并给赶脚的人传递信息。

　　待捕到猎物后,众人则会将猎物四脚捆绑抬回村,把猎物逐个修净皮毛,开肠破肚,按每只猎物捕获时当场实到人数平均砍成若干份。按照当地规矩分肉,猪项颈从耳至肩这一节不论轻重多少,都分给杀死猎物的枪手,以做奖励。凡是一人打死的就给一个人,多人打死的猎物按当时登记的枪手各分一份。因为在大家看来,带枪打死猎物的人功劳是最大的,理所应当的应该分取更多的猎物。其余全部猪肉均按"见者有份"的原则平均分配。

分配中为了公平,防止舞弊,将每头猪砍成的每一份肉穿上提索(棕叶子),分别放在簸箕内,提索漏出簸箕外面,再用一只簸箕盖上,人们只见提索不见肉,不能拣三挑四。分肉开始,众人围站在簸箕周围,将两只合着的簸箕用手推磨似的旋转几圈后,每人拿一条穿肉的提索,将肉拉出来。不管拿到哪个部位的肉,都不能有任何意见,随后再提回各自家中。

现今,赶仗这一群体性的狩猎活动已退出当地人们的生活。其原因主要有以下几点:一是国家对于野生动物的保护,禁止捕猎;二是生活水平的提高,在一定的程度上满足人们的物质需求;三是当地年轻人多数在外务工,留守家乡的基本是老人与小孩,不易进行赶仗活动。赶仗活动虽不再举办,但其中所蕴含的勇敢善战、分工合作、和睦相处的传统美德依旧影响着新时代的年轻人,增强了民族认同感,增进了民族凝聚力、自信心和自豪感,对当下建设社会主义核心价值体系、构建和谐社会也具有现实意义。

## 二、三句半

三句半作为一种民间曲艺表演形式,所演唱的每一段内容是三长句加一半句,故被称为三句半。音韵和谐,内容丰富,风格幽默是三句半创作的重要标准。当然,这些标准不仅仅是对作品本身而言,对表演者同样如此。

三句半的前三句一般是讲述一个故事的情节,有叙事的功能,每一句的字数以及句式结构基本相同。后半句又称"戏眼",不但有画龙点睛的作用,而且还要有让观众捧腹大笑的效果。其字数一般为一到两个字,三个字的情况较少。句与句之间还须押尾韵,但对于第三句不做押韵要求。在一首完整的三句半词中,同段中句与句字数要相同,但段与段的字数可相同也可不相同。一般一首词有 8~10 段为好,多不可超过 12 段,否则影响舞台氛围,使观众乏味。

三句半一般由四人组合表演,并且需要用到镲、锣、钹、鼓四种乐器。根据每段内容将表演人员分为甲乙丙丁,虽然丁的台词只有半句,但是这半句最为关键,因而对该部分表演者的筛选也会有一定的要求,不仅要有幽默风趣的性格,而且还要具备一定的调节现场氛围的能力。

在三句半表演的流程中,每一首词所表演的第一段是大致相同的开场内容,不但具有开场吸引观众的作用,同时也为后面的表演烘托舞台氛围。其后的每一段内容都不同,但表演形式一样,段与段之间都需要四人敲打乐器烘托氛围,并以此将上一段与下一段的说唱内容相隔开来。最后结束的

时候,四人同说一句,并敲打乐器,以示表演结束,然后四人依次退场。如:

进场:进场后四人敲打乐器。

第一段:甲敲打乐器并开口唱:我们四人并排站。

乙敲打乐器并开口唱:上台说段三句半。

丙敲打乐器并开口唱:你们准备说什么?

丁敲打乐器并开口唱:请看!

四人一起敲打乐器。

第二段:甲开口说唱……

乙开口说唱……

丙开口说唱……

丁开口说唱……

四个人一起敲打乐器

……

最后段:甲开口说唱……

乙开口说唱……

丙开口说唱……

丁开口说唱……

四人一起敲打乐器。

最后:四人合唱同一句,敲打乐器。

退场:四人依次退场。

目前在栗子坪村,每逢红事,或是佳节、庆典等,当地村民都会请人表演三句半节目。XCL、HKY、LZY、WYF 是栗子坪村三句半的表演者,在 2018 年栗子坪村村干部换届选举中,四人所表演的三句半节目,至今让村民们记忆犹新。一场精彩的三句半表演离不开人们的创作,其创作内容涉及人们生活的方方面面。正如栗子坪村民 WXY[1] 在 2014 年创作的《栗子坪村变化大》与 WXP[2] 在 2016 年创作的《栗子坪村风景美》,以及二人共同创作的《感谢党的好领导》等三句半词是对栗子坪村新面貌以及人们新生活最直接的描述。其作品内容如下:

《栗子坪村变化大》:

---

[1] 访谈对象:WXY,男,77 岁;访谈人:潘清妹。2021 年 7 月 21 日,栗子坪村 8 组。

[2] 访谈对象:WXP,男,69 岁;访谈人:潘清妹。2021 年 7 月 21 日,栗子坪村 7 组。

我们四人并排站，上台说段三句半。

你们准备说什么？请看！

要讲的事情真不少，单看我村的变化表。

一看村民的生活好，节节高！

二看产业结构大调整，科学种田把产生。

村民的经济收入，年年增！

三看电脑通信发展快，世界信息迅速来。

手机电脑到处有，真帅！

四看交通条件大改善，汽车、摩托跑满山。

一通带来万事通，方便！

五看电视大普及，文化生活灵信息。

电影电视随时看，便利！

六看联户路建设领导把心操，几十个农户热情高。

自费修整路面进度快，真好！

七看村庄整治常进行，广大村民来响应。

不乱排污讲卫生，要勤！

八看入住条件在更新，调动了住户的积极性。

保护维修略改进，开心！

九看村民素质在提高，五讲四美要记牢。

和睦相处讲互助，团结好！

十看乡村旅游在先行，来村游客年年增。

不断完善强服务，永远向前进！

要问为何有这大的变化，

"两委"班子多方争取投入力度大。

感谢县乡多方来帮扶，再来夸！

合：感谢县乡多方来帮扶，我们再来夸！

《栗子坪村风景美》：

我们几人台上站，共同说段三句半。

还差一人怎么办？我来干！

栗子坪村风光好，村内中心穿国道。

高速公路将动工，方便了！

村级公路家连户，条条都是水泥路。

雨天行走不沾泥,真欢喜!

进了广场和礼堂,开会娱乐有地方。

跳舞健身把歌唱,喜洋洋!

古稀书记何克廷,多方争取很认真。

不畏艰难勤为民,领路人!

我村国家已命名,乡村旅游模范村。

各种奖牌前去领,多精神!

旅游景点多得很,金盆凉伞加金顶。

玉兰坡下杜鹃岭,好风景!

蝙蛹直穿黄河淌,世外桃源花开放。

龙头对着凤头岩,人人爱!

天眼赐福蝙蝠洞,还有金顶迎客松。

抬头看着蝙蝠飞,极昌隆!

百丈悬岩洞流水,飘下水雾随人追。

好似白龙游石壁,省之最!

自生碓窝能舂米,并有神仙来对棋。

求雨天坑能求雨,真是奇!

马蹄岩上鞍子岭,村委干部有唐平。

治保调解他先行,能为民!

十三五间新规划,人均八千不会差。

走在全乡最前列,真棒啦!

各级领导来扶持,规划措施抓落实。

完全彻底办好事,实打实!

我的文化水平低,诚望大家提建议。

今后还要勤学习,齐努力!

合:今后还要勤学习,齐努力!

《感谢党的好领导》:

敲起来呀唱起来,歌唱咱村好风采。

调整结构抓旅游,全国全省站前排。

广大村民笑颜开! 独岭高峰广电台。

金顶古松迎客来,求雨天坑能求雨。

道有仙人对棋台,清朝石碑做记载!

247

金盆对着卸甲寨，寨脚有座打子岩。

不孕夫妇诚投石，石子投进石洞来。

回家是把宝宝怀！黄鹤展翅将飞翔。

龙凤对壁呈吉祥，红花玉兰绽开放。

杜鹃长满山岗上，仙山琼阁好景象！

涟漪九曲黄河淌，三月桃花全开放。

龙头对着凤头岩，精准扶贫大变样。

一年更比一年强！四组天生蝙蝠洞。

天眼赐福在洞中，日光潭里神仙景。

蝙蝠迎客情义重，旅游富民生意隆！

杏树斜下马蹄河，河床岩上马蹄多。

马鞍岭在河上坐，国道即从村中过。

来往车辆如穿梭！居民改造木板房。

木房建在山岗旁，维修改进迎客忙。

连片木房变大样，安居木屋更健康！

牛峰壁中常流水，百米飘下随人追。

好比白龙游石壁，雨天石壁多胶水。

景之奇观人陶醉！村规民约想周到。

全体村民都知道，条条款款要记牢。

常规检查来对照，村民素质大提高！

最美乡村栗子坪，全村处处都是景。

科学种田把产生，全国旅游模范村。

人均收入年年增！党的政策无限好。

生活质量步步高，交通通信大改善。

各种车辆满山跑，感谢党的好领导！

在这些由当地村民创作而来的三句半词中，值得一提的是第三首《感谢党的好领导》，这是 WXY 和 WXP 在目睹了近几年栗子坪村所发生的翻天覆地的变化之后进行的创作。他们认为栗子坪村之所以能够得到如今的快速发展，人们之所以获得安稳美好的生活，都是因为党的领导，所以将栗子坪村民们无以言表的感恩之情寄于《感谢党的好领导》三句半的创作内容中。该作品在格式上打破了三句半的传统样式，即不再是三长句带一半句的形式，而是在保留末尾押韵的前提之下，将每一节里面的第四句改为与前三句一样长的句式;在内容上,则立足于当下乡村振兴视角,将栗子坪村的崭新面貌娓娓道来,并宣传党的好作风好政策和赞扬党的英明领导。

## 三、九子鞭

九子鞭是土家族民间艺术形式之一,主要出现在祭祀和娱乐庆典等活动场合。九子鞭表演使用的道具九子鞭鞭竿,选取长 1～1.5 米的黑竹或紫竹,并在两端钻二或三个凹洞,每个凹洞放入两三个铜钱,并在两端绑上红、黄花穗,有时会在竹身涂上红环和黄环等以做装饰。做好的九子鞭竿内穿铜钱,人们会称之为"金钱棍"。因摇晃起来有哗哗的响声,也被称为"连响"。《来凤县志》记载:"九子鞭又叫'天神鞭',是土家族为纪念天兵天将二十八星宿而兴起的。"①故土家族也称九子鞭为"天神棍"。人们希望通过九子鞭获得天神的保护,所以这也是在一些祭祀场合中能看到人们挥舞九子鞭的重要原因之一。

九子鞭可单人或双人的表演,也可多人表演。九子鞭基本的拿法有握、提、夹、举,基本打法有拍鞭、打鞭、抖鞭、踩鞭、挑鞭等。当舞起九子鞭时也会击打腰、胸、臂、腿、臀等身体部位。在九子鞭的表演中会将九子鞭与打板相结合,有时也会加入一些伴奏,使得表演内容更加丰富。

九子鞭表演早期带有宗教性,主要在祭祀场合表演,后来渐渐有了娱乐性特点。现今在举行相关庆典活动,或是其他娱乐性的活动都可以进行九子鞭表演,表演的场合已经不再局限于祭祀场所。正如在栗子坪村,当我们见到村民家中用于表演的九子鞭时,问及是否会在除了娱乐庆典活动场所以外的祭祀场所进行九子鞭表演时,村民大多反映他们没有在祭祀的场所耍九子鞭,反而在节日庆祝活动中常常表演九子鞭。

如今栗子坪村有一个九子鞭表演团队,该团队名为"栗子坪村九子鞭团队"。其团队成员主要为女性,主要有七个成员。这个九子鞭团队是在栗子坪村发展旅游业时期,由栗子坪村妇女主任 XBB 带领队员组建而成,现在的队长主要由 SYZ 担任。栗子坪村的这个九子鞭团队每当村中举办相关活动时,她们都会利用自己的时间提前训练,然后再为村民带来精彩的表演,有时也会到其他地方进行表演。

---

① 湖北省来凤县志编纂委员会编:《来凤县志》,武汉:湖北人民出版社,1990 年,第278 页。

在问及为何组建这么一个团队时，其中的队员 RBH 对我们说："很久以前，我们村子的人也会舞九子鞭，但是后来没得到及时的重视，所以现在很多人都不会了。因此我们就想要把这一土家族的特色文化重新学回来。现在村里正发展旅游业，很多游客都会来到这里，我们也可以为游客表演九子鞭。有时候我们还会去其他地方表演，这样既可以让更多的人了解我们土家族文化，以及我们栗子坪村，并吸引更多游客的到来。"[1]在与九子鞭队员的交流中，我们感受到了她们对土家族文化的热爱，以及对栗子坪村这片土地的深爱。她们每个人都在用自己的方式为土家族文化的传承和发扬，以及为栗子坪村未来更好的发展贡献自己的力量。

图 10-4　九子鞭局部

图 10-5　九子鞭

在栗子坪村的田野调查中，围绕着本章的主要调查内容，深入当地村民

---

① 访谈对象：RBH，女，57 岁；访谈人：潘清妹。2021 年 7 月 22 日，栗子坪村 8 组。

的生活,在日常的交流中不仅感受到了淳朴的民风,同时也对当地的民间传说故事、红色故事、游艺活动、传统节日有了更多的了解。栗子坪村流传的传说故事与红色故事可以说是该村的一大特色文化。其中流传较广的传说故事主要有天坑求雨、打子岩求子、金顶肖道人等,其故事内容所发生的地点多为栗子坪村重要的旅游景点。栗子坪村这种将民间口传文化与自然资源相结合的方式,不仅使当地传说故事广为流传,而且还促进了当地旅游业的发展。传统节日和游艺活动也是体现栗子坪民间文化的重要形式,村民们通过传统节日的举办与游艺活动的展示,不仅传承民族优秀的传统文化,也向外宣扬了当地特色民族文化。

# 第十一章

# 社会治理

中共十八届三中全会《关于全面深化改革若干重大问题的决定》中明确强调不同层次的"治理"在全面深化改革总目标中的关键作用。其中社会治理是指针对国家治理中的社会问题，在执政党领导和政府组织下，对社会各方面公共事务进行的多方参与式治理活动。① 乡村治理是社会治理的重要内容。栗子坪村为实现乡村振兴，积极建设基层治理体系，从基层组织引领、乡风文明建设、规章制度制定等方面出发，不断完善自治、德治与法治管理制度。合理有效的乡村治理不仅有利于维护乡村秩序和维系村民之间关系的和谐，而且有助于提高村民主体素质，实现乡村更好发展的最终目标。栗子坪村始终紧跟上级政策，在基层治理、乡风塑造、人才培育和产业发展上狠下功夫，促进乡村发展，助推乡村振兴。

## 第一节 基层组织

习近平总书记在"十四五"期间对基层组织建设提出新要求："加强基层基础工作，提高农村基层组织建设质量。"② 基层组织，尤其是农村基层组织，是连接上级领导和广大农民群众的一条必不可少的纽带。栗子坪村基层组织主要包括村党组织、村民委员会、村团支部等，负责集中领导、组织建设等工作。

---

① 王浦劬：《国家治理、政府治理和社会治理的含义及其相互关系》，《国家行政学院学报》2014 年第 3 期。

② 蒋成会：《全面加强基层组织建设——把党建设得更加坚强有力系列体会》，中国共产党新闻网，网址：http://dangjian.people.com.cn/n1/2017/1220/c117092 − 29719114. html，2017 年 12 月 20 日。

## 一、村两委与村级组织

1914 年起,长乐县更名为五峰县,栗子坪隶属五峰县城关区尤溪保,1954 年属城关区唐家河乡。当时栗子坪大村分樵山(辖瓜蒌湾、卸甲寨等地)、峰山(辖黄河、栗子坪)两村,后合并为峰山大队,于 1994 年正式改名为栗子坪村。[①] 截至 2020 年底,栗子坪村辖 11 个村民小组,现有农户 308 户,乡村人口 986 人。在党组织领导下,栗子坪村形成了村民委员会、调解委员会、村务监督委员会、妇女组织、民兵组织等在内的治理组织体系,其具体情况如下:

党组织是党在农村的最基层的组织,是各种组织和各项工作的领导核心。2005 年 9 月,栗子坪村经"两推一选",产生村"两委"班子,即村中国共产党支部委员会和村民自治委员会成员。村内首次实行党支部书记和村委会主任"一肩挑","一肩挑"政策起初是贯彻落实《中共中央国务院关于实施乡村振兴战略》中为深化村民自治实践的意见,为全面发挥农村党支部的战斗壁垒作用,全面加强农村基层组织建设而提出的,是确保党的路线方针政策和决策部署贯彻落实的重要保障。实行村党组织书记和主任"一肩挑",不仅有利于培养新时代乡村振兴的储备干部,而且能够在很大程度上避免内耗冲突、相互推诿等现象,有利于党对基层工作的领导和组织基层工作的团结。2021 年,栗子坪村支部委员会设有支部书记一名、纪检委员一名、组织委员一名。截至 2021 年 7 月,全村有正式党员 43 名,划分为 3 个党小组。栗子坪村党支部积极贯彻党的路线、方针、政策,每月定期召开支部委员会会议,开展党章党史学习教育,提高党员同志服务群众的意识,每年评选出一批优秀党员及党员家庭户。

村民委员会是为保障农村村民自治而产生的基层群众性自治组织。随着党全面领导基层治理制度的不断健全,截至 2021 年,栗子坪村共有 3 名两委干部皆交叉任职(村党支部书记和村委会主任由同一人担任,党支部纪检委员和治保调解委员由同一人担任,党支部组织委员和妇女计生委员由同一人担任),另有包括网格员一名,此外调配后备干部一名。村委会主要在统筹处理综合事务,完成上级党委政府交办的工作任务,开展精准扶贫和

---

① 湖北省地方志编纂委员会办公室编:《栗子坪村志》,武汉:武汉大学出版社,2018年,第 78～79 页。

图 11-1　栗子坪村党员群众服务中心

化解村级矛盾纠纷等方面承担着重要职责。

村民会议是村民实现直接民主的基本形式，即村民实行自治的权力机构，也是全村的最高权力机构；村民委员会由村民直接选举产生，是村民实行自治的执行机构和工作机构。村民会议和村民代表会议充分体现了广大村民的意愿，实现了民主参与和民主决策，为重大村务的决策提供了广泛的建议，促进了农村决策的科学化和民主化。

村务监督委员会是在乡镇纪委和村党组织的双重领导下，负责监督村务公开制度的落实，向村民会议和村民代表会议负责并报告工作的机构。栗子坪村村务监督委员会和村"两委"班子同期同届，成员经村民代表会议从村民代表中推选产生，每届任期 3 年。

治保调解委员会是排查化解村民一般民事纠纷，帮助村民解决争端，防止矛盾进一步激化的群众自治组织。治保调解委员会协助政府维护社会治安，对村民进行法制宣传教育，挽救、打击有违法犯罪行为的人，配合司法机关保卫村民的生命财产安全。

村妇联是联系和服务妇女的组织，代表和维护本村的妇女权益的基层组织，在村委会的带领下团结教育广大妇女，促进男女平等，促进妇女全面发展。2020 年，栗子坪村妇联设主席 1 人、副主席 3 人、执委委员 11 人。村妇联建设了"妇女之家",配备运动器材,为妇女交流学习提供了良好的物质条件。积极举办文艺晚会、篝火晚会,组织妇女群众参加"两癌"免费检查,举办法律知识讲座,提高妇女群众的权益意识。

村民兵连是在村党组织的领导下组织民兵定期参加训练,以备在遇到突发公共事件时发挥带头作用的村级机构。村民兵连由连长、排长、基干民兵、普通民兵组成,年龄在18~40岁的健康男性村民可成为民兵,是水灾、疫情等特殊事件发生时的后备力量。

此外,栗子坪村还于2016年设有管理委员会,它是在栗子坪村的旅游产业快速发展时应运而生的跨级机构。管理委员会可直接与上级县政府讨论、对接村内旅游发展的事务,极大提高了如旅游规划、景点建设的工作效率,减少了层层申请、批准的繁琐步骤。同时,栗子坪村还设有村团支部、村级集体经济组织等,共同配合上述组织处理村级自治事务。

## 二、村务管理制度

村务范围较广,一般包括村民自治事务、监督议事制度、改革发展规划等内容。村务管理制度是在村党支部的领导下,依照民主参与、依法办事的原则,推动村民广泛参与基层治理,实现村内事务管理的系统化、公开化、制度化。

### (一)村民自治章程

"自治"是人民当家做主在基层治理中的重要体现之一,村民自治章程是村民群众在贯彻村民委员会组织法,实行村民自治的实践中创造出来的,是村民群众实施民主管理的重要手段。村民自治章程依据《村委会组织法》和国家有关法律规定,结合村内实际情况而制定。栗子坪村村民自治章程的实施受监督小组检查监督,具体内容分村民组织、经济管理、社会秩序管理三部分。在村民组织方面,分别对村民会议、村民代表会议、村民委员会、村民小组、村民、村干部的职责和义务进行了详细规定。经济管理方面,分为土地管理,强调本村所有土地都属集体所有,土地承包者应承担保护土地资源的责任及土地承包转让流程;财务管理,规定建立健全财务管理制度,村财务收支情况由报账员负责,接受"两委"班子、村民理财小组和群众监督。社会秩序管理上,对社会治安、村风民俗、社会福利保障、邻里关系、婚姻家庭、计划生育、村民档案七大块分别做出明文规定。社会秩序管理从国家法律和道德大局观出发,对村民的个人行为进行引导和约束。村民自治是广大基层村民群众行使民主决策、民主管理、民主监督权利,发挥参政议政积极性的最佳方式,是村民当家做主的直接体现。

### (二)联席会议制度

联席会议制度是由县人民检察院驻栗子坪工作队与栗子坪村两委共同制定的助力脱贫攻坚制度。该制度规定驻村工作队第一书记和工作队员每月与村两委至少召开一次联席会议,专题研究扶贫工作、党建工作及村内当月重点工作;每月至少召开一次村民代表大会通报全村脱贫共建工作开展情况、宣讲脱贫攻坚政策及当月任务。受"7·15"水灾的影响,栗子坪村委建造了钟岭小区安置点,为部分原居住地交通条件落后、生活条件较差的贫困户提供保障。采取精准扶贫结对帮扶等方法,把激发贫困户内生动力放在首位,并大力发展中药材、猕猴桃、中蜂等特色产业。通过联席会议,验收本年度脱贫成果,以"两不愁,三保障"为依据,规划下一阶段贫困户的脱贫路线。进行产业验收,如中药材、蔬菜、生猪、中蜂、花卉苗木、烟叶等,分人分组入户核查、鉴定,以便更精准地帮助贫困农户发展产业脱贫。截至2020年12月,全村建档立卡贫困户已经实现了全面脱贫。

### (三)决策议事制度

栗子坪村决策议事制度主要有"一事一议"制度和"三重一大"制度两种,这两种制度的部分作用较为类似,都能够在村民代表表决意见的基础上实现村内重大事务的公开化、民主性处理。但综合来看,"三重一大"决策制度的范围比"一事一议"制度更广泛,涉及的决策类型较多。

"一事一议"制度是为村内兴办集体公益建设事业所需资金和用工而筹资筹劳的一项特殊制度。它遵循"民主决策,民主管理。量力而行,群众受益。上限控制,使用公开"的原则,需由村委会提出预算,村民代表会议讨论通过,再经乡镇财经部门审核。乡镇政府同意后,报县农民负担监督管理部门批准,资金决算情况张榜公开,接受村民监督,真正实现"大家事,大家议,大家定"。2015年5月20日,因大淌至黄鹤岩山红花玉兰基地公路硬化,HKT书记召集村民代表,拟通过一事一议财政奖补项目提出建设措施及相应预算。经13位村民代表举手表决,一致同意该方案。会议后,公路硬化一事得以解决,这为改善栗子坪村交通环境、有效解决村民出行难的问题起到了很大的推动作用。

"三重一大"具体包括重大决策事项、重要人事任免事项、重要项目安排事项、大额资金运作事项。栗子坪村曾就管道开挖和回填项目、"厕所革命"化粪池建造工程、水毁水利管道恢复工程等议题召开村民代表会议,使这些问题得以精准高效解决,具体案例如下:

管道开挖、回填项目。2018年栗子坪村新建集中供水池5口共500立方米,维修4口共1900立方米,共挖埋管道29900米。现已全部按标准挖埋完工,解决了全村安全饮水问题。根据县水利水电局通知,按实际工程量申请拨付奖补资金。会议决定该工程由五峰鑫宇劳务公司负责实施。

"厕所革命"化粪池建造工程。2020年栗子坪村为推进"厕所革命",提议由五峰盛亚环保有限公司负责实施该项目。会议要求按照每户2000元的单价标准,根据县厕所革命指挥部要求和图纸进行施工,确保质量。

水毁水利管道恢复。2020年8月,因村内多次暴雨,村内供水设施受到严重破坏,为确保农户有水吃,必须抓紧时间恢复供水,需购买水管用以管道恢复。会议决定由采花乡水暖门市部供货,及时恢复供水设施。[①]

"一事一议"制度和"三重一大"制度皆是在党的民主集中制原则下,为促进依法行政,建设法治政府,推进决策科学化、民主化、法制化、规范化而贯彻的。通过实行这两项制度,让广大村民提高了参政意识,对村内事务的管理有了切实参与感,加快了实现村民自治的步伐。

## 三、乡村网格化管理

网格化管理这个概念在中共十八届三中全会《关于全面深化改革若干重大问题的决定》中首次提出,它是一种为了处理和监督按照一定标准划分成的单元网格而建立的数字化、信息化平台,是管理街道、社区、片区的新模式。

网格员需要对管辖片区内成员的基础信息进行全面、详尽地收集,随时更新。栗子坪村内人数有限,人流量也远不如城市社区,故四个网格片区只配备一名网格员统筹负责。栗子坪村全村按照村民小组共划分为四个网格片区,一号网格片区是1组至4组,二号网格片区是5组至7组,三号网格片区是8组、9组,四号网格片区是10组和11组。将网格片区进行划分,减

---

① 案例来源于采花乡栗子坪村"三重一大"决策记录表,时间2021年7月27日。

少每个片区的信息量，便于细致化管理。村民代表起到上传下达的作用，帮助网格员统计所负责片区的村民信息。网格员的本职任务即是落实"一标三实"基础信息的采录，将居民的标准地址、实有人口、实有房屋、实有单位一一列表，随时更新。这项举措虽琐碎，却是推动信息化建设的重要举措，也更加利于乡村治理简明化、系统化。

2020年新型冠状病毒疫情防控期间，网格化管理发挥的作用非同小可。栗子坪村积极响应中央要求，迅速下达疫情应对方案。由村民小组摸排外出人员后上报村委会，疫情严重地区人员不得返乡，另一部分返乡人员由乡镇疫情防控指挥部负责，分配给乡镇卫生院及下属村卫生室进行健康监测，中、高风险地区人员按省指挥部重点地区管理政策执行，按区域划分实施集中隔离；低风险地区人员进行自我健康监测，数据上报至县疫情防控指挥部。组织退伍军人、未离乡民兵、村民代表成立了一支应急防疫队，专门负责把手关卡、上门消毒、物资运送。村内还按照网格片区，通过垃圾车进行日常宣传，并张贴标语、普及防疫知识，提高村民对疫情的重视程度，呼吁村民理性渡过疫情难关。

# 第二节　乡村风尚

乡风文明建设就是乡村风尚建设，它既是以马克思列宁主义、毛泽东思想、邓小平理论、"三个代表"和习近平新时代中国特色社会主义重要思想为指导，具有先进意义精神文化建设，又是一种能够与社会主义新农村的整体建设目标相适应的本地乡土文化。[①] 乡风文明建设是乡村振兴的"灵魂"，好习惯和好风气的形成往往影响着一个村的发展全过程。为弘扬文明风气，积极推动良好氛围的形成，栗子坪村深化移风易俗，制定并完善了村规民约；充分发挥调解委员会的积极作用，维护村民关系的友好和谐；通过诚信红黑榜的评比，激励村民自我教育、互相学习，养成良好的道德情操。

## 一、村规民约的制定

村有村规，族有族训，村规民约中的某些元素在家规族谱中有迹可循。

---

[①] 马雄贵：《浅谈社会主义新农村乡风文明建设》，《中共伊犁州委党校学报》2007年第2期。

栗子坪村何、王两家的族谱较为详细、完善,值得参考。《何氏族谱》中宗族家训一章用"勤、诚、读、和"四字教导后辈,其中勤劳、诚信、和睦乃为人处事的基本条件,而强调"读以仕途"体现了何氏先辈对后辈勤勉读书、入仕为官的殷切期盼。《王氏族谱》由王勋尧老先生手写编纂,将王氏家族流传的良好历史道德传统进行了明文记载。其王氏祖训已传承千年,世代牢记"忠、孝、勤、俭"四字。族训中云:"讲团结,顾大局。懂文明,行礼仪。严家教,守法纪。勤耕耘,讲诚信。爱祖国,乐奉献。尽义务,行孝心。尊老长,爱幼生。"皆为中华民族的优秀传统美德,将其传递下去才能为乡村、社会和国家的发展打好根基。王氏家风又对族训进行了凝练升华,"诚信、守法、勤俭、敬业、邻睦、敬老",高度符合社会主义核心价值观的要求。在此基础上,王氏家规又针对本族人单独规定了"尊祖敬族""慎婚传嗣",最终才能"族旺家强"。

而村规民约则是全体村民实行村民自治的基本依据,是依照村民集体的意愿,经过民主程序而制定的规章制度。《中共中央关于农业和农村工作若干重大问题的决定》中提到,在党和国家的方针政策引导下,全体村民应结合实际村情,"全面推进村级民主管理"。[①] 栗子坪村村规民约由第六届党支部书记王勋尧起草,提交栗子坪第九届村民委员会第三次村民代表大会审议,吸纳村民建议、修改完善后,经每家每户签字认可,由中共采花乡栗子坪村支部委员会和采花乡栗子坪村村民委员会联合编印。2017 年 2 月印册分发,每户一册,同年 3 月 1 日正式施行。全文共分八章三十三条,分别从保护环境、人情往来、热心公益、邻里团结、尊老爱幼、奖惩制度等六个方面做出具体规定。栗子坪村村规民约全文如下:

### 第一章 总 则

第一条 为推进我村民主法制建设,维护社会稳定,树立良好的村风、民风,创造安居乐业的社会环境,强化村民自治,建设文明、卫生、和谐的新农村,加快我村跨越式发展步伐,特制定栗子坪村村规民约(以下简称村规民约)。

第二条 村规民约经村民代表大会审议表决,提交村民会议通过

---

① 《中华人民共和国村民委员会组织法释义》,中国人大网,网址:http://www.npc.gov.cn/npc/c2161/200010/84b7d70d82244919863500e6d78c1a07.shtml,2000 年 10 月 20 日。

后,该村全体村、居民必须严格遵守,落实在行动中。

第三条　根据国家相关法律法规和县自治条例的相关规定制定村规民约。

第四条　凡居住在该村的村、居民必须遵循爱国守法、明礼诚信、团结友善、勤俭自强、敬业奉献的道德规范。

第五条　尊重知识,尊重人才。相信科学,破除迷信。尊老爱幼,热心公益。邻里团结,家庭和睦。

### 第二章　保护环境

第六条　保护生态环境,严禁在景点、景区乱采(药材、花草、石头)、乱挖(树苑、土等)、乱砍(林木、杂竹等)、乱捕(受国家保护的动物和各种鸟类)、乱排(污水、粪便等)、乱倒(垃圾)、乱施(巨毒农药)。

保护传统村落,保持村内沟、路原状,不填堰塘和老水井。

保护传统的民居古建筑木板屋。

保护文物古迹和各种古树及稀有的树种、植物。

第七条　每户村、居民要坚持做到室内室外、房前屋后干净整洁,生产、生活用具及各种物品存放整齐有序,备有垃圾桶(篓),做到垃圾定点、定期、袋装存放,禁止乱丢。排污水不能影响他人的生产、生活。

第八条　积极参加环境治理和植树造林活动,鸡、鸭、鹅及各种牲畜必须圈养或拦网喂养。

第九条　房前种花不低于三种,房前、屋后禁堆易燃物品。

第十条　要养成良好的卫生和生活习惯,严格注意个人卫生和食品卫生,坚持勤洗衣、被,勤晒被子,勤换洗脸巾和洗澡巾,要有洗漱用具。

### 第三章　红、白事人情往来

第十一条　办理红事禁止大操大办,克服互相攀比的不良风气。办前必须报村红、白理事会审批。

办理白事提倡移风易俗,坚持勤俭办事,一切从简的原则,逐步过渡到公墓埋葬。

第十二条　红事界定为子女结头道婚、第一胎喜得千金或贵子庆贺,白事一般指老父老母去世。

第十三条　办理红、白事时,收取礼币上封顶为100元,下不限底(由上情村民根据自己的家境而定)。

第十四条　如遇白事,由孝方告知亲戚,红事一般不发文字请帖。办理红事必须坚持报村红、白理事会审批。

第十五条　禁止负债上情。

第十六条　禁止传、信邪教。

### 第四章　热心公益

第十七条　要树立全局观念,强化大局意识和主人翁意识,增强集体荣誉感。

第十八条　对村境内实行农田整治、到组到户的公路建设、硬化公路、建设旅游栈道、人畜饮水设施,农电整网线路栽杆等公益事业,占地仍实行零补偿。但在项目建设中,需占用承包责任田0.1亩或者占林地0.2亩以上的则按2万元/亩或1万元/亩的标准补偿。

第十九条　对村、组级公路和连户公路要坚持勤打扫、勤养护,路边勤绿化,保持畅通。严禁在公路上占道放物、放牲畜。

第二十条　对村境内五条河(沟)实行河(沟)长负责制,村委会主任兼任河(沟)长,每年四月八日为河(沟)清障日,由河(沟)长统一部署安排组织村、居民出工,开展义务清障活动。

第二十一条　积极参加村妇联、共青团、民兵等组织安排的相关公益活动。以乐于助人多做好事为荣,以损人利己为耻。

### 第五章　化解矛盾邻里团结

第二十二条　要明确"人活几十年,相处是缘分"的道理,加强邻里团结,和睦相处,做到尊重人、理解人、体谅人,遇事多换位思考,共创和谐。

第二十三条　做到文明诚信待人,扎实、公道办事,多看别人的长处,扬长避短,只有家庭和睦、邻里团结,才有民族团结,才有全社会的和谐。

第二十四条　坚持做到不争田霸界,不挑拨是非,不造谣、不传谣,不损人利己,不违法规,争做诚信村、居民。

第二十五条　树立宽容、包容之心,过去的事情就让它过去。坚持眼光看远点、度量大一点、心胸宽广一点,时刻注意调整心态,如遇矛盾双方必须坚持各自多作自我批评,要高姿态,不要小心眼。

第二十六条　每个村、居民对子女要严格教育、严格管理,自身要严予律己。做到勤沟通、勤启发、勤鼓励、勤总结,促使成才。

第六章　尊老爱幼履行义务

第二十七条　认真履行赡养老人和抚养未成年子女的法定义务，严禁虐待或者变相虐待老人、遗弃子女。

第二十八条　坚持男女平等，克服重男轻女的陈旧观念。

第二十九条　营造良好的养老氛围和教育子女的环境。家长应担当起教育子女第一任启蒙老师的责任，不忽视家长的言行举止给孩子潜移默化的作用。

第七章　奖　惩

第三十条　在执行《村规民约》中，每年开展一次检查总结，对表现好、成绩突出的年底给予表彰。

第三十一条　在日常生活中，如违背《村规民约》，视其情节给予批评教育、书面检讨、具结悔过。对教育不改的，经村民代表会议讨论决定，不享受国家相关的优惠、照顾政策，触犯法律法规的移送公安、司法机关依法处理。

第八章　附　则

第三十二条　本村规民约经栗子坪村第九届村民委员会第三次村民代表大会审议表决提交村民会议通过后施行。

第三十三条　在实施中，如遇国家法律法规、政策发生重大变化与法律法规、政策相抵触的。服从国家法律法规和政策，经村民代表大会修改后，继续执行。

除上述基本的道德和行为要求，栗子坪村规民约还有三大重要意义：

第一，栗子坪村高度重视对生态环境的保护。除了基本的"保护环境，严禁乱堆乱放"的规定，村规民约第九条还要求"房前种花不低于三种""保护传统村落，保持村内沟、路原状""保护传统民居古建筑木板屋"，禁止人为破坏此类原生态旅游资源，为长期发展高质量的乡村旅游创造条件。2015年，栗子坪村妇代会发起了"美在家园——家庭清洁行动"倡议，呼吁妇女们积极行动，向丈夫、子女倡导家庭环境卫生清洁和美化行动的重要性。该活动受到了广大村民的支持和配合，通过互相检查，村干部、党员打分，评选出了80个"清洁家园"，使栗子坪村的人居环境焕然一新。保护生态资源及民居环境是发展旅游产业的大前提。另外，为打造具有土家族新农村特色的农家乐品牌，村内经营着的农家乐还需进行集体培训，统一学习并要严格遵循《五峰农家乐诚信公约》。该公约要求农家乐业主文明经营，杜绝环境脏、乱、差,明码标价,货真价实,优质服务,突出土家族传统村落特色。

第二,栗子坪村规民约十分注重村内的民风建设。栗子坪村从村民的实际情况出发,考虑到村民的能力和心理,最大化地减少在人情往来过程中遇到的矛盾。近年来,许多地区都出台了相关规定以遏制攀比、铺张浪费的陋习。WXY老人观察发现,村内也悄悄掀起礼金攀比之风,部分村民没有能力支付高额礼金。于是他为整顿乡风,在村规民约中特设"红、白人情往来"一章,明确界定红事、白事的范围,禁止大操大办。办理红事需受村理事会审批,尤其是明确限制礼金金额,规定上封顶100元,下不限底,视村民家境而定。栗子坪村规民约明确"人活几十年,相处是缘分"的道理,突出"化解矛盾"的邻里团结目标,反复提醒村民要做到心胸宽广、严于律己。农村常有为田地山林、家长里短引发的争抢扯皮事件,化解邻里矛盾,营造和谐环境,着实离不开村规民约的约束和村内治保调解委员会的帮助。

第三,栗子坪村规民约格外重视对村民公益意识的培养。村内设置护林员、保洁员、垃圾清理员、道路养护员等公益性岗位,担任公益性岗位的村民需定期开会,年终时进行考核,评选出责任心强和对任务积极主动的先进个人。如护林员的主要工作有森林防火宣传、日常巡护,还要承担基本工作职责,森林防火宣传监控、野生动植物保护、环境卫生维护、巡护记录等。村民担任公益性岗位的选拔有几点要求:一是精准扶贫户;二是有责任心,热心公益事业;三是常年在家;四是会使用智能手机;五是知规明矩,听招呼。公益性岗位的设置不仅培养了村民的热心、助人的好品质,呼吁村民从"小我"意识转向"大我"意识,而且解决了村内部分贫困户的就业难题,对维护村内秩序有一定的作用。

此前村务处理参考村委会于2010年颁布的栗子坪村文明公约,现在的栗子坪村村规民约在此基础上将对村民生活、生产要求进一步补充完善,使其更加规范化、系统化,在规范村民行为、处理村民关系等事件中发挥着至关重要的作用。

## 二、纠纷的调解与处理

人民调解与司法调解的性质、范围和效力不同,但同样以公平公正为前提。村民调解委员会的成员对纠纷双方往往比较了解,对纠纷的类型也非常熟悉。栗子坪村村民的日常纠纷主要有三类,一是山林土地、生产经营纠纷。山林土地类的生产资料是农民的主要生活来源,村民们为一块地、一棵树而发生争执的情况十分常见，调解时依照"坚守耕地红线，制止非法占地"公正原则。二是家庭矛盾，养老纠纷。俗语说"树大分权，人大分家"，若分家不均，就需要专人介入调解，避免后期不必要的麻烦，维持家族内部和谐。再就是因家长里短的琐事而产生的普通邻里纠纷。除此之外，还有破坏社会治安管理的情况，如破坏公物、伤害他人，经调解，道歉、赔偿未果，则移交司法部门处理。以下列举部分矛盾纠纷调解的案例。

案例一：

栗子坪村1组村民H的大儿媳Z再婚后因家庭琐事与两位老人分了家，但老人认为田地、山林分割不合理，于是来到村委会申请调解。该案例涉及田地划分及赡养老人两件事，当事人出现偏袒自私、推卸责任的情况。村调解委员会了解情况后认为，法律规定赡养老人是子女应尽的义务，即使分家，Z的孩子也是H的孙女，理应承担赡养老人的责任。因此Z的两个女儿承担H的赡养责任，在特殊情况下Z仍有赡养二老的义务。田地则应由H和Z一人一年经营，荒田和山林平均分配，二人皆有对自己所有土地的经营管理权。公平的决断令双方信服，最终立下纸质协议。（2020年5月23日）

案例二：

栗子坪村7组村民K、J准备分家独立生活。为划清产权，避免争议，需要在村委会的帮助和见证下立分家协议书。依照村规民约第二十七条"认真履行赡养老人和抚养未成年子女的法定义务"，调解委员会与二人商议：砖瓦房归K所有，木房归J所有；耕地及林地按面积均分；老母亲由二人共同赡养，每月支付其500元生活费，在村委会的见证和公平安排下，双方最终和平分家。（2020年7月22日）

案例三：

栗子坪村村民H因Z乱倒垃圾，影响周边环境，产生邻里纠纷，多次私下劝解未果。村调解委员会调查后，发现Z的行为违背了村规民约第七条，"每户村、居民要坚持做到室内室外、房前屋后干净整洁，生产、生活用具及各种物品存放整齐有序，备有垃圾桶（篓），做到垃圾定点、定期、袋装存放，禁止乱丢"，不仅影响其他村民的生活环境，而且有损于栗子坪村的村内形象。于是村支书口头责令其尽快改正，否则将采取罚款及安排公益清扫的任务。Z最终意识到自己的错误，不再乱

扔乱倒。(2021年2月14日)①

调解需按照以下正式流程：申请调解的村民上交调解申请书，并到村委会做调查笔录。调解委员会调查实际矛盾情况及周边人员反馈，经综合考虑后派调解员上门调解，如调解成功即签订调解协议书。栗子坪村调解委员会采取"三加三"模式，如调解员三次调解后仍未达成协议，再由村委两委班子一起调解。三次调解失败后转送到乡政府，由乡政府派人另行调解。调解协议书为一式四份，两名当事人和人民调解委员会各持一份。当事人、人民调解员、记录人和见证人一一签字，加盖五峰土家族自治县采花乡栗子坪村人民调解委员会章，合理合法，有利于在村内形成风清气正的氛围。

### 三、诚信红黑榜的评比

做好基层思想政治工作一直是全党全社会引领基层队伍稳定向前发展，从而实现伟大复兴中国梦的一项关键举措。《湖北省基层思想政治工作》一书中涵盖了湖北省各县市的改革创新案例、五峰县的两项特色案例，"三簿一册""诚信守法档案"也被收录其中。据了解，2013年，这两项创新工作在采花乡栗子坪村、红渔坪村和渔洋关镇三房坪村、三板桥村率先试点，旨在以点到面、从乡镇到各省市，逐步推广核心价值观的落实工作。"一册"即指将经修改完善的《村规民约》发放到各户，每户一册，加强宣传，栗子坪村的这项工作早已完成到位，收效颇佳。"三簿"指的是《村民道德模范事迹记录簿》、《村民不良行为记录簿》和《村民带头致富记录簿》，栗子坪村现已将纸质信息编入诚信档案，并统一录入系统。因系统升级维护，该系统较长一段时间无法登陆，具体名单和档案无法查询。诚信红黑榜作为村民诚信档案的主要公布形式，张贴在栗子坪村村委会外墙公示栏中，除设有"红榜""黑榜"之外，还单独强调了"诚信"二字的内涵及重要性。诚信红黑榜由村民推选、村委会审核确定。

设立红榜旨在倡议村民提高道德水平、加强文明素质。红榜是对拥有尊老爱幼、家庭和谐、助人为乐、爱护环境等优良品德，对村内风气起到良好带动作用的村民的精神表彰，上榜者也会有适当的物质奖励。部分红榜名单及上榜原因：

胡士旺，栗子坪村1组村民，为人孝顺善良，两次改嫁后依然始终

---

① 案例来源于栗子坪村村委会矛盾纠纷排查调处情况登记表，相关人名以字母代替。

如一地照顾公婆,备受邻里称赞,特颁发"和谐家庭"奖状,并被列入红榜。

唐永兰,栗子坪村8组村民,虽因下半身因车祸导致残疾,但多年来自强不息,不怨天尤人,经营着一家商店和网店,乐观生活,被列入红榜。

黑榜不仅是通过舆论压力对村民存在破坏他人私有财产、严重违反村规、惹是生非等不良行为的教育和警告,更对上榜的村民及家人在某种就业情况下有着实质性的影响,因而栗子坪村委会拟定黑榜名单时格外谨慎。部分黑榜名单及上榜原因:

W,栗子坪村10组村民,因恶意破坏他人庄稼,对方报警后依然态度恶劣,屡教不改,被列入黑榜。

S,栗子坪村6组村民,因不满村内改造违规建筑,扰乱施工队施工,破坏社会秩序,影响极差,被列入黑榜。[①]

诚信红黑榜是为鼓励村民端正态度、明辨是非,以列入红榜为荣,以列入黑榜为耻,营造村内友好和谐、知法守法的良好氛围。自诚信红黑榜挂牌后,栗子坪村村民对个人行为有了更加正确的把握,积极参与红榜评选,涌现出大批值得学习的优秀者,村民的思想建设和乡风文明建设取得了实质性进步。

## 第三节　新兴乡贤

"乡贤"一词最早可以追溯到东汉时期,如今它的涵义在《现代汉语词典》中被明确为"乡里中德行高尚的人"。作为古时治国理政中朝廷与百姓的桥梁,贤人志士历来备受敬重,在乡里村间威望很高,是百姓与地方联系不可或缺的"代表人",维系着农村社会的稳定。传统乡贤不变的乡土情怀和道德品质一直为当地人所称道,在此基础上,新乡贤又多了曾在外为官为教,返乡后继续发光发热的特征。在外学习、拼搏的成功经历使得新乡贤具有丰富的学识或过硬的技能,拥有开阔的视野和独到的见解,从而为家乡发展提供道德引领和新的思路。近年来,乡村发展非常重视引进大批高质量"新乡贤",他们在发展新兴产业、带动村民脱贫致富、提高村民思想素质、协

---

① 访谈对象:X,女,31岁;访谈人:吉蕾。2021年7月23日,栗子坪村委会。

调邻里关系等方面做出了较大贡献。

## 一、推动乡村旅游的何克廷

栗子坪十多年前还是交通不便的贫困村,现已是"最美乡村栗子坪",这一天翻地覆的转变离不开这位雷厉风行的乡村旅游推动者,栗子坪村原党支部书记何克廷。那时,整个栗子坪村的发展陷入困境,经济落后,公路不通,产业不够,何克廷退休返乡后刚担任村党支部书记就面临着一系列棘手的发展难题。经过何克廷的实际调研,他提出了一个极富前瞻性的大胆想法——在栗子坪村发展旅游。以栗子坪村丰富的自然资源和夏日凉爽的气候优势,绝对是绝妙的避暑胜地。然而长久以来习惯了通过种地自给自足的村民却纷纷表示,"小山村里哪会有人来旅游?这简直是天方夜谭"!虽然没有获得足够的支持,但何克廷依然坚持着自己的"旅游致富"思路。成功总是来之不易的,多年来,何克廷每天不停地开会,不停地跑项目。

发展旅游的首要条件就是改善村内交通不便、信息闭塞的基本问题。2006年,何克廷亲力亲为,带领村民修建公路,公路一通,小山村开始了一系列基础设施建设,村内面貌焕然一新。极具民族风情特色土家族木房也是栗子坪村拥有的宝贵财富之一,村内的许多土家族木房建造时间都比较长,房龄大多在几十年,甚至上百年。何克廷从土家族木房着手,提出积极保护、申报传统村落,正是有了这些名片,才为村内的发展争取到了不少资金。何克廷认为过于分散的旅游试点

图 11-2　何克廷

无法达到应有的效果,于是他划分片区进行试点。当一批又一批的游客开车来到栗子坪度假时,何克廷知道,发展旅游的第一步算是做成了。合理保护并利用传统古村落这一独有的旅游资源,大力呼吁村民开农家乐以带动

经济、推动旅游发展成了栗子坪村致富的秘诀。那时全村共办农家乐 59 家，目前有营业执照的农家乐多达 42 家，栗子坪村的农家乐数量在整个五峰县中遥遥领先。村民的思想转变了，钱包也鼓了。除了农家乐，何克廷还致力于打造蝙蝠洞、打子岩、金顶等当地特色旅游景观，构建了实实在在的乡村旅游格局。

2015 年，在何克廷的带领和栗子坪村村民的共同努力下，栗子坪村被评为"中国乡村旅游模范村"。栗子坪村的这张乡村旅游名片打出了不凡的效果，何克廷本人也当之无愧被评为"中国乡村旅游致富带头人"。他认真地说："我对这个村有一种情怀、一种牵挂。我是土生土长的，熟悉这里的资源。既然当了这个干部，我想的只有'服务'，得为老百姓做些实事。"①提到栗子坪村旅游产业从无到有、村内环境天翻地覆的转变，村内无人不感激敬佩这位执着为村子谋发展、为村民谋福利的何书记。他用智慧的头脑和坚定的决心成就了这片土地，书写了栗子坪村的一段传奇。

## 二、建设乡风文明的王勋尧

近年来，乡风文明建设成为发展乡村振兴的重要组成部分之一。而栗子坪村的乡风文明建设之所以能够如此顺利，还要得益于这位德高望重的老党员、老干部——"王老"王勋尧。

1964 年参加工作后，王勋尧先后担任峰山大队党支部书记、城关小学教师、宋家河中小学校长、五峰县人民法院院长、五峰县监察局长、五峰县人大代表等职务，获得"先进工作者""优秀共产党员""五峰榜样"等称号，荣誉无数。

正是这样一位优秀的老人，为栗子坪村的乡风文明建设贡献出了巨大的力量。在担任栗子坪村村主任的两年时间里，王勋尧几乎每天都是早出晚归，披星戴月。十个生产队、一所学校、一间卫生室、一座药材厂，方方面面都要照顾到。卸任后他外出读书，迈入教育行业，后开始从事行政监察。2005 年，王勋尧退休归村，依然热心于村内的法治文明建设。为了对办农家乐的村民进行思想宣传，更好地发展乡村旅游，他撰写了《栗子坪文明公约》和《栗子坪村旅游游览指南》。当意识到思想建设是全村村民的必修课

---

① 访谈对象：何克廷，男，73 岁；访谈人：吉蕾。2021 年 7 月 31 日，栗子坪村何克廷家。

时，王勋尧和村两委班子商量，希望在《栗子坪文明公约》的基础上编写一份更加完善全面的条例。通过在村内反复地调查研究，王勋尧归纳出公益事件、人情世故、履行义务等几大方面。他发觉老百姓的物质生活水平不均匀，专门加上了红事白事礼金限制这一部分。经过多次修改、讨论、征求村民意见，2017年，由王勋尧主笔的《栗子坪村村规民约》正式问世，成了

图 11-3　王勋尧

宣传乡村清洁、邻里和谐的有效方式，由内到外从本质上提高了村民的思想水平，这是村内乡风文明建设的重要里程碑。

提到为什么返乡后依然致力于村内的发展建设，王勋尧动情地说："我是土生土长的栗子坪村人，对这里的土地和老百姓感情很深。我对这里的情况也很熟悉，村里需要我帮忙，我就义不容辞。"[①]2015年，王勋尧参与编纂村志，其中的艰辛不易难以言说，他呕心沥血、不言放弃，历时三年才最终完成。这部书对村内历史文化发展的影响前所未有，它展示了栗子坪村的深厚文化底蕴，为游客和研究者了解栗子坪村全面情况提供了参考资料，为栗子坪村世世代代留下了宝贵的精神文化财富。

## 三、坚守传统中医的王勋良

在栗子坪村，无人不晓这位治疗黄疸肝炎、双肾结石的中医高手——王勋良。从弱冠之年到年逾古稀，他始终坚守在自己的医生岗位上，治愈了数不清的患者，妙手仁心的好口碑越传越广。患者上门后，望诊、把脉、开方、抓药、制丸，整个流程都由王勋良一人包办。家中的药材柜有序摆放着一百多种传统中药材，有一部分甚至是王勋良亲手种植、挑选晒干的。

从20岁起，王勋良便跟着对草药颇有研究的祖父学习辨认、了解草药功用，小小年纪便对这些中草药材的性质、用途了然于心。在宋家河卫生所

---

① 访谈对象：王勋尧，男，77岁；访谈人：吉蕾。2021年7月9日，栗子坪村王勋尧家。

系统学习了开方治病后，王勋良便回到了栗子坪村，在村卫生所工作。起初的条件是很艰苦的，为响应政府号召，他挨家挨户给村民检查钩虫病、头癣等疾病，每个月只有十元钱的补助。王勋良学过很多手艺，做过木匠、瓦匠，最热爱的还是做医生。当问到为什么如此坚持医生这一工作时，王勋良坚定地说："作为一名老党员，我跟随毛泽东主席的思想，学习白求恩，做好事，做好人。"

图 11-4　王勋良

1991年，具有传染性的黄疸肝炎开始在栗子坪村及附近村镇中爆发，一人传一户，一户传多户。王勋良回忆："那时候家里每天都来很多人找我抓药，一付药三块钱，一般喝两到三付就全好了。"①湾潭那里有不少人得乙肝病，这在西医上转阴的可能性很小。患者在医院查出大三阳，在医院治疗多时无果，找王勋良开方抓药，喝半年就痊愈了。一付药一般要喝一两个月，患者两三个月去医院复诊一次，病情逐渐从大三阳转成小二阳，再转阴。治愈了上千人的肝病后，王勋良的名气渐渐打开，村民都说："他的中医水平，在我们栗子坪村还找不出第二个来。"他对中风和脑梗的治疗也颇有口碑，慕名前来的患者也不少，秦艽、桂心、地龙、苡仁、玄胡……王勋良在处方笺上行云流水。而后他拿出中药称，将所需药材一一取出，按量过称，细细研磨成粉，加少量水捏成块状，压平，再放入机器形成丸状，铺散晒干，密封存放。中医讲究望闻问切，王勋良非常善于通过询问、把脉、看手相，精准判断出患者的病症。

在1984年的五峰县劳模大会上，王勋良因在卫生所表现优异，发挥着先锋模范作用，受到表彰，奖状和奖品至今收藏在家中。2021年是建党一百周年的大日子，王勋良再次被评为"优秀共产党员"。"为共产主义事业奋斗终生"是王勋良作为一名共产党员和医生不懈的追求。"医德双馨，妙手

---

①　访谈对象：王勋良，男，74岁；访谈人：吉蕾。2021年7月13日，栗子坪村王勋良家。

回春",王勋良行医中坚守和付出的故事将在栗子坪村村民中继续流传。

## 四、带领猕猴桃产业化的方军

进入猕猴桃采摘园,一颗颗毛茸茸的猕猴桃果低垂在翠绿的藤蔓下,静待前来栗子坪村游玩的游客采摘,此处俨然成为村里热门的打卡地。实际上,村内的猕猴桃产业,主要是栗子坪村8组的村民方军带动的。1996年,方军退伍返乡,从事汽车运输,全国各地到处跑。一次偶然的机会,他在贵州六盘水看到了当地成片的猕猴桃,就被这些可爱的果实吸引了。那时,栗子坪村山上虽然有野生的猕猴桃,但个头极小、口感不佳,更没有村民想到要去种植、贩卖。方军带了几株猕猴桃苗归乡种植,效果却不尽如人意。猕猴桃成熟挂果需要三年,时间长、投入大、存储量短,再加上村里公路未通,鲜果运输十分不便,想要在当地发展猕猴桃产业简直是天方夜谭。方军陷入沉思,能否利用自己当兵时在酒厂义务劳动的经验,学习葡萄酒的酿制方法,将不易保存的猕猴桃也尝试酿成酒呢? 他查阅了大量资料,在家潜心研究猕猴桃酒酿制技术。

"我连续做了三年,没做成,都倒了。直到第四年,才终于成功了。我之所以能坚持下来,是与我当兵的经历有关,我一心想要把事情做到底,酒要做成,猕猴桃也要种成。"万事开头难,没有足够人手,没有现成技术,没有存储条件。方军回忆:"那时候比现在苦多了,什么都是我一个人来,即使有订单找上门,也不敢接。"当时主要面临两大窘境,一是种植面积小,供货量不足。再一个就是天气炎热,仓储能力不够。干农业这一行投资长、回报低、风险大,个中辛苦难以言说。方军强调,想把这件事情做好,最主要的精神支撑还是源于自己对这片土地的情怀。2017

图 11-5　方　军

年,五峰金闺猕猴桃种植专业合作社成立,方军作为栗子坪村猕猴桃产业化的领头人,获得了村民的大力支持,带动了 64 户村民入社。这样不仅解决了个人种植面积不够的问题,更打响了金闺猕猴桃种植的金字招牌,为全村的农业产业化铺路。同时,方军与采花乡人民政府签订协议,将每年利润的百分之三十提供给集中安置点贫困户,承担起了一定的社会责任,为栗子坪村村民谋福利。

2021 年,方军的猕猴桃种植总面积达到了一百四十多亩,预计产量十万多斤。不同品种的猕猴桃需要不一样的海拔和肥料,方军的猕猴桃园里种得最多的就是大个头的金色猕猴桃,也种只有葡萄大小的野生猕猴桃,这种小猕猴桃成熟后果皮是紫色的,果肉是深红色,更令人垂涎欲滴。每年十月份,待猕猴桃成熟后,方军就会从中挑出个头大、卖相好、具有较高商业价值的猕猴桃,销往全国各地,最远甚至销至美国。为了确保长时间的供货链,方军斥资建了一座保鲜冷库,采摘下来的鲜果可储存六到八个月。品相一般的猕猴桃就用来酿猕猴桃酒,制作猕猴桃果脯。他利用脱水技术,应季制作果干,其他季节制作蔬菜干,这样反季也能保证一定收益。

产业立项后,三峡职业技术学院的方毅教授为金闺猕猴桃合作社提供技术支撑,他这样评价方军:"五峰县人工猕猴桃种植你是第一人,实用技术这一块你是没有拿文凭的'教授',猕猴桃的深加工你是走到我们前面去了。"种植、品种筛选、苗圃培育、酿酒,方军一直亲力亲为,不断改进技术,"我希望有这么一天,游客一走进栗子坪,满眼看到的都是猕猴桃,咱们村也能实现游、玩、产业一体化"①。

当下,栗子坪村两委与多个村级组织各司其职,栗子坪村村民通过对村规民约的学习,主动参与、监督村里事务的管理,最终形成了自治、德治、法治三治结合的"智慧治理"格局。栗子坪村立足于实际情况,制定了具有当地特色的村规民约,在符合基层治理的基础上形成了知法守法、朴实讲理、热心公益的和谐民风。栗子坪村村民将在村两委和越来越多技术人才的带领下努力拼搏、建设家乡,早日实现百姓生活富足、村里产业多元的繁荣局面,持续积极推动乡村振兴。

---

① 访谈对象:方军,男,47 岁;访谈人:吉蕾。2021 年 7 月 14 日,栗子坪村方军家。

# 第十二章

# 乡村旅游

　　乡村旅游是以乡村资源为基础,以旅游度假为主要形式,依托乡村生产经营、民俗文化特色和乡村景观等内容,结合农业、农产品加工业和服务业,吸引大众游玩和消费的旅游新方式。该产业是农业功能拓展、乡村价值发掘、业态类型创新的新产业,兼容生产生活生态、融通工农城乡,逐渐成为我国旅游业重点发展方向之一,更是旅游扶贫的重要动力,精准扶贫的有效途径。新时代,我国通过深化农村改革、推进美丽乡村建设等一系列措施助力乡村发展、实现乡村振兴。其中乡村旅游作为一种有效手段备受关注,是一条很好的创富路径,已成为乡村经济发展的重要收入渠道。栗子坪村作为典型的土家族聚居传统村落,境内自然风光秀美神奇,历史文化底蕴深厚,共同构成了丰富多彩的旅游资源。其依托丰富的旅游资源与乡村文化景观,提供乡村旅游服务,大力发展旅游业。当下,乡村旅游已成为栗子坪村脱贫致富、实现乡村振兴的重要产业。

## 第一节　资源禀赋

　　乡村旅游资源是指能吸引旅游者前来旅游,为旅游业所利用,并能产生经济、社会、生态等综合效益的乡村景观客体,是以自然环境为基础、人文因素为主导的人类文化与自然环境紧密结合的文化景观,是由自然环境、物质和非物质要素共同组成的乡村地域复合体。[①] 首先,是自然旅游资源,包括气候条件、风光地貌、水文条件、动植物资源等,这些天然环境构成乡村旅游的生态本底;其次,是人文旅游资源,包括民居建筑文化、农耕农事文化、民

---

　　① 朱迪、邢韦、刘爱国等:《金融扶持对旅游业发展的动态模型研究》,《商展经济》2021年第12期。

俗节庆文化、乡村艺术文化等,形成乡村旅游的独特灵魂。基于田野调查期间的深入调研,依据国家质量监督检验检疫总局发布的《旅游资源分类、调查与评价标准》(GB/T18972—2003),笔者对栗子坪村的旅游资源进行汇总并分类,制成表格如下。

**表 12-1　栗子坪村旅游资源分类情况表**

| 总类 | 主类 | 亚类 | 基本类型 | 主要景观 |
|---|---|---|---|---|
| 自然旅游资源 | 地文景观 | 综合自然旅游地 | 山岳型旅游地 | 独岭 |
| | | 地质地貌过程行迹 | 独峰 | 卸甲寨 |
| | | | 奇特与象形山石 | 印把子、对棋台、马鞍岭、龙凤呈祥 |
| | | | 岩壁与岩缝 | 打子岩、求雨天坑 |
| | | | 岩石洞与洞穴 | 蝙蝠洞、福禄洞、老虎洞、官藏洞 |
| | 水域风光 | 河段 | 观光游憩河段 | 宋家河 |
| | | | 暗河河段 | 蝙蝠洞地下暗河 |
| | | 瀑布 | 悬瀑 | 小白龙瀑布、杨家河三级瀑布 |
| | 生物景观 | 树木 | 丛树 | 红花玉兰、红豆杉、小叶黄杨、豆沙杉、豆沙枣、珙桐 |
| | | | 独树 | 古椴树、猕猴桃古藤树 |
| | | 花卉地 | 花卉地 | 红花玉兰野生群落、高山杜鹃、鸽子花 |
| | 天象与气候景观 | 光现象 | 日月星辰观察地 | 独岭、卸甲寨、金顶 |
| | | 天气与气候现象 | 云雾多发地区 | 金顶 |
| | | | 避暑气候地 | 栗子坪土家村落 |

续表

| 总类 | 主类 | 亚类 | 基本类型 | 主要景观 |
|---|---|---|---|---|
| 人文旅游资源 | 遗址遗迹 | 社会经济文化活动遗址遗迹 | 红色遗迹 | 贺龙、唐家兄弟红色印迹,关家兄弟墓碑 |
| | | | 观庙遗址 | 兴隆观、金顶庙、钟鼓楼 |
| | 建筑与设施 | 居住地与社区 | 传统与乡土建筑 | 土家特色民居(吊脚楼、火笼房、卧槽屋) |
| | 旅游商品 | 地方旅游商品 | 菜品饮食 | 抬格子、十碗八扣、腊味火锅、高山小土豆等 |
| | | | 农林畜产品与制品 | 玉米酒、山蜂糖、茶叶、肉杨桃、野生猕猴桃等 |
| | | | 水产品与制品 | 虹鳟鱼、鲟鱼、林蛙等 |
| | | | 传统手工产品与工艺品 | 手工土豆粉制品、竹篾制品 |
| | | | 中草药及制品 | 木瓜、杜仲、厚朴、贝母、白山七、扣子七、头顶一颗珠、七叶一枝花等 |
| | 人文活动 | 民间习俗 | 地方风俗与民间礼仪 | 薅草锣鼓、祭公祖、赶仗、行酒令等 |
| | | | 民间演艺 | 跳丧鼓、皮影戏、哭嫁、南曲、堂戏等 |
| | | | 饮食习俗 | 巴土风味,杂粮、土菜为主 |
| | | | 特色服饰 | 三幅围裙、满耳草鞋、背褡子、馒头袄子与沙撮袄子、土花铺盖等 |
| | | 现代节庆 | 旅游节 | 采花节、土家歌会节、映山红花节 |

　　该分类情况是在《栗子坪村志》原有旅游资源情况表的基础上,加入自然旅游资源杨家河三级瀑布、古椴树、猕猴桃古藤树等,人文旅游资源关家兄弟墓碑、高山小土豆、野生猕猴桃、手工土豆粉制品、映山红花节等,并对其进一步完善。从表中可看出栗子坪村自然与人文景观的组合良好,旅游资源的互补性和包容性比较强。古村落里有优美的乡村田园风光和良好的气候生态环境,更有土家风情浓郁的习俗和建筑等。自然旅游资源丰富的地区山水相依,具有很大的开发价值,同时还包含乡村农耕活动,体现了自然与人文、生态与文化融为一体,交相辉映,相得益彰。

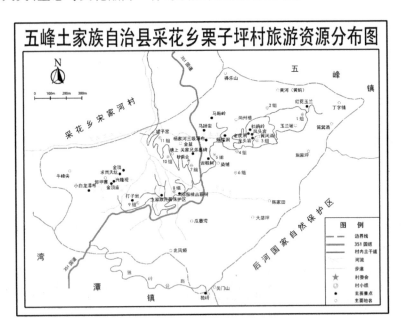

图 12-1　栗子坪村旅游资源分布图

## 一、自然旅游资源

　　栗子坪村自然旅游资源具有较强的地域特色,总量较为丰富,类型多样,具有较高的旅游价值和旅游吸引力。典型的自然资源如下。

### (一)天然气候

　　栗子坪村环境宜人,空气质量佳。2014 年 3 月,经北京林业大学专家组测量,栗子坪村空气中的负氧离子含量每立方厘米最低 2000 余个。<sup>①</sup> 域内最高海拔约 2000 米,最低海拔 800 米,平均海拔约 1400 米,海拔高低悬殊,立体特征明显,是夏日消暑的理想之地,同时也是冬季欣赏雪景的绝美之地。

### (二)金 顶

金顶位于栗子坪西南部,为卸甲寨的寨顶,海拔 1750 米。东接瓜蒌湾,西接子母岩,南连牛峰尖,北与宋家河 1 组相连。站在金顶顶端眺望,可观栗子坪各个村民小组以及宋家河、白溢坪的大部分居民点。金顶的地势分为两墩一顶,自然景点分布在四周。经 351 国道在界湾向右沿石板小路步行约 2500 米便可到达金顶,沿途风景优美,适合热衷于户外攀爬体验的游客,到达金顶便可一览栗子坪村无限风光(图 11-2)。

图 12-2　金 顶

① 《五峰土家族自治县栗子坪乡村旅游总体规划(2015—2025 年)》,三峡大学经济与管理学院编制,2015 年。

### (三)求雨天坑

从金顶往回走,有个一头圆一头尖的黑洞,就是"求雨天坑"。天坑长3米多,宽1米多,周围长有杂树和杂草。相传很久以前,每到栗子坪久旱无雨之际,当地农户便会带上石头、香纸和杀死的黑狗,在万里无云之时登上金顶。农户进行祭拜之后,就将带上去的石头扔进深不可测的天坑里,随后便会发出哐当哐当的响声。经过几小时后,天上便布满乌云,之后便会打雷下雨,缓解旱情。①

图 12-3　求雨天坑

### (四)金顶迎客松

在金顶顶端的石壁缝里,生长着一棵又粗又高的不老松。此树树根扎在陡峭的悬崖石壁中,树干粗壮,枝繁叶茂,挺拔苍劲。在石壁中长出接近两尺粗、树龄近200年的松树实属罕见,极为奇特。

### (五)小白龙瀑布

在前往金顶途中的岭上有一岔路,向左沿步道前行约500米则可见一处大气磅礴的千丈悬崖。它的石壁从东到西呈现出一个巨大的圆弧纵横面,在离地面几百米处的千丈绝壁上有一石洞。小水桶粗一般的泉水从洞口冲出即散开,形成一道300米落差的绝美瀑布。随着微风吹动,柱状瀑布时而左右摇摆飘动,时而上直下弯,时而飘成"S"形,仿佛一条白龙在几百米高的石壁上游动。天气晴朗时,太阳光照在瀑布下端,会出现彩虹光环;

---

① 访谈对象:TP,男,48岁;访谈人:陈颖。2021年7月12日,栗子坪村安置房TP住所。

天气寒冷时,瀑布成雾状落地后便结成冰,越结越厚,极为壮观。

### (六)石臼窝

沿卸甲寨兴隆观遗址向右横行,经过肖道人父子坟,继续前行10多米远便可见舂米的石臼。此石臼是当地群众和金顶庙和尚用于舂米,相传在此石臼里舂米,不但快速,而且舂出来的大米不碎,且用这些大米煮饭格外香甜。因此,周边老百姓平时舂米都愿意舍近求远,将稻谷背上金顶,在此石臼中舂米。[①]

### (七)印把子

在金顶与牛峰尖之间,矗立着一座奇特的小山峰,宽10多米,高

图 12-4 小白龙瀑布

50多米。石崖顶部树草茂盛,从金顶远远眺望,整个石崖仿佛一枚从天上掉落人间的印章手柄,这座小山峰就是印把子。只要游客在金顶找准观景点,伸出左右手,就可拍下手握印把子的照片。

### (八)对棋台

从兴隆观一墩横过,在肖道人父子坟墓旁望对面山脚,可见一座山峰。石峰周围草木茂盛,峰顶中间清晰可见有一大平板石上散落着几颗石头。石台旁边还自生有两只相对的小石凳,相传是神仙坐着下棋的凳子,于是被人们称为仙人对棋台。传说各路神仙每到三月三日和九月九日的道观巡查庙会后,就在此下棋休闲。[②]

---

① 访谈对象:WXY,男,77岁;访谈人:陈颖。2021年7月14日,栗子坪村WXY住所。

② 访谈对象:WXY,男,77岁;访谈人:陈颖。2021年7月14日,栗子坪村WXY住所。

### (九)打子岩

金顶山脚下的打子岩有两个天生的石洞，上边的洞口小，下边的洞口大。相传当地一些久婚不育的夫妻为了求子，便上金顶祈祷。下金顶到打子岩时，随手捡起地上的一颗石子，往洞口抛去。如果打中上边的小洞就会有弄璋之喜，打中底下的大洞就会有弄瓦之庆。[1]

### (十)猕猴桃古藤

在栗子坪8组村民HKM屋旁(小地名叫窝坑)岭上长着一条猕猴桃藤。该古藤高30多米，冠幅约196平方米，兜脚粗130厘米，长有两根主干，沿板栗树周围盘旋，共有6根藤条，犹如群蟒上树。[2] 此猕猴桃树每年都会结果，应季到来的游客就可一尝古藤上串串相连的猕猴桃。

图 12-5　猕猴桃古藤　　　　　　　　图 12-6　古椴树

### (十一)古椴树

相传此古树是明朝英宗正统十四年(1449年)时当地一周姓老人种植的，距今已有570多年。此树高34米，树围10.5米，冠幅480平方米。民国二十四年(1935年)当地一何姓农户在该树树巅上点天灯(用铁皮桶装油在

<hr>

① 访谈对象：TP，男，48岁；访谈人：陈颖。2021年7月12日，栗子坪村安置房TP住所。

② 访谈对象：TP，男，48岁；访谈人：陈颖。2021年7月12日，栗子坪村安置房TP住所。

树巅上点灯)将树巅烧枯至死,但其他枝干未损坏。[①] 于 2014 年对该树设置围栏保护,之后枯树巅又开始发芽生长。现今,此树枝繁叶茂,常有游客往古藤树上挂红布条祈愿。

### (十二)蝙蝠洞

蝙蝠洞离村委会驻地 2.5 公里,从 325 省道至黄鹤岔路口向东行驶约 1 公里至翻岭处,再向左行驶 300 米可到达。洞口宽约 30 米,洞口石壁高约 110 米,全长 1200 米,平均海拔 1350 米,洞内温度比洞外温度约低 5 摄氏度。[②] 洞内曲径通幽,经过地下暗河后豁然开朗,可见三座天生桥、"天眼赐福"景观、日光潭等美景。沿步道直行出洞口就可见龙头岩与凤头岩。

图 12-7　蝙蝠洞洞口

图 12-8　杨家河三级瀑布

### (十三)杨家河三级瀑布

沿 351 国道行至杨家河大桥,向左望去,此河上游便是杨家河三级瀑布。该瀑布的水从小黄河过老虎洞,经黄鹤淌流入蝙蝠洞。河床地势险要,水汽蒸腾,飞泻而下,连冲三关,一波三折,形成三级瀑布,无论远观近看,都动人心魄。第二梯级瀑布还修建了步道,游客可以从中而过,感受"水帘"美景。

---

① 访谈对象:WXY,男,77 岁;访谈人:陈颖。2021 年 7 月 14 日,栗子坪村 WXY 住所。

② 访谈对象:TP,男,48 岁;访谈人:陈颖。2021 年 7 月 12 日,栗子坪村安置房 TP 住所。

### （十四）马蹄岩

325省道至黄鹤岔路口向东行600米至锋华农家，对面有一双石峰。双石峰中间呈凹形，外形像马鞍，故称为马鞍岭，又名鞍子岭。马鞍岭的山脚就是马蹄岩，因河中石头上有很多周长50厘米大小的石坑酷似马蹄脚印，故称马蹄岩。2009年，因修325省道改修线路时被碎石和渣土掩埋。

### （十五）野生红花玉兰群落

野生红花玉兰群落所在地为玉兰坡，其因生长的红花玉

图12-9　马蹄岩

兰植物和地形综合特征而得此名。红花玉兰，又名五峰玉兰，是我国稀有的珍贵树种之一，经国家林科院专家考察，野生红花玉兰仅栗子坪独有。具有极丰富的花部形态变异特性，花色的类型有深红、红与浅红等，具有很高的观赏价值，是极佳的园林绿化树种。同时花蕾可以入药，也是重要的药用经济林树种。且花期较长，从第一朵花开放到最后一朵花凋谢可持续数月，可达到春观花、夏观叶、秋观果、冬观苞的良好效果。

### （十六）杜鹃岭杜鹃花

杜鹃岭，原名岗岭，因该岭和周围几个山包几乎长满了映山红（杜鹃花），在第二次地名普查中更名为杜鹃岭。沿351国道的路旁左岔路前行2公里便可到达。映山红4月初开花，漫山遍野的花朵将山都映成了红色。盛开时，如火如荼的鲜红光彩映红了春光，也点燃了赏花人的心。

## 二、人文旅游资源

乡村人文旅游资源是乡村地区人们在生产生活过程中积累的精神财富，也是游客在乡村旅游过程中能够亲身体会和感受到的重要内容和对象。

纵观栗子坪村发展历史,以土家族为主的村民在这里繁衍生息,沉淀了风格独特的民俗文化。

### (一)栗子坪古村落

传统村落是乡村历史、文化自然遗产的"活化石"和"博物馆"。栗子坪村中布局的绿林庭院、四合院、撮箕口形屋、吊脚楼等不同建筑形成的古民居,是土家族历史建筑的典型代表。现村内存有绿林庭院 120 栋、四合院 3 座、撮箕口形屋 8 处、吊脚楼 115 幢。[①] 土家族特色房屋建筑从外形到内部结构,都呈现出恰到好处的比例关系和有序变化的对称形式,具有静中见动,动中趋向统一的均衡感。这种求动态、多层次、高水平的对称均衡,显示出吊脚楼超拔、风雅和流畅的外形风格。

图 12-10　民居建筑

### (二)兴隆观、金顶庙遗址

相传兴隆观是明末清初用楠木和石板修建的。根据地形分为两层,一层道观是坐东朝西,叫阎王殿。沿石板梯踏步便道上行百米,即二墩(二层道观)。后来由于兵匪祸乱,道观于 1931 年 4 月 16 日被烧毁,现在只能见几堆石板和石堆旧址。沿着兴隆观左侧继续向上攀爬约 150 米,在丛林深

---

① 访谈对象:FMF,男,40 岁;访谈人:陈颖。2021 年 7 月 20 日,栗子坪村村委会。

处有一处石屋铺成的庙址,即金顶庙。金顶庙上方是一处钟鼓楼遗址。①

图 12-11　兴隆观旧址

图 12-12　关家齐、关家柏之墓

### (三)贺龙、关家兄弟红色印迹

栗子坪村是一片红色的土地。大革命时期,贺龙同志率红四军在湘、鄂边区播下革命的火种。1931 年渔洋关市苏维埃政府成立,并相继在各地成立了基层(乡)苏维埃组织。栗子坪的关家齐、关家柏等人先后在栗子坪苏维埃政府任职,之后被敌人杀害。中华人民共和国成立后,被追认为烈士。② 烈士们为了革命事业不怕牺牲的精神,永远激励着后世的人。

---

① 访谈对象:WXY,男,77 岁;访谈人:陈颖。2021 年 7 月 14 日,栗子坪村 WXY 住所。

② 访谈对象:GB,男,72 岁;访谈人:陈颖。2021 年 7 月 27 日,栗子坪村关家兄弟烈士墓。

### (四)撒叶儿嗬

撒叶儿嗬是流传在栗子坪地区最主要的民间歌舞,当地叫作跳丧鼓。村中有老人去世,村民不分远近、亲疏,齐聚孝家为孝家帮忙,并进行跳丧鼓,俗称"打丧鼓"。当死者装殓入棺之后,即在堂屋摆设灵堂,左邻右舍的乡亲在亡人灵柩前踏着鼓点,唱歌跳舞,场面气氛浓烈,一班人跳累了,另一班人接着跳,通宵达旦。[①]

### (五)土家特色饮食

栗子坪的特色饮食有抬格子、十碗八扣、腊味火锅、高山小土豆等。农家饭基本分为三种规格:一是贵宾级,需要做十碗八扣。二是一般农家饭,为两荤多素再加一个火锅。素菜多为自产,材料属无污染的绿色食材,烹调时追求食材本身的原汁原味。主食有大米饭和玉米饭,通常还配有合渣。三是普通农家饭,即一个带荤的火锅加各种应季蔬菜。

### (六)板栗、猕猴桃采摘园

板栗和猕猴桃采摘园是因乡村旅游发展而带动起来的配套产业。栗子坪村有成片的板栗树,有野生百年板栗古树,也有人工种植。栗子坪村旅游旺季通常集中在每年 7 月到 10 月,9 月至 10 月板栗成熟后,便可供游客采摘。猕猴桃产业也是栗子坪发展较好的产业,当猕猴桃成熟时,先选择上等的猕猴桃进行采摘销往外地,之后便可安排游客进园区体验采摘猕猴桃。栗子坪猕猴桃成熟时间最早在 10 月国庆节期间,可利用这黄金周长假,让游客体验采摘的乐趣。最后剩下的猕猴桃则作为延伸产业,利用冷库将果子冷藏后制作猕猴桃酒、果脯、果汁等。

## 第二节 旅游开发

乡村旅游资源潜在的优势不容忽视,合理进行乡村旅游资源开发,能为乡村带来经济、社会、文化、环境等方面的积极影响,从而促进旅游精准扶贫

---

① 访谈对象:WYF,男,58 岁;访谈人:陈颖。2021 年 7 月 15 日,栗子坪村 WYF 住所。

的乡村产业发展。乡村旅游是 21 世纪具有较大潜力的产业,能够带动农民脱贫致富,推动农业产业结构调整等方面发挥重要作用。从 2008 年开始,栗子坪村村委会根据栗子坪经济发展状况、产业结构、自然地理环境等方面进行多方位考察,决定调整产业结构,发展乡村旅游产业。2010 年 3 月 3 日,栗子坪村第七届村民委员会暨第三次村民代表大会经过讨论做了两项决议,即保护村境内旅游资源和通过了采花乡栗子坪村文明公约。① 这是栗子坪村首次从文件上明确了发展乡村旅游产业的建设目标,也由此开始其乡村旅游开发的历程,从开发景点、发展乡宿、完善基建、外宣形象等方面进行不断探索。

## 一、开发景点

2009 年,时任栗子坪村委会主任的 HKT 组建栗子坪村旅游资源考察队,对栗子坪村自然及人文旅游资源进行全方位的考察,挖掘出可进行开发利用的资源。首先进行自然旅游资源开发,包括对金顶片区中求雨天坑、金顶迎客松、小白龙瀑布、仙人对棋台、印把子等景点的发掘,以及对蝙蝠洞片区中天眼赐福、日光潭、天生桥、龙头岩、凤头岩等景点的挖掘。2018 年以来,村委会进一步争取资金,继续对蝙蝠洞进行开发,修建从杨家河桥头一直通往蝙蝠洞休息亭的步道,游客可沿 351 国道经过杨家河流域从步道直接通往蝙蝠洞,极大提高蝙蝠洞景区的可进入性。② 并且对蝙蝠洞洞内的开发已经做出相关规划,预计到 2021 年度可将洞内的步道和安防修建完成。此外,还有栗子坪村内各种品类的古树识别与保护。其次进行人文旅游资源方面的开发,主要包括对土家民居古色古香的木板屋的开发保护、维修和改造,特别是 8 组集中连片的 35 户木板屋维修后,形成了一道特色景观。③

## 二、发展乡宿

栗子坪乡村住宿发展也是旅游业发展中的重要一环,包括农家乐和酒

① 湖北省地方志编纂委员会办公室编:《栗子坪村志》,武汉:武汉大学出版社,2018 年,第 69 页。
② 访谈对象:FMF,男,40 岁;访谈人:陈颖。2021 年 7 月 20 日,栗子坪村村委会。
③ 访谈对象:HKT,男,73 岁;访谈人:陈颖。2021 年 7 月 15 日,栗子坪村 HKT 住所。

店的发展。民宿作为一种新兴的旅游业态,依托良好的生态环境、独特的人文风俗和季节性的农事活动等,逐步成为极具吸引力的新型旅游目的地。民宿的发展有力地推动了乡村振兴,助力乡村脱贫攻坚,为栗子坪村民打开脱贫致富之门找到新的"金钥匙",更有助于乡村历史文化遗产保护,促进乡村旅游从观光式向深度过夜式的功能升级。

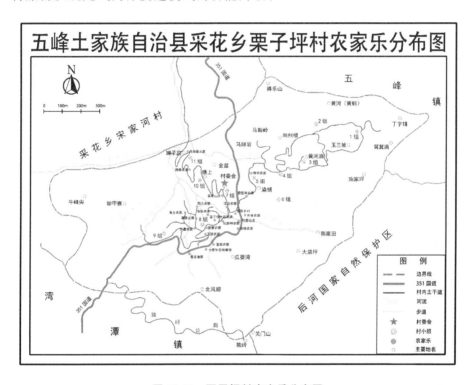

图 12-13 栗子坪村农家乐分布图

2011 年,栗子坪农家乐发展开始起步,HKT 在村内进行宣传号召,带动栗子坪百姓一起筹办农家乐,实现"在家就业",并且还争取到专项资金对开办农家乐的农户进行补贴。村委会还对经营农家乐的农户进行集中培训,从如何接待游客以及农家乐环境卫生保持方面进行指导。自 2014 年以来,栗子坪村共建有近 50 家农家乐,其中栗花山庄、四合农家、兴鑫农家被国家旅游局授予"金牌农家乐"的荣誉称号。现如今农家乐数量虽有所减少,但仍在经营中的农家乐在不断改善住宿条件,致力于为游客提供更好的旅游服务体验。到 2021 年 8 月,农家乐数量虽已减至 20 余家,但依旧不可忽视其在带动栗子坪旅游业发展中的重要作用。除农家乐外,栗子坪乡村住宿服务的提供还包括栗子坪生态酒店。以下对栗子坪村的特色农家乐和生态酒店进行简要介绍。

表 12-2 栗子坪村农家乐在营登记表(截至 2021 年 8 月)

| 序号 | 农家乐名称 | 成立日期 | 负责人 | 单间(有无卫生间) | | 标间(有无卫生间) | | 房间统计 | 床位统计 |
|---|---|---|---|---|---|---|---|---|---|
| | | | | 有 | 无 | 有 | 无 | | |
| 1 | 和客庭农家乐 | 2011/11/25 | 周大春 | 3 | 1 | 1 | | 16 | 28 |
| 2 | 玉姐农家 | 2011/12/20 | 唐玉林 | 2 | 2 | | 1 | 5 | 7 |
| 3 | 兴鑫农家 | 2011/12/20 | 杨秀珍 | 4 | 3 | 2 | 3 | 12 | 17 |
| 4 | 筷乐乡村 | 2012/12/06 | 李杰 | | 2 | | 2 | 4 | 6 |
| 5 | 和合农家 | 2012/12/27 | 邓宏芬 | 2 | 3 | | 1 | 6 | 7 |
| 6 | 健豪农家 | 2012/12/27 | 何春芳 | | 3 | | 2 | 5 | 7 |
| 7 | 四合农家 | 2013/12/02 | 孙远珍 | 4 | | 3 | | 7 | 10 |
| 8 | 土家生态鸡餐馆 | 2013/12/25 | 刘明秋 | | 2 | | | 2 | 2 |
| 9 | 奇泉渔家 | 2013/12/30 | 简琼 | 3 | 1 | 5 | | 9 | 15 |
| 10 | 浩浩农家 | 2014/09/25 | 沈绍月 | 2 | 2 | | 2 | 6 | 7 |
| 11 | 华艳农家 | 2014/12/29 | 王强华 | 4 | | | | 4 | 4 |
| 12 | 栗花山庄 | 2014 | 沈健 | 4 | 4 | 5 | 6 | 19 | 30 |
| 13 | 锋华农家 | 2015/09/17 | 朱春悦 | | 4 | | 2 | 6 | 8 |
| 14 | 品尚香农家乐 | 2015/11/09 | 冯开华 | 3 | | | | 3 | 3 |
| 15 | 静静农家 | 2015/11/09 | 苏振英 | 3 | | | 1 | 4 | 5 |
| 16 | 奎姐农家 | 2016/10/25 | 王奎 | | 5 | | | 5 | 5 |
| 17 | 竹屋山庄 | 20170/4/17 | 王芳 | | 5 | | 1 | 6 | 7 |

续表

| 序号 | 农家乐名称 | 成立日期 | 负责人 | 单间（有无卫生间） | | 标间（有无卫生间） | | 房间统计 | 床位统计 |
|---|---|---|---|---|---|---|---|---|---|
| | | | | 有 | 无 | 有 | 无 | | |
| 18 | 君宜来农家 | 2019/04/02 | 肖龙艳 | 2 | 5 | | 2 | 9 | 11 |
| 19 | 潜逸农家 | 2020/08/14 | 申琼 | | 2 | | 1 | 3 | 4 |
| 20 | 地势坤农家乐 | 2020/08/31 | 冯剑波 | 2 | | | | 2 | 2 |
| | 合计 | | | | | | | | 185 |

### (一)栗花山庄

栗花山庄,在栗子坪村委会附近,为传统中式建筑风格,恢弘气派的大门上悬挂着"栗花山庄"的招牌。除金牌农家乐称号外,还获得过湖北省农家乐星级评定委员会评定的"五星级农家乐"荣誉。栗花山庄客房共19间,一次性可容纳约30名游客过夜,同时配套独立卫生间或公共卫生间。餐厅共4间,可同时容纳近150人次用餐。栗花山庄承接举办过各种文艺会演活动、篝火晚会、露营团体活动以及婚宴等,还被授予"宜昌市画家创作基地"称号。①

### (二)四合农家

四合农家,在栗子坪土家居民保护核心区8组。四合农家为极具特色的木板房建筑,用餐区为四合院式的房屋,住宿区为土家吊脚楼风格,全部用杉木建造,占地面积55平方米。客房一共7间,可一次性容纳十多人住宿,餐厅可容纳十人桌五到六桌。四合农家特色之处较多,一是门外有一棵200多年历史的板栗树,古树枝繁叶茂、树大根深;二是用餐区一间木板房有接近150年的历史,极具历史韵味;三是负责人SYZ烹饪的令人回味无穷的土家特色风味菜肴,其在2016年五峰土家美食节厨娘争霸赛中还曾斩

---

① 访谈对象:SJ,男,30岁;访谈人:陈颖。2021年8月3日,栗子坪村栗花山庄。

获铜奖一枚。①

图 12-14　栗花山庄

图 12-15　四合农家

图 12-16　栗园云居

图 12-17　兴鑫农家

## （三）栗园云居

栗园云居，在栗子坪土家居民保护核心区 8 组，为 HKT 夫妻两人共同经营。栗园云居原名为和客庭农家乐，接待过栗子坪第一批游客，是村内第一家农家乐。栗子坪村旅游产业发展起步时，HKT 为带动村民开办农家乐，自己积极带头先办农家乐。现今 HKT 已在家门口对面建起一栋带土家转角楼风格的三层楼房，改名为栗园云居。可提供住宿的单间 3 间、标间 11 间，都配有卫生间，同时还有茶室、休息室、儿童游乐室。栗园云居既结合土家木板房干栏式建筑，又结合现代洋楼元素，两种风格相得益彰，配合

①　访谈对象：HYX，男，47 岁；访谈人：陈颖。2021 年 7 月 10 日，栗子坪村四合农家。

独特的庭院设计和花园,不但具有实用价值,还具有极大观赏性。[①]

### (四)兴鑫农家

兴鑫农家,在栗子坪土家居民保护核心区8组,为土家传统转角楼建筑。屋前有一块近500平方米的开放式广场,广场上还修建了长排凉亭。客房一共5间,可容纳10人,同时配套独立卫生间。兴鑫农家地势较高,是游客拍照摄影的绝佳位置。[②]

图 12-18　栗子坪生态酒店

### (五)五峰栗子坪生态酒店

五峰栗子坪生态酒店是栗子坪文化、旅游接待中心,2016年底此项目正式开始启动,于2021年6月28日投入使用。酒店结合当地生态环境和人文特色而建,与村落中的明清古建筑为邻,与农家的菜地阡陌交错,总建筑面积4000平方米。酒店拥有中式风格别墅8套,标间20间,可同时容纳近80人入住。配套有餐厅、茶吧、健身房、会议室以及1200平方米超大悬空观景平台。五峰栗子坪生态酒店的运营将进一步提高旅游区接待能力,

---

① 访谈对象:HKT,男,73岁;访谈人:陈颖。2021年7月31日,栗子坪村栗园云居。
② 访谈对象:YXZ,女,55岁;访谈人:陈颖。2021年7月10日,栗子坪村兴鑫农家。

完善服务功能，真正让游客留下来。同时，峡州集团的品牌优势也是一大助力，充分发挥其渠道优势、管理优势、高效运营栗子坪生态酒店。①

## 三、完善基建

旅游业基础设施建设是旅游目的地发展的基本支撑，基础设施的建设随着旅游业的发展日趋完善和多样化。同时，各种基础设施的增加会进一步推动旅游业的发展。道路建设方面，包括村内公路建设和景区步道建设。2012 年 10 月，栗子坪村修建第一条水泥路 2 公里，后续不断进行公路修建。到目前为止，旅游公路硬化 15 公里，村内主干道全铺柏油路，实现全村到户公路硬化率 90%，极大方便游客进入农家乐。② 并且还对旅游道路进行绿化处理，公路便道两旁栽植桂花树、红叶石楠、红花玉兰等树种 2 万株。2015 年栗子坪至黄河 1 组公路硬化完成，道旁随即栽植映山红花 5000 株。景区步道建设中金顶步道建设难度较大，现暂时保障其最基本的可攀登性，加固原有步道。小白龙瀑布 600 米楼梯步道建设于 2021 年完工，蝙蝠洞洞内步道和安防继续进行加固修整处理。沟渠治理方面，主要对村内沟渠进行加固沟渠边防、沟内垃圾清理、沟渠两边绿化处理等。③

其他相对应配套基础设施建设还包括增设移动、电信、联通通信站塔，使信号尽可能全覆盖。修建旅游接待中心，村委会将原红漂湾煤矿（界湾）闲置资产再利用，租赁后，进行维修、扩建、绿化、亮化，已建成近万平方米的自驾游驿站（影像山庄），可同时接待近百名游客。这一中心于 2017 年泥石流灾害时被冲毁，新修建的栗子坪生态酒店已经投入使用。2015 年春，争取有关部门支持，在 8 组安装了 20 盏太阳能路灯。同时，动员全体村民进行环境卫生整治。2015 年 3 月 8 日，召开全村主妇大会，每户发一把扫帚，全体动员搞清洁家园创建，经过年终检查评比，全村评出 80 多户清洁家园，授牌表彰。④ 2016 年建造村内旅游景点和农家乐的标识牌，并在村中心地段 351 国道旁立起 10 多米高的"栗子坪欢迎您"的广告牌。目前，全村一共

---

① 访谈对象：YGL，女，28 岁；访谈人：陈颖。2021 年 7 月 14 日，栗子坪村生态酒店。
② 湖北省地方志编纂委员会办公室编：《栗子坪村志》，武汉：武汉大学出版社，2018 年，第 6～9 页。
③ 访谈对象：FMF，男，40 岁；访谈人：陈颖。2021 年 7 月 22 日，栗子坪村村委会。
④ 湖北省地方志编纂委员会办公室编：《栗子坪村志》，武汉：武汉大学出版社，2018 年，第 70 页。

放置垃圾桶 230 个,根据客流量的多少来选择每个放置点垃圾桶的数量。并且村里专门设置公益岗位,安排工作人员进行分片、定点、定期收集垃圾,集中处理。村内修建大型观景台两座,一座位于公路边奎姐农家附近,另一座在栗子坪生态酒店内,是游客进行写生和俯瞰栗子坪美景的最佳地点。景区休息亭有 3 座,分别建在蝙蝠洞、小白龙瀑布楼梯步道旁、兴隆观遗址处。旅游公共厕所一共设置 5 个点,分别在观景台、蝙蝠洞、映山红基地、金顶脚下、村委会。

## 四、外宣形象

在乡村旅游开发过程中,为了更好地吸引旅游者,乡村旅游开发主体必须考虑乡村旅游在市场中的形象和知名度,这就涉及宣传和推广工作。特别是在互联网时代,任何地区的乡村旅游要想获得旅游者的青睐,就必须运用一定的宣传手段,让消费者知道这一地区乡村旅游的特色所在。2010 年,栗子坪村的旅游宣传工作开始起步。村委会找准栗子坪村特色定位,对栗子坪村原生态自然景观进行宣传,请县电视台专门摄制了"古寨栗子坪"的风光片,制成 DVD 光碟,播放时长达 25 分钟。在网上发布景点图片,同时请县文化馆谱写《情醉卸甲寨》村歌和谱曲。另外,还将栗子坪的村情简介、景点介绍和收集的传说故事等编写成图文并茂的游览指南,共印 1500 本发给各级领导和县、乡各有关部门及武汉、宜昌、河南等地部分游客,并将此内容刊在村里建的长 22 米、高 2 米的文化墙上,广为宣传。[①] 之后再次编写新的旅游指南,指南中为游客全方位展示景点、路线、住宿等,相比之前的更简洁明了,彩色绘制更能展示栗子坪村的魅力风光。2013 年以来,村委会干部多次参加国家旅游局举办的村干部培训班,及在武汉举办的国际旅游博览会、武汉农业博览会、农产品推荐会等不断增加栗子坪的知名度。同时,推荐特色鲜明、服务态度好、食宿条件优良的农家乐参加比赛,为栗子坪村农家乐树立招牌。

在形象外宣过程中,举办各种晚会活动对提高知名度也具有重要作用。2016 年,栗子坪村共举办六次大型接待活动。第一次活动是 6 月 9 日,接待来自北京的首批组团百人以上的自驾游客人,由时任县委书记陈华、县委

---

① 访谈对象:HKT,男,73 岁;访谈人:陈颖。2021 年 7 月 10 日,栗子坪村 HKT 住所。

常委兼宣传部部长王巍等领导作陪。当晚在村委会1000多平方米的广场上举办篝火晚会,参加晚会的周边群众3000多人。第二次活动是举办全县108人规模的旅游发展大会,参加大会的有县主要领导以及县级单位负责人、相关乡镇村干部。参会者于7月11日下午到栗子坪参观,晚餐后栗子坪村举办了一场文艺会演活动,次日参观影像山庄(即自驾游驿站)后离村。第三次活动是8月2日在界湾影像山庄接待了荆门市组团的58名游客。第四次活动是9月23日湖北省旅游委组织的自驾游,在五峰长乐旅游投资有限公司刘辉鄂总经理的陪同下,共172人到达栗子坪实地考察。第五次活动是9月24日湖北省文联副主席、省作家协会副主席梁必文及湖北省作家协会副主席、省文学院院长陈应松等在县委宣传部副部长邓俊松的陪同下,共120余人来栗子坪考察、调研,陈应松写下题为《秋天栗子坪》的散文,于9月28日在《湖北日报》上发表后,被《文汇报》等多家报纸予以转载。第六次活动是10月23日中国旅游车船协会秘书长刘汉奇、湖北省旅游协会秘书长王李力、办公室主任王晓辉、省自驾游协会副会长芦志军、《向外》杂志社负责人张为民和副总编胡亚丽以及潜江自驾游协会会长席成安等一行300多人在县委书记陈华、副书记县长万红、县委常委兼宣传部部长王巍、副县长覃业成等领导的陪同下,到栗子坪调研考察,为把五峰打造成中国自驾游第一县,把栗子坪村打造成自驾游神州第一站打下基础。① 此外,2017年还举办过由五峰县旅游局、宣传部主办,采花乡人民政府承办,栗子坪村民广泛参与的主题活动映山红花,其中包括映山红自驾游活动、栗子坪农产品展销会活动以及篝火晚会活动。通过活动深度挖掘五峰乡村旅游、传统文化等资源,利用举办活动的影响力,立体包装推广,提高社会影响,让更多人了解栗子坪,推动其旅游发展。自2015年以来,栗子坪村先后获得湖北荆楚最美乡村、湖北省旅游名村、湖北省少数民族团结进步示范村、湖北省生态村庄、宜居村庄、中国少数民族特色村寨、中国传统村落、全国乡村旅游模范村、全国乡村旅游重点村、国家森林乡村等多种荣誉。

## 第三节　发展困境

近年来,栗子坪村旅游开发取得显著成效,但旅游开发的深层次发展也

---

① 湖北省地方志编纂委员会办公室编:《栗子坪村志》,武汉:武汉大学出版社,2018年,第7～9页。

面临诸多问题。

## 一、旅游景点深度开发不足

栗子坪村拥有丰富的自然旅游资源优势，但是景点开发难度较大。金顶、卸甲寨为栗子坪村主打景点，从栗子坪村开始发展旅游产业至今都未将其全面开发完成。金顶山高坡陡，地势险要，现如今仅修建从山脚至小白龙瀑布的石板步道，且石板步道存在极大的安全隐患。多处石板已经松动不稳固，旁边就是陡崖，仅有少部分路段安装有防护栏，稍不注意就会滑下陡崖。蝙蝠洞还处于半开发状态，仅开发了洞内前半段景观，后半段开发难度较大。在开发过程中不仅不能影响溶洞结构，还要保证游客安全通行。已经进行开发的前半段力度也不足，洞内通行不便，通行照明问题也未解决，还有洞内天生桥步行楼梯已经损坏，安全隐患较大。另外是洞口外的河段也未进行处理，道路周围杂草丛生，破坏景点观赏性。

## 二、基础配套设施完善不够

乡村基础设施建设与服务设施是乡村旅游发展的前提与先行条件，是助推乡村旅游发展的重要"催化剂"。栗子坪乡村旅游发展虽然已经超过10年，但是相配套的基础设施、设备还比较薄弱的。首先，是乡村旅游交通设施，栗子坪村虽得益于其资源和环境优势，但是地处偏远，交通问题成为当地旅游业发展的重要问题。虽然现在全村道路到户率已达90%，但是通往景区的道路、步行道、栈道还崎岖不平。并且因为年久失修，很多路况存在安全隐患，标识也不够清晰，对于自驾游客不是很便利。其次，是乡村环卫设施，栗子坪村旅游厕所建设较少，仅在重点景点设置公共厕所，且相隔距离较远，又没有设置标识牌。再次，是村内的水、电、网络线路没有进行埋线处理，这会极大影响游客取景拍照，降低游客好感度。最后，是配套设施如购物商店、卫生院等不够完善。栗子坪村共有两间小商店，虽能满足村里农户购物需求，却无法满足游客的基本需求。村卫生院设施设备也比较落后，仅能提供最基本的配药服务，医护人员配备极少。而前往栗子坪的游客中老年人占比较高，当游客出现身体问题时，只能驱车一小时到周边就医，因此处理突发医疗状况的能力非常薄弱。最后山区通信网络问题比较严重，手机经常出现无信号的情况，影响游客的通信便利。基础设施建设会直接影响游客的体验。舒适度和便利度低会导致游客成为一次性游客，景区的知名度也会大大降低，严重制约该地乡村旅游的发展。

## 三、旅游资源优势宣传不足

栗子坪村因为位置相对偏远，大部分游客来自周边县市，外地游客较少，游客群体的来源较为固定，这在很大程度上也制约了景区的发展。早期栗子坪村乡村旅游发展比较注重宣传工作，村干部组织进行栗子坪宣传片拍摄，还配词作曲等。同时举办各种大型晚会活动来提高知名度，以及编写多版本的旅游指南。在旅游发展早期，对于一个村级单位来讲，这些宣传工作已经较为完备。但是随着时代不断变化，网络新媒体越来越发达，栗子坪村的宣传工作一直秉承以往思想，没有积极寻求新的宣传工作发展思路。虽然峡州集团在运营栗子坪生态酒店的过程中会起到一定的宣传作用，但是宣传方式还是较为单一。现如今，栗子坪主要依靠游客来到景区，体验景区的风景、民俗特色和文化，再传递给其他潜在游客，没有较好利用网络资源。再就是需要依靠政府力量来组织活动和进行宣传，缺乏各种新媒体平台的带动作用，以致景区的宣传范围主要是周边县市，外地游客对栗子坪村的了解较少。

## 四、村落历史文化挖掘不足

栗子坪村作为传统土家族村落，拥有厚重的历史文化沉积的土家风情。但是如今，我们在栗子坪所能感受到的土家特色文化仅有民居建筑土家吊脚楼。乡村文化建设以政府投入为主，渠道较为单一，而在资金不到位的情况下，文化建设与挖掘将很难开展。另外，栗子坪村一直缺乏农村文化活动场所，村民开展地方特色文化活动有限，初来乍到的游客更加感受不到栗子坪土家文化氛围。更重要的是，栗子坪村部分旅游项目缺乏文化内涵，没有将历史、社会文化和民俗文化更好地结合起来，没有形成独具特色的旅游体系，旅游品牌不够响亮，对游客的吸引力不够，很难形成相对稳定的消费群体。

# 第四节　对策建议

目前，栗子坪村旅游发展虽然已初见成效，但仍面临巨大挑战。为了进一步推动栗子坪乡村旅游的深度发展，针对其旅游开发出现的一些问题进行调研和思考,提出以下深入推进的措施。

## 一、发掘多元特色产品

为了满足消费者个性化、多样化的需求,应该进行更加合理的多元化开发,使旅游产品与游客需求尽量保持一致。目前栗子坪村缺乏特色旅游产品,因此要着重开发具有当地特色的产品,以当地历史文化为载体,使游客更好地体验栗子坪村的风土人情。如打造具有地方特色的民俗文化产品展馆,可将村史溯源、发展概况、村内大事记以及生产工具、衣食住行等实物陈列展出。用一件件物品承载历史,用一幅幅图片记录进程,展示该地的风情风貌,还可以打造同系列文创产品进行出售,既起到一定的宣传效果,又带来相应的经济效益。为了增加景区的游客量,势必要开发新型旅游项目,栗子坪村最大的吸引力在于其天然的生态环境,应该在严格保护的前提下,进行适度的改造、开发和利用,才能促进传统村落的保护和可持续发展。现今五峰县为发展旅游业,打造全域旅游,对栗子坪村旅游发展已有初步的想法和规划,包括在金顶架设玻璃栈道、索道等,无论采用何种规划想法,最重要的便是最大限度地保护栗子坪生态资源。对于开发难度较大的地方,比如蝙蝠洞洞内未开发完成的部分,可以暂时不进行开发,将开发力度加大到前半段。完善蝙蝠洞前半段的开发,加强洞内景观设置,比如在河内放养可供观赏的鱼类;在洞壁安置彩色灯光,或者壁画字幅等;在重要景点"天眼赐福"标明最佳观赏时间等方面。

## 二、提供优质旅游服务

乡村基础服务是围绕乡村旅游活动所展开的一系列服务的总称,既包括需要购买的各类产品,也包括乡村的设施等和旅游相关服务类产品。乡村基础设施建设会直接影响游客对乡村的印象,因而栗子坪村需加强其基础设施建设,不断完善配套设施。首先,是旅游交通问题,现如今栗子坪村需要完善的旅游交通问题主要是通往景点的道路、步道等,需要进行道路修整、步道加固,并且完善道路标识,旅游景区公路指引标识、导引图等。其次,是村委会应做好一定的疾病应急方案,提高医疗服务水平,加强环境卫生治理。水、电、网络等路线尽可能进行地下埋线处理,为游客提供一个良好的观赏环境。旅游商店选品如最基本的生活用品需求尽可能向游客需求靠拢,并且两家旅游商店价格需要进行协调,不能出现同物不同价的情况。

最后,是农家乐的发展即栗子坪村旅游发展中的关键一环,只有对农家乐提档升级,乡村旅游服务水平才能提高,回头客才会增多。农家乐提档升级包括房屋外在形象提高、改善农家乐环境卫生、建设花草庭院、提高食宿水平等方面,并且还可以组建专门的旅游协会对农家乐进行统一培训和管理,在整体上提高农家乐水平。

## 三、打造乡村旅游品牌

在信息化时代,借助网络新媒体能够有效降低旅游目的地宣传成本和提高市场影响力,因此利用新媒体促进乡村旅游发展已成为必然趋势。[①]如今,栗子坪村的旅游宣传工作应该运用多种渠道,通过网络新媒体、户外广告、节日活动、会展宣传等方式,加强区域协作,精准营销,不断提高栗子坪村旅游的吸引力和竞争力,让更多游客向往栗子坪,走进栗子坪。如在微博上开通专属微博号、微信公众号,实时宣传栗子坪民俗节日活动动态,定期更新栗子坪村的风景小视频等。同时,及时回复游客的问题,询问游客的旅游体验与意见,加强与游客之间的互动,从而提高游客的满意度和忠诚度。加强旅游宣传营销推广,邀请专业拍摄团队和网红达人拍摄旅游优质短视频,充分利用抖音、快手、小红书等人们日常使用频率较高的 APP 进行平台宣传,达到"引流"效果。此外,政府还可持续组织重点涉旅企业、单位参加各种晚会活动、展销活动进行宣传推广。品牌在商品的销售过程中发挥着重要的作用,乡村旅游的发展同样如此。打造出高知名度的旅游品牌,可以大大提高旅游资源整体价值,促进旅游经济更好地向前发展。栗子坪最吸引人的"品牌"就是避暑胜地,在旅游宣传中突出其品牌形象。

## 四、推进产业融合发展

乡村旅游要获得长足发展,不仅需要独特的自然地理景观,还需要有深厚的文化底蕴。挖掘具有本土特色的乡村文化,才能给乡村旅游注入灵魂,引起游客前来观光了解的兴致。在乡村旅游文化挖掘过程中,要保持原生性、发展性。乡村的风土人情、一草一木、一事一物都有其原生性,乡村居民的生活方式、乡风民俗、建筑文化相对保留自然原始状态,是吸引游客的重要元素。同时,在继承乡村文化精髓的基础上,又不能排斥新技术、新载体、

---

① 冀晓燕:《网络新媒体发展下乡村旅游的营销策略》,《社会科学家》2020 年第 2 期。

新形式的引入,在继承和保护中彰显发展性、创新性。百年来,以土家族为主的村民在栗子坪繁衍生息,沉淀了风格独特的民族文化。国家级非物质文化遗产在这里传承并发扬,每逢新春佳节,玩狮子、踩莲船等文艺活动丰富多彩,成为村民最好的文化享受。这些文化元素都需进一步挖掘,让游客感受到栗子坪的文化底蕴。挖掘和传承乡村文化,重点在于农户。农户是直接的文化展示者,因此应该鼓励当地农户积极从事民俗活动展演、传承乡村非遗文化、教授农事活动方法和参与乡村节庆活动。文化兴、旅游兴,则农村兴;产业旺、旅游旺,则农村旺。乡村旅游具有产业融合的优势,立足农业产业基础,发挥旅游业带动功能,做足农、文、旅融合文章,促进乡村产业结构的升级和完善。

总之,随着城市化进程的不断加快和居民旅游消费的逐渐常态化,乡村旅游在我国的发展不断升温,成为旅游业发展的重要增长点。栗子坪村村委会能够正确评估当地发展乡村旅游的必要性和可行性,抓住机遇,推动乡村旅游的发展,并取得显著成效。在田野调查期间,栗子坪村委会积极寻找发展乡村旅游的渠道,村民也热情参与旅游发展建设之中。当然,栗子坪乡村旅游的深度发展也存在诸多难题,尤其是面临着市场激烈的竞争。要想在旅游竞争的市场中立于不败之地,必须不断研究特色、挖掘特色、突出特色。乡村旅游只有充分融入丰富多彩的地方文化,才能有效增强吸引力与竞争力。

# 参考文献

## 一、学术著作

长乐县志校补编纂委员会编：《长乐县志》，宜昌：三峡电子音像出版社，2014 年。

邓红蕾：《道教与土家族文化》，北京：民族出版社，2000 年。

顾杏元：《中国贫困农村医疗保健制度研究》，上海：百家出版社，2003 年。

湖北省地方志编纂委员会办公室编：《栗子坪村志》，武汉：武汉大学出版社，2018 年。

湖北省来凤县志编纂委员会编：《来凤县志》，武汉：湖北人民出版社，1990 年。

湖北省五峰土家族自治县地方志编纂委员会编：《五峰县志》，北京：中国城市出版社，1994 年。

王红漫：《大国卫生之难：中国农村医疗卫生现状与制度改革探讨》，北京：北京大学出版社，2004 年。

王永红：《中国民间故事全书湖北·五峰卷》，北京：知识产权出版社，2007 年。

五峰土家族自治县概况编写组编：《湖北五峰土家族自治县概况》，武汉：湖北人民出版社，1989 年。

武汉大学中文系土家族文艺调查队、中央民族学院分院中文系土家族文艺调查队搜集整理：《哭嫁歌》，上海：上海文艺出版社，1959 年。

郑杭生：《社会学概论新修》，北京：中国人民大学出版社，2000 年。

钟敬文：《民俗学概论》，北京：高等教育出版社，2012 年。

## 二、期刊论文

郭于华:《农村现代化过程中的传统亲缘关系》,《社会学研究》1994 年第 6 期。

胡俊生:《农村教育城镇化:动因、目标及策略探讨》,《教育研究》2010 年第 2 期。

冀晓燕:《网络新媒体发展下乡村旅游的营销策略》,《社会科学家》2020 年第 2 期。

李伟:《农村基层医疗卫生机构运行中存在的问题及对策的实证分析》,《中国卫生事业管理》2012 年第 29 期。

刘秀峰、代显华:《以城镇化的思维解决农村教育城镇化的问题——兼谈农村教育城镇化之争》,《教育与教学研究》2020 年第 9 期。

马雄贵:《浅谈社会主义新农村乡风文明建设》,《中共伊犁州委党校学报》2007 年第 2 期。

王希辉:《土家族传统服饰变迁及其当代启示》,《民族艺术研究》2008 年第 2 期。

王浦劬:《国家治理、政府治理和社会治理的含义及其相互关系》,《国家行政学院学报》2014 年第 3 期。

邬志辉:《城乡教育一体化:问题形态与制度突破》,《教育研究》2012 年第 8 期。

薛平:《论"姑舅表婚制"的历史存在》,《西南师范大学学报(哲学社会科学版)》1999 年第 1 期。

赵芳、许芸:《城市空巢老人生活状况和社会支持体系分析》,《南京师范大学学报》2003 年第 3 期。

郑晓瑛:《农村人口健康投资新模式的评价——论卫生管理的投资效果》,《人口与经济》2001 年第 6 期。

朱迪、邢韦、刘爱国等:《金融扶持对旅游业发展的动态模型研究》,《商展经济》2021 年第 12 期。

# 后　记

　　民族学田野调查是一项专业性较强的学术训练。2021 年 7 月 8 日至 8 月 4 日,笔者带领三峡大学民族学院 2020 级民族学专业的 17 名硕士研究生在湖北省宜昌市五峰土家族自治县采花乡栗子坪村进行深度的田野调查。此次活动主要目的是引导学生将所学习的专业理论知识运用到社会实践中,培养其理论联系实际、分析问题与解决问题的能力,锻炼和提高学生专业水平和综合素质。同时,探索"田野思政"这一思想政治教育形式的创新举措,牢牢把握思想育人的基本方针,将爱党爱国、铸牢中华民族共同体意识融入专业实践中,努力在"田野思政"中培养铸牢中华民族共同体意识的宣传者、传承者和践行者。

　　三峡大学民族学院始终坚持立德树人、思政育人的基本原则,借助广阔的田野空间,使学生丰富阅历、开阔眼界,形成课堂内外学习相结合的新模式。在田野调查过程中,学生通过实地走村入户的调研,"用脚丈量乡村的每一条道路",与村民同吃同住,切身体验乡村生活。撰写田野日志,观察和记录着乡村社会的变化过程,并且积极开展多种活动,举办民族理论政策宣讲活动,与村民定期共同学党史、悟思想,重温中国共产党波澜壮阔的百年征程。把党史学习落实到田间地头,主动与村内老党员、老干部进行思想交流,从他们的讲述中感受光辉岁月中的红色精神,激发他们的家国情怀和社会责任意识,将爱党爱国、铸牢中华民族共同体意识融入田野实践。

　　学院的领导高度重视田野调查实践活动。在前期田野点考察,曹大明副院长、罗凌副院长多次前往实地选点;在田野调查过程中,鲁春立书记、田辉副书记先后前来指导和参与田野思政活动;在田野调查活动结束后,学院领导班子于 2021 年 10 月 9 日带队重回栗子坪村举行田野调查成果汇报会,并对成果进行认真审校。

　　本书是此次田野调查实践活动的成果报告。学生通过与村干部、村民等基层一线人员访谈交流,获得了大量的一手资料,以此撰写专题调研报告,不仅贴近生活实际,而且可以使学生更好体悟"知行合一"和"把论文写在祖国大地上"的理念。

调研报告的写作具体分工如下:第一章区域概况,买吾兰·努日买合买提执笔;第二章生计经济,罗康艳、张雪琪执笔;第三章婚姻家庭,郝梁佐、王慧玲执笔;第四章人生礼仪,胡阿飞执笔;第五章民居建筑,杨红艳执笔;第六章饮食服饰,王祖英执笔;第七章乡村教育,刘行健执笔;第八章民间医疗,刘晓宇执笔;第九章民间信仰,曹谭执笔;第十章文艺节庆,龙群玮、潘清妹执笔;第十一章社会治理,吉蕾、刘琼执笔;第十二章乡村旅游,陈颖、何海英执笔。全书由李超确定调研提纲,全程指导参与田野调查活动,每晚主持开展讨论活动,修改完善每个章节的具体内容,并完成统稿和后续出版工作。

感谢妻子周阿密在田野调查期间,专程前往陪伴笔者度过一个难忘的生日。感谢三峡大学民族学院刘冰清教授、周慧慧博士的田野调查经验传授和协助指导。感谢鲁春立书记、罗凌教授、李虎教授、王鹏惠研究员、袁波澜副教授、周红英博士、李扬博士对书稿的细心阅读,并提出了宝贵的修改建议。感谢陈颖、买吾兰·努日买合买提、毛戈辉、许胜男同学对书稿的认真校对。

在此次田野调查活动中,得到了栗子坪村委会冯美锋书记,以及王志昌、薛冰冰、徐丹丹、叶飞等人的大力支持,村民王勋尧、何克廷、钟远学、周照华、王勋良、何光礼、关斌、冯盛寿、王宇峰、方军、唐平、何银星、王明群、王芳、向科凤、何春艳、张永彩、何雨竹、王建成、桑池涵、何夏希等人为调研活动给予了多方面的帮助,何克诚、钟家银、陈兴义、何海艳、何海宇、钟生云等人为我们提供了生活上的很多便利,在此致以衷心的感谢!

感谢所有关心和支持本次田野调查及书稿出版的友人!祝栗子坪村在乡村振兴的道路上越走越宽。

李　超

2022 年 4 月 21 日于三峡大学民族学院